Hannes Stricker

Zwischen Tödi und Tössegg

Hannes Stricker
unter Mitarbeit von Ruedi Herzog

Zwischen Tödi und Tössegg

60 Vorschläge
für die schönsten Schulreisen,
Vereinsausflüge
und Familienwanderungen
in den Kantonen
Zürich, Zug, Schwyz und Glarus

Fahrplanskizzen und aquarellierte
Pläne von Hannes Stricker

Huber Verlag Frauenfeld

In Vorbereitung:
60 Vorschläge für die schönsten Schulreisen, Vereinsausflüge und Familienwanderungen in den Kantonen Aargau, Luzern, Uri, Ob- und Nidwalden

Fotoverzeichnis

Ruedi Herzog:	Tour 4, 5, 9, 16, 18, 20, 24, 33, 34, 50, 51, 52 und 53.
Sammlung Römerholz Oskar Reinhart, Winterthur	Tour 6
Flughafendirektion Zürich:	Tour 20
Zugerland Tourismus:	Tour 27
Direktion Zoo Zürich:	Tour 18
Zentralbibliothek Zürich:	Tour 19
Lisbeth, Regula und Hannes Stricker:	Tour 1, 2, 3, 6, 7, 8, 10, 11, 12, 13, 14, 15, 17, 19, 21, 22, 23, 25, 26, 27, 28, 29, 30, 31, 32, 35, 36, 37, 38, 39, 40, 41, 42, 43, 44, 45, 46, 47, 48, 49, 54, 55, 56, 57, 58, 59 und 60.

Die Deutsche Bibliothek – CIP-Einheitsaufnahme

Stricker, Hannes:
Zwischen Tödi und Tössegg
60 Vorschläge für die schönsten Schulreisen, Vereinsausflüge und Familienwanderungen in den Kantonen Zürich, Zug, Schwyz und Glarus
Hannes Stricker. Unter Mitarb. von Ruedi Herzog.
Fotos von Ruedi Herzog, Lisbeth und Hannes Stricker (u. a.)
Skizzen und aquarellierte Pläne: Hannes Stricker
Frauenfeld: Huber, 1997
ISBN 3-7193-1127-9 Gb.

© 1997 Huber Verlag, Frauenfeld
Das Werk einschliesslich aller seiner Teile ist urheberrechtlich geschützt. Jede Verwertung ist ohne Zustimmung des Verlags unzulässig. Das gilt insbesondere für Vervielfältigungen, Übersetzungen, Mikroverfilmungen und die Einspeicherung in elektronische Systeme.
Schutzumschlag: Arthur Miserez
Herstellung: Arthur Miserez
Gesamtherstellung: Huber & Co. AG, Grafische Unternehmung und Verlag, CH-8501 Frauenfeld
Printed in Switzerland

Inhaltsverzeichnis:

Vorwort des Verfassers 7
Zum Gebrauch: 8
– Wie findet man sich zurecht?
– Schulreisetips 9
– Tourenübersicht 11

60 Vorschläge für die schönsten Schulreisen, Vereinsausflüge und Familienwanderungen in den Kantonen: Zürich, Zug, Schwyz und Glarus

1. Kies und Korn im Rafzerfeld
   (Schmucke Dörfer im Rafzerzipfel) 12
2. Dem Rhein entlang
   (Städtchen Kaiserstuhl (AG) und Eglisau (ZH)) 14
3. Irchel: Aussichtsberg zwischen Töss, Thur und Rhein (evtl. Velotour) 16
4. Durchs Zürcher Weinland
   (Marthalen, Husemer Seen und Barchetsee) 18
5. Von Andelfingen zur Mörsburg........... 20
6. Winterthur: Gärten, Märkte und Museen .. 22
7. Über 700 Stufen in die Folterkammer
   (Eschenberg und Kyburg) 25
8. Durchs Farenbachtobel zum Schauenberg . 28
9. Geringer Anstieg, grandiose Aussicht:
   Das Hörnli. 30
10. Adolf Guyer-Zeller und der Industrielehrpfad
    (Dampfbahn und Chämtnertobel) 32
11. Von Bauma zum Rosinli 34
12. Rund um den Pfäffikersee 36
13. Auf dem Pilgerweg vom Tösstal an den Zürichsee (evtl. Velotour) 38
14. Von der Scheidegg zum Sagenraintobel ... 40
15. Viele Wege führen ... zum Bachtel 42
16. Rund um den Greifensee (evtl. Velotour) .. 44
17. Pfannenstiel und Lützelsee (Velotour, Ritterhaus Bubikon, Städtchen Grüningen) 46
18. Zürcher Zoo und Küsnachter Tobel 48
19. Die Altstadt Zürich entdecken
    (Museen, Kirchen, sehenswerte Bauten) ... 51
20. Zwischen Technik und Natur
    (Vom Flughafen Zürich zum Chatzensee) .. 55
21. Über die Lägern 58
22. Der Limmat entlang nach Baden......... 60
23. Über den Gubrist zum Käferberg 62
24. Uetliberg und Planetenweg 64
25. Durch den Urwald ins Sihltal
    (Schnabelburg und Sihlwald-Schule) 66

26. Vom Zürich- an den Zugersee (Velotour)
    (Bergbaumuseum Horgen, Horgenbergweiher, Wiler Seeli, Menzingen, Lorzentobel, Industrielehrpfad und Höllgrotten) 68
27. Türlersee, Kappel und Zug (Velotour) 72
28. Tüfelsbrugg, Etzel und St. Johann
    (Altbergried und St. Meinrad)........... 76
29. Auf dem Pilgerweg von Rapperswil nach Einsiedeln 78
30. Hochmoore, hübsche Seen und herrliche Sicht (Velotour, Hochmoor Rothenthurm, Ägerisee, Zugerberg).................. 80
31. Unbekannter Höhronen? (Ratenpfad) 82
32. Zeit auf dem Zugerberg
    (Altstadt und Museen Zug) 84
33. Erlebnis Zugersee (evtl. Velotour) 86
34. Tierpark Goldau und Rigi
    (Gruebisbalmhöhle und Vierwaldstättersee) 88
35. Urmiberg: Hoch über dem Nebelmeer!
    (Burggeist, Scheidegg und Rigi).......... 90
36. Orchideen im Bergsturzgebiet
    (Rossberg, Gnipen, Wildspitz und Sattel) .. 92
37. Hochstuckli, Mostelegg und Haggenegg ... 94
38. Voralpine Höhenwanderung zum Gschwändstock (Einsiedeln und Alpthal) 96
39. Ins Getümmel auf den Mythen
    (Sehenswürdigkeiten und Museen Schwyz) 99
40. Ein Blick auf 1000 Gipfel
    (Fronalpstock, Stoos)................. 102
41. Spannender Weg der Schweiz am Urnersee
    (Flüelen, Tellskapelle, Morschach, Brunnen) 104
42. Über den Pragelpass (Velotour)
    (Klöntalersee, Hölloch Trekking) 106
43. Kleines Matterhorn zwischen zwei Seen?
    (Sihlsee, Chli Aubrig, Wildegg und Wägitalersee) 108
44. Vom Klöntaler- an den Wägitalersee
    (via Brüschalp, Schiffahrt Wägitalersee)... 110
45. Das Hirzli, ein begnadeter Aussichtspunkt
    (Niederurnen, Luftseilbahn Morgenholz) .. 112
46. Velotour am ... und oberhalb des Walensees
    (Hammerschmiede Mühlehorn, Obstalden, Kerenzerberg)....................... 114
47. Nüenchamm, Rigi der Kerenzerberge
    (Wo ist das «Tüüfels Känzeli»?) 116
48. Eine Velotour im Glarnerland
    (Niederurnen, Glarus, Schwanden, Linthal, Tierfed, Haslen, Schwändi, Glarus, Näfels, Freulerpalast, Niederurnen) 118

49. Panorama-Alpenweg im Klöntal (Ausweichroute Obersee, Rautispitz und Wiggis, Mountainbiketour zum Obersee und zu den Rautihütten) 121
50. Über die grössten Karrenfelder der Schweiz (Braunwald bis Klöntalersee) 124
51. An den Oberblegisee 126
52. Wer den Hahn allzugut füttert (Braunwald bis Urnerboden) 128
53. Hoch über dem Alltag: Der Ortstock (Braunwald – Glattalpsee – Bisistal) 130
54. Bergstürze und Gletscher am Fusse des Tödi (Clariden-, Fridolins- und Grünhornhütte SAC) 133
55. Über den Kistenpass ins Bündnerland (Tierfed – Muttseehütte SAC – Kistenpasshütte SAC – Bifertenhütte SAC – Brigels) . . 136
56. Auf Suworows Spuren über den Panixerpass (Elm – Häxenseeli – Panixerpasshütte SAC – Panix/Pignu) 139
57. Dem Martinsloch entgegen (Elm – Segnespass – Segnesboden – Flims GR) 142
58. Das Glarnerland zu Füssen (Kärpfbrugg – Leglerhütte SAC – Ängiseen) 144
59. Im ältesten Wildreservat Europas (Schwanden – Kies – Garichti-Stausee – Wildmadfurggeli – Elm) 146
60. Fünf-Seen-Wanderung der feinsten Art (Engi – Widersteiner Furggel – Murgseen – Mürtschenfurggel – Talsee – Filzbach) 148

Anhang:
Bibliographie 151
Ortsregister- und Stichwortverzeichnis 152
Gönnerliste 155

Ein herzliches Dankeschön
Hätte meine Frau beim «Austüfteln» und beim Besichtigen dieser Touren nicht tatkräftig mitgeholfen, so hätte ich die Termine des Verlages niemals einhalten können. Hätten die Verantwortlichen der Verkehrsvereine im Januar 1997 nicht dermassen exakt und zeitgerecht «ihre» Tour(en) kontrolliert, würde vielleicht das eine oder andere Piktogramm nicht stimmen. Hätte Kurt Greminger vom SBB-Reisedienst nicht alle Fahrplanskizzen peinlich exakt durchgesehen, müssten Sie sich über Fehler ärgern. Hätte Ruedi Herzog mir nicht das Erkunden und den Beschrieb von 14 Touren abgenommen, so wäre ich mit dem Zeichnen, Malen und Redigieren arg in Verzug geraten. Er ist auch verantwortlich für die ausserordentlich sachkundige und exakte Korrektur dieses Buches und das Aufarbeiten der Texte am Computer. Seine Frau, aber auch Heidi und Tony Visini, waren hochwillkommene kritische Helfer bei der Schlusskorrektur. Heinz Koch, der Zürcher Wanderfachmann aus Winterthur, prüfte diese Vorschläge auf Herz und Nieren. Da er im Heimatkanton bereits 340 Wanderungen geleitet hat, kennt er natürlich das Gebiet wie «seinen Hosensack».
Letztlich hat uns einmal mehr die ausgesprochen harmonische und gute Zusammenarbeit mit Verleger Hans-Ruedi Frey und Arthur Miserez gefreut ... und beflügelt.
Mit einem herzlichen Dankeschön an alle genannten Mitarbeiterinnen und Mitarbeiter, aber auch an alle zuverlässigen und sorgfältigen Fachleute in der Filmsatzabteilung, Druckerei und Buchherstellung

Der Verfasser

Zwischen Tödi und Tössegg

Wie Sie, liebe Leserin, lieber Leser, der Übersichtskarte auf Seite 11 entnehmen können, stellen mein Mitautor Ruedi Herzog und ich Ihnen in der Folge Wanderungen, Velotouren und Gebirgspfade zwischen Tödi und Tössegg vor in den Kantonen Zürich, Zug, Schwyz und Glarus. Damit bieten wir Ihnen eine harmonische Fortsetzung des ersten Buches «Von der Höll' ins Paradies» mit 60 Tourenvorschlägen aus den Kantonen Schaffhausen, Thurgau, St. Gallen und beider Appenzell an. Eine harmonische Fortsetzung aber auch der Idee, Freude statt Frust zu erleben entlang zauberhafter Gewässer, in den Wäldern des Mittellandes, auf zum Teil unbekannten Voralpengipfeln oder in nächster Nähe der schneebedeckten Bergspitzen der Glarner und Bündner Alpen.

Wandern ist ein billiges Heilmittel
Wer regt sich in der heutigen Zeit nicht auf über die

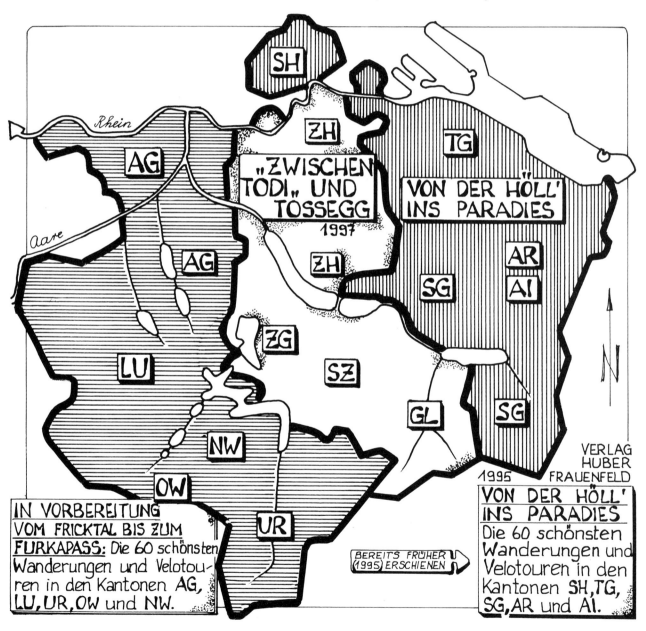

stetig steigenden Kosten im Gesundheitswesen? Wir bieten Ihnen mit diesen Vorschlägen eine Möglichkeit, diese Kosten aktiv zu senken. Herz und Kreislauf funktionieren besser in einem trainierten Körper. Die Nerven können sich gerade auf beschaulichen Wanderungen entspannen, während der Sauerstoffhaushalt weit weg der verkehrsgeplagten Agglomerationen wieder ins Lot gebracht werden kann. Wer den Körper solchermassen anregt, braucht keine Angst vor Übergewicht zu haben. Selbst Problemlösungen fallen einem leichter, wenn sie während eines mehrstündigen Spazierganges mit allem Für und Wider abgewogen werden können.

Wir sind überzeugt davon, dass eine Bergtour wie kein anderes, meist teureres Mittel, vom Arbeitsplatz-Stress und andern Sorgen befreien kann. Sie kann Anlass dazu sein, in verschiedener Hinsicht wieder einmal kräftig «durchatmen» zu können.

Winterwandern wird je länger je beliebter

Bewusst stellen wir Ihnen Wanderungen vor, die sich für verschiedene Jahreszeiten eignen. Winterwanderungen in der Voralpenregion erfahren in den letzten Jahren einen richtigen Boom. Einerseits fehlt der «grosse Haufen Schnee», anderseits erlaubt ein Spaziergang auf einer Höhe von 900 bis 1200 m, der Sonne über dem Nebelmeer begegnen zu können. Zudem ist die Aussicht zum Alpenkranz in der kalten Luft die beste. Diesem Umstand tragen verschiedene Bergwirtschaften Rechnung, indem sie neuerdings ganzjährig geöffnet haben.

Kein Stress im Wanderdress!

Wer sich gemächlich an den Ausgangspunkt und ruhig nach Hause fahren lassen will, der benützt die öffentlichen Verkehrsmittel. Da liegt auf dem Hinweg ein verspätetes Frühstück, auf dem Heimweg sogar ein «Nickerchen» drin. Wer will sich denn nach den Erlebnissen in der Natur ärgern über Stau und Gestank auf den stark befahrenen Strassen nach Hause? Die Bahnen locken in den Zeiten vor und nach der Hauptsaison regelmässig mit preislich vernünftigen Angeboten. Anhand unserer Fahrplanskizzen wird es Ihnen leicht gemacht, die schlankste Verbindung mit Bahn, Bus und Schiff zu finden. Reisen auch Sie nach dem Motto «lieber Luft tanken als Treibstoff»!

Für Familien, Schulen und Vereine

Die publizierten Vorschläge sind in der Regel geeignet für Familien, Schulen und Vereine. Dort aber, wo eine Tour **nicht** geeignet ist für eine Schulreise oder einen Vereinsausflug, steht ein deutlicher Vermerk. Denn Wandertourenleiter haben eine sehr grosse Verantwortung zu tragen. Und gerade im Gebirge ist man nicht gefeit vor unverhofften Wetter- und Witterungseinflüssen.

Deshalb auch gestatteten wir uns, konkrete Angaben zur Ausrüstung zu publizieren. Denn wer sich seiner Verantwortung als Tourenleiter bewusst ist, pocht auf eine optimale Ausrüstung. So können das Anseilen von kleinen oder unsicheren Kindern, der Gebrauch von guten Wanderschuhen mit hohem Schaft und intakter Profilsohle sowie die seriöse Vorbereitung einer Bergtour Unfälle vermeiden helfen. Erst dann werden die Ausflüge in die Berge zu den schönsten Erlebnissen und zu bleibenden Erinnerungen führen. In diesem Sinne orientieren z. B. auch eine Versicherung am Fuss des grossen Mythen (siehe Tour Nr. 39) und die Leitung der Linth–Limmern–Kraftwerke (siehe Tour Nr. 55) in der Talstation ihrer Luftseilbahn in Tierfed.

In der Hoffnung, mit diesem Buch möglichst gute Voraussetzungen für vermehrte Sicherheit geschaffen zu haben, wünscht Ihnen auf diesen Touren oder in Schulverlegungen und Projektwochen viel Vergnügen, viel frische Luft und viel Natur

Hannes Stricker

Zum Gebrauch

Die farbige Übersichtskarte und das Inhaltsverzeichnis zeigen die Verteilung der 60 vorgestellten Touren so gut als möglich.

Die Übersichtskarte und das im Anhang publizierte **Ortsregister und Stichwortverzeichnis** entsprechen Leserwünschen, die geäussert worden sind im Anschluss an die Veröffentlichung des Buches **«Von der Höll' ins Paradies»**, wo auch die nördlichsten Touren des Kantons Zürich bereits beschrieben sind (siehe Übersichtskarte Seite 11).

Wie findet man sich zurecht?

a) **Die Skizze des öffentlichen Verkehrs** zeigt auf, in welcher Region wir uns befinden, während die Nummern hinweisen auf die entsprechenden Fahrplanfelder im offiziellen Kursbuch. Mit Hilfe dieser Skizze findet man die nötigen Verbindungen rasch und unkompliziert.

b) Im **fettgedruckten Vorspann** zeigen wir auf, welche Route wir vorschlagen. Die Höhenangaben korrespondieren in der Regel mit der im Piktogramm vermerkten Karte, können aber leichte Abweichungen aufweisen bei Spezialkarten oder Neudrucken.

c) Die **aquarellierte Skizze** schliesslich soll Sie nicht davon abhalten, die entsprechende Wanderkarte zu gebrauchen. In der Bibliographie am Schluss des Buches sind diejenigen Wanderkarten, welche sehr gut brauchbar sind, mit *) bezeichnet.

d) Wenn eine **Sehenswürdigkeit** einmal in einer Tour ausführlich beschrieben ist, so erfolgt später keine Wiederholung mehr, sondern nur noch der Hinweis «siehe Tour Nr. ....»

e) Alle **Informationsstellen**, die im Piktogramm angegeben sind, liefern gutes Prospektmaterial, regionale Busfahrpläne, Unterkunftslisten und aktuelle Telefonnummern.

f) Zum **öffentlichen Verkehr** sollen folgende Präzisierungen dienen:

1. Für Familien gilt: Kinder bis 16 Jahre fahren in der Schweiz mit der Familienkarte grundsätzlich gratis mit. Hunde hingegen bezahlen ein halbes Billett, sofern man sie nicht im Rucksack verstauen kann.

2. Die **Fahrpreise für Velos** sind glücklicherweise in letzter Zeit stabil geblieben. Die Tageskarte für Regionalzüge mit Selbstverlad ist momentan die billigste Variante. Einzelne Velos können in der Regel auch bei Bussen und Postautos aufgegeben werden. Eine telefonische Nachfrage vor Antritt der Reise lohnt sich.

3. **Kollektivbillette** bei Bahn, Bus und Schiff sind für Schulen bedeutend billiger als Extrafahrten mit privaten Busunternehmen. Bei Vereinsausflügen mit Erwachsenen ist die Preisdifferenz geringer.

Schulreisetips

Vielleicht dient ein Teil dieser Tips auch als Checkliste für Gesellschaftsreisen mit Erwachsenen?

a) **Eine sorgfältige Vorbereitung** ist das A und O für das gute Gelingen einer Schulreise: Kartenstudi-

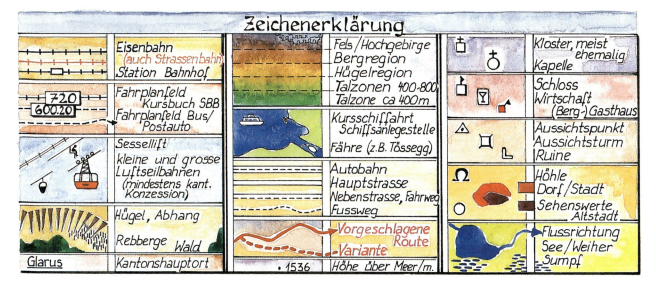

um, Erkundigungen bei den Informationsstellen, bei Kolleginnen und Kollegen oder Eltern, die das anvisierte Gebiet bereits kennen, sind unerlässlich.

b) Zu einer richtigen Vorbereitung gehört unbedingt eine **Rekognoszierung** auch dieser, hier bereits im Detail vorgestellten Touren. Vor allem Bergtouren überraschen immer wieder durch späten oder sehr frühen Schnee, durch Wetterumstürze oder im Glarnerland durch Bergstürze oder Rüfen, welche Wege teilweise oder ganz verschütten können. Touren, welche sich **nicht als Schulreise eignen**, sind klar definiert im Piktogramm.

c) Das **frühzeitige** Bereitstellen einer **Schüler- und Elterninformation** ist unerlässlich. Die Schüler sollen z.B. wissen, wo sie umsteigen müssen, die Eltern wollen im Bild sein über die möglichen Reisedaten beziehungsweise Abreise und Ankunft.

d) **Was sollen die Kinder mitnehmen?**
- einen **Rucksack**
- **richtiges Schuhwerk** (siehe Piktogramm)
- Regen-, **Sonnen-**, Wind- und Wärmeschutz Müssen wir uns daran gewöhnen, dass es gesünder ist, bei bedecktem Himmel zu wandern und nicht dann, wenn die Sonne vom klaren Himmel brennt und eine viel zu hohe Ozonbelastung der Gesundheit der Wanderer, vor allem der Asthmatiker, sehr zu schaffen macht?
- Verpflegung: In welcher Form soll das Flüssige mitgenommen werden, was gilt in bezug auf Schleckzeug, auf Sackgeld und auf die Anzahl der Mahlzeiten «aus dem Sack»?
- Welches ist die Mindestausrüstung **fürs Übernachten**?
- Welches soll das **Höchstgewicht** der ganzen Packung sein? (3 bis 4 kg für Kinder im Alter von 10 bis 13 Jahren). Wägen Sie bei Ihren Mitwanderern einmal nach, Sie erhalten ganz interessante Resultate!
- evtl. **Stulpen** für Tiefschnee
- evtl. **Identitätskarte**, Taschengeld, Fotoapparat
- evtl. **finanziellen Beitrag** fürs Lager oder die Reise
- Velohelm bei Velotouren (die Helvetia Patria Versicherung gewährt beim Kauf von Klassensätzen einen Extra-Schul-[Vereins-] Rabatt).

e) **Was trägt der Leiter zusätzlich mit?**
- eine gut ausgerüstete Taschenapotheke mit genügend Heftpflaster
- eine starke, lange Schnur, **unter Umständen ein Bergseil**
- ein Feuerzeug
- eine genaue Wanderkarte
- ein Sackmesser
- alle Billette
- evtl. Schülerliste für den Grenzübertritt
- genügend Geld oder die Kreditkarte, um alles bezahlen zu können
- evtl. Taschenlampe (für Höhlen) und Fotoapparat
- Liste mit den wichtigsten Telefonnummern (Arzt, Spital, Bahnhof, Anschlussstelle zu Hause)

Bei Berücksichtigung all' dieser Punkte erreichen wir, dass diese Touren zu einem schönen Gemeinschaftserlebnis und zu einem echten Quell der Freude werden.

Zeichenerklärung Piktogramme

Symbol	Bedeutung	Symbol	Bedeutung
	Wander- oder Landeskarte		Museum
	Tourist-Info (Verkehrsverein)		Naturschutzgebiet, Schützenswerte Flora
	Distanz in km im Flachland Distanz in h/min im Hügelbereich		Sehenswertes Ortsbild
	Steigung und Gefälle		Sehenswerte Kapelle
	Identitätskarte oder Pass notwendig		Kloster (meist ehemalig)
	Restaurant, Wirtschaft, Berggasthaus		Schloss
	Jugendherberge (SJH) oder Touristenlager (Gruppenunterkunft)		Sehenswerte Kirche
	Bootsvermietung, Schiffahrt, auch Sonderfahrten		Burgruine (Festungsruine)
	Höhle		Römische Ruine
	Picknickplatz, meist mit Feuerstelle		Achtung! Aufpassen!
	Öffentliches Schwimmbad		Besonders sehenswert
	Öffentliches Hallenbad		Schlucht (schluchtähnlicher Einschnitt)
	Badeplatz, zum Teil ohne Umkleidekabinen		Flora und Fauna besonders schön
	Schlachtfeld		Speziell beachten
	Fischen, Fischerpatent erhältlich bei ...		Tierpark, Zoo

*) sehenswert
**) sehr sehenswert

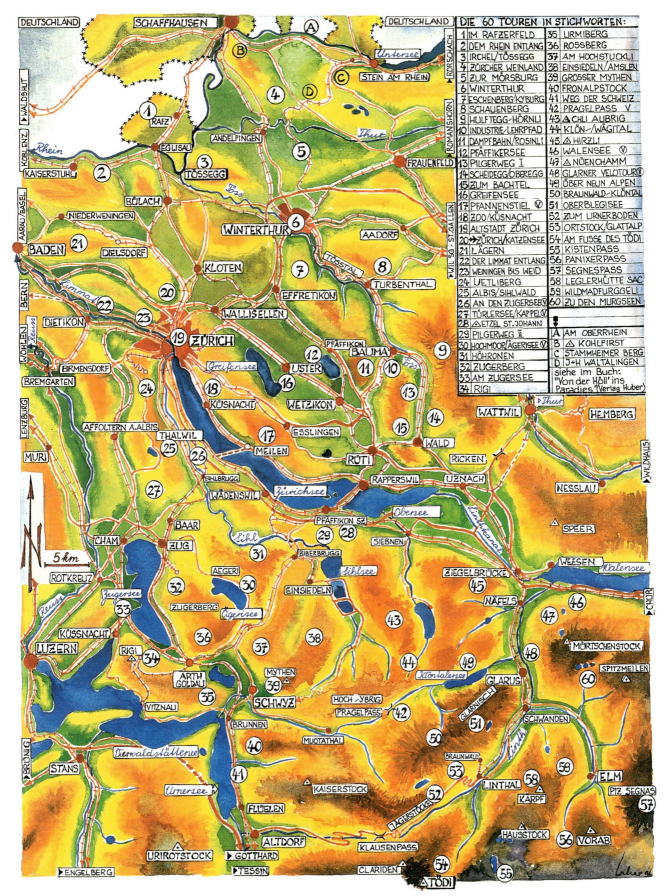

1. Kies und Korn im Rafzerfeld

Rafz (419) – Im Gnal (500.7) – Schlossbuck (501) – Flüestig – Holenweg (516) – Huebholz (543) – Wasterkingen (393).

Der Leser möge sich nicht genieren, wenn er die «schmucken Dörfer» im **Rafzerfeld** ennet des Rheins nicht kennt. Aber es wäre ihm zu gönnen, wenn er sie an einem goldenen Herbsttag einmal in vollem Blumenschmuck erleben könnte. Sie haben es verdient, sind durch Bus und Bahn sehr gut erschlossen und laden ein zu einer sehr angenehmen Höhenwanderung nahe der Grenze zu Deutschland.

Die S-Bahn bedient **Rafz** mit den schönen Doppelstockwagen. Nach der Bahnstation führen zwei Strassen ins Dorf, die westliche an den Rosenfeldern der bekannten Gartenbaufirma Hauenstein vorbei. Auf dem **Gnal** erwartet einen bei der mächtigen Linde ein schöner Picknickplatz. Der Funkenplatz erlaubt auch eine erste Übersicht übers Rafzerfeld. Ende Sommer, wenn das Korn reif ist, ist die fruchtbare Ebene einem Fleckenteppich vergleichbar.

Bald führt der Weg durch schattigen Wald, immer wieder Ausblicke auf die Rebberge im Abhang gewährend. Intensiv wird hier «gewirtschaftet», naturnahe Blumenwiesen sind selten. «Natur pur» finde man erst ennet der Grenze, beim Schwarzbach, liessen wir uns sagen. So freut man sich über den gepflegten Wald oder die Mutterkuhhaltung im **Schlossbuck** und an der Waldrandflora.

Auch auf dem Schürlibuck ist ein Picknickplatz eingerichtet. Unterhalb dieses Rebhügels liegt das regionale Schwimmbad. Nördlich Riederen gelangt man ins Gruenholz. Auch wenn man bis Wasterkingen wandern will, nehme man den kleinen Verlust an gewonnener Höhe in Kauf. Denn der südliche Weg ist eingebettet zwischen Waldrand und den Rebbergen von

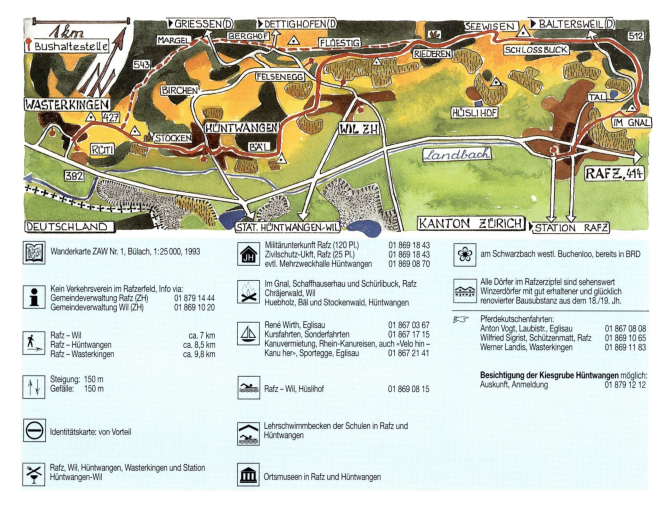

	Wanderkarte ZAW Nr. 1, Bülach, 1:25 000, 1993		Militärunterkunft Rafz (120 Pl.) 01 869 18 43 Zivilschutz-Ukft, Rafz (25 Pl.) 01 869 18 43 evtl. Mehrzweckhalle Hüntwangen 01 869 08 70		am Schwarzbach westl. Buchenloo, bereits in BRD
	Kein Verkehrsverein im Rafzerfeld, Info via: Gemeindeverwaltung Rafz (ZH) 01 879 14 44 Gemeindeverwaltung Wil (ZH) 01 869 10 20		Im Gnal, Schaffhauserhau und Schürlibuck, Rafz Chräjerwald, Wil Huebholz, Bäl und Stockenwald, Hüntwangen		Alle Dörfer im Rafzerzipfel sind sehenswert Winzerdörfer mit gut erhaltener und glücklich renovierter Bausubstanz aus dem 18./19. Jh.
	Rafz – Wil ca. 7 km Rafz – Hüntwangen ca. 8,5 km Rafz – Wasterkingen ca. 9,8 km		René Wirth, Eglisau 01 867 03 67 Kursfahrten, Sonderfahrten 01 867 17 15 Kanuvermietung, Rhein-Kanureisen, auch «Velo hin – Kanu her», Sportegge, Eglisau 01 867 21 41		Pferdekutschenfahrten: Anton Vogt, Laubistr., Eglisau 01 867 08 08 Wilfried Sigrist, Schützenmatt, Rafz 01 869 10 65 Werner Landis, Wasterkingen 01 869 11 83
	Steigung: 150 m Gefälle: 150 m		Rafz – Wil, Hüslihof 01 869 08 15		**Besichtigung der Kiesgrube Hüntwangen** möglich. Auskunft, Anmeldung 01 879 12 12
	Identitätskarte: von Vorteil		Lehrschwimmbecken der Schulen in Rafz und Hüntwangen		
	Rafz, Wil, Hüntwangen, Wasterkingen und Station Hüntwangen-Wil		Ortsmuseen in Rafz und Hüntwangen		

Wil (ZH) und vermittelt herrliche Ausblicke ins Rafzerfeld. Zum **Flüestig** steigt man notgedrungen wieder etwas auf, denn die Drittklassstrasse südlich **Buchenloo** erlaubt nun eine schöne Aussicht in den süddeutschen Raum, in den Schwarzwald und ins **Schwarzbachtal**. Wer würde ahnen, dass genau nördlich, hinter der höchsten Erhebung, **Eck** (614), wieder Schweizer Gebiet, nämlich der Kanton Schaffhausen, liegt?

Bei **Holenweg** quert man die Strasse von Wil (ZH) nach Griessen, steigt auf ins **Huebholz** und findet bei der Waldhütte nochmals einen Platz zum Ausruhen. Die Fernsicht nach Süden öffnet sich in den Wiesen von Stocken und Rüti. Was für eine verkehrte Welt! Diesmal reicht die Schweiz südwärts nur noch bis an den Landbach, dann liegt dort wieder deutsches Land vor dem Rhein! Die Karte 1:25 000 verrät in jenem Gebiet besonders aussagekräftige **Flurnamen**, wie «Laufenloh» (im Wald), «Krummefurch» und «Hasenweg» (im Ackerland) sowie «Schatzbühl», «Rosäcker» und «Saurütte» nahe der Siedlungen.

Das **Busunternehmen HWW** (Hüntwangen-Wil-Wasterkingen) bietet gute Verbindungen an, auch zur Bahn. Mit Hilfe dieser Busse ist es möglich, nicht nur das schmucke Dorf **Wasterkingen** zu

Blick vom Wanderweg aufs Rafzerfeld

bewundern, sondern sich auch die hübschen Riegelhäuser von **Hüntwangen** und **Wil ZH** zu Gemüte zu führen. In den gastlichen Häusern sind Wanderer gern gesehene Gäste. Während der Fahrt zur Bahnstation Hüntwangen-Wil besteht die Möglichkeit, einen Blick in die riesige Kiesgrube südlich der Strasse zu werfen. Grosse Teile davon werden bereits wieder kultiviert, zum Teil sogar mit Reben. Die **Kieswerke Hüntwangen** geben einen farbigen Prospekt im Format A4 ab und bieten auch Führungen an zu den Themen Abdeckung, Materialabbau, Aufbereitung, Abtransport und Wiedergestaltung (Auskunft und Anmeldung siehe Piktogramm).

Die Schiffshalter am Rhein oder die Landwirte, welche Pferdekutschenfahrten im Rafzerfeld anbieten, freuen sich, wenn diese gemächliche «Höhenwanderung» abgeschlossen wird mit einer Schiffs- oder einer beschaulichen Kutschenfahrt. Es bestand nicht die Möglichkeit, alle Anbieter zu notieren. Die drei Landwirte sind aber gerne bereit weiterzuhelfen, denn es habe noch weitere «Kutschentaxis».

Kulturelle Höhepunkte, die anvisiert werden könnten, sind **Eglisau** oder **Kaiserstuhl** (siehe Piktogramm Tour 2).

Velo hin – Kanu her
Selbstverständlich eignet sich der sogenannte «Rafzerzipfel» ausgezeichnet für Velotouren. Eine interessante Kombination wird im «Sportegge» Eglisau angeboten. Mit einem Spezialanhänger werden die Kanus für Gruppen oder Schüler an den Startort gebracht. Anschliessend werden Velos und Gepäck auf diesem Anhänger ans Ziel transportiert, während man sich im Kanu der Rhein-Strömung anvertraut und flussabwärts treiben lässt (siehe Piktogramm, günstige Preise).

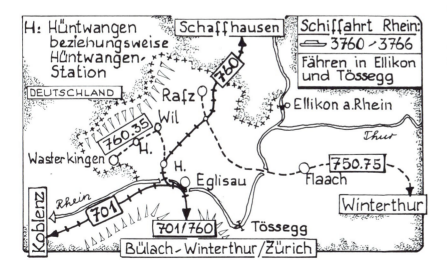

2. Dem Rhein entlang

Kaiserstuhl (339) – Kraftwerk Eglisau (342) – Eglisau (355)

Das in der Mitte des 13. Jh. gegründete Brückenstädtchen **Kaiserstuhl (AG)** mit der markanten, dreieckigen Anlage hat seinen mittelalterlichen Charakter weitgehend bewahrt. Von der südlichen Spitze des Befestigungsdreiecks, dem **Oberen Turm**, den die Freiherren von Kaiserstuhl bereits vor der Stadtgründung erbaut hatten, verläuft die Hauptgasse ziemlich steil direkt zum Rheinübergang. Die **Stadtmauer** ist teilweise erhalten, ebenso der **Storchenturm** im Westen und ein Rest des **Wörndliturms** im Osten. Die gotische, 1609 erweiterte und 1755 barockisierte, katholische Pfarrkirche St. Katharina hat einen gewölbten Chorturm und eine geschnitzte Rokokokanzel. Sehenswert sind folgende Bauten:

Das **Haus zur Linde**, ein herrschaftliches Landhaus von 1764, das **ehemalige Amtshaus des Klosters St. Blasien**, ein grosser, spätgotischer Baukörper mit doppeltem Treppengiebel (1562–64) und das **Mayenfisch- oder Marschallhaus** (1764) als Dreiflügel-«Hôtel» im französischen Stil erbaut. Wie auf der Brücke von St. Ursanne steht auch auf dieser Brücke eine **Nepomuk-Statue**.

Trotz des Fluglärms, Kaiserstuhl liegt in der Anflugschneise Kloten, ist der schmale Pfad dem Rhein entlang paradiesisch schön. Bevor das Laub spriesst, ist die Sicht aufs Wasser besser, denn gar viele Wasservögel, aber auch Blumen, kann man unterwegs beobachten. Besonders aufgefallen sind uns Veilchen, Frühlingsanemonen und Schlüsselblumen, Seidelbast und Frühlingsplatterbsen. Auch Eichhörnchen huschten über den Weg.

Kraftwerk Eglisau

Abrupt hat einen die Technik in **Rheinsfelden** eingeholt. Doch ist die Überquerung des mächtigen Wehrs, das einen imposanten Einblick in die Stromgewinnung eines Flusskraftwerkes erlaubt, ein echtes Erlebnis (Besichtigung siehe Piktogramm). Grafisch gut gestaltete Tafeln informieren über die Erneuerung, die momentan vorgenommen wird.

Ohne Passkontrolle folgt man nun dem deutschen Uferweg, der einen zuerst hoch hinauf führt. Eine Schneise im Ufergehölz erlaubt einen guten Überblick über die Kraftwerkanlage.

Etwas abseits im **Reutwald** steht eine Waldhütte mit Abkochplatz.

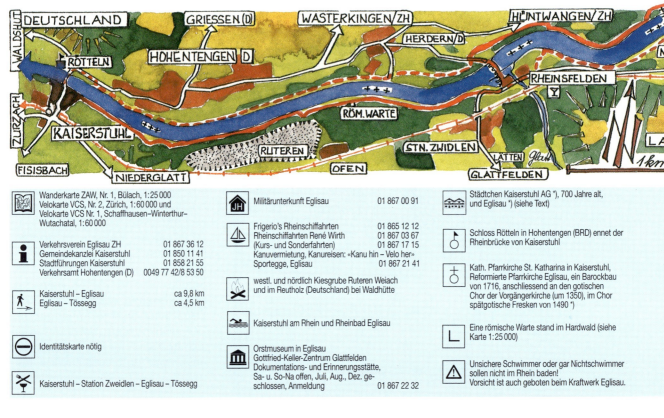

Wanderkarte ZAW, Nr. 1, Bülach, 1:25 000 Velokarte VCS, Nr. 2, Zürich, 1:60 000 und Velokarte VCS Nr. 1, Schaffhausen–Winterthur–Wutachatal, 1:60 000	Militärunterkunft Eglisau 01 867 00 91	Städtchen Kaiserstuhl AG *), 700 Jahre alt, und Eglisau *) (siehe Text)
Verkehrsverein Eglisau ZH 01 867 36 12 Gemeindekanzlei Kaiserstuhl 01 850 11 41 Stadtführungen Kaiserstuhl 01 858 21 55 Verkehrsamt Hohentengen (D) 0049 77 42/8 53 50	Frigerio's Rheinschiffahrten 01 865 12 12 Rheinschiffahrten René Wirth 01 867 03 67 (Kurs- und Sonderfahrten) 01 867 17 15 Kanuvermietung, Kanureisen: «Kanu hin – Velo her» Sportegge, Eglisau 01 867 21 41	Schloss Rötteln in Hohentengen (BRD) ennet der Rheinbrücke von Kaiserstuhl
Kaiserstuhl – Eglisau ca 9,8 km Eglisau – Tössegg ca 4,5 km	westl. und nördlich Kiesgrube Ruteren Weiach und im Reutholz (Deutschland) bei Waldhütte	Kath. Pfarrkirche St. Katharina in Kaiserstuhl, Reformierte Pfarrkirche Eglisau, ein Barockbau von 1716, anschliessend an den gotischen Chor der Vorgängerkirche (um 1350), im Chor spätgotische Fresken von 1490 *)
Identitätskarte nötig	Kaiserstuhl am Rhein und Rheinbad Eglisau	Eine römische Warte stand im Hardwald (siehe Karte 1:25 000)
Kaiserstuhl – Station Zwidlen – Eglisau – Tössegg	Ortsmuseum in Eglisau Gottfried-Keller-Zentrum Glattfelden Dokumentations- und Erinnerungsstätte, Sa- u. So-Na offen, Juli, Aug., Dez. geschlossen, Anmeldung 01 867 22 32	Unsichere Schwimmer oder gar Nichtschwimmer sollen nicht im Rhein baden! Vorsicht ist auch geboten beim Kraftwerk Eglisau.

Bald gelangt man wieder zum Uferweg, später fast unbemerkt in die Schweiz, in den sogenannten Rafzerzipfel ennet des Rheins.
Unter der imposanten Eisenbahnbrücke (Linie Zürich-Schaffhausen) hindurch führt der Weg direkt ins Städtchen **Eglisau (ZH)**.
Dieses Rheinbrückenstädtchen, das einen bereits im Altertum benützten Übergang beherrscht, datiert mit seinen ältesten Teilen (linksrheinischer Brückenkopf Seglingen) vermutlich ins 9. Jh.
Die eigentliche (rechtsrheinische) Stadtanlage dürfte im frühen 13. Jh. entstanden sein und war Besitz des hier ansässigen Geschlechts der Herren von Tengen. 1496 kam das Städtchen durch Verkauf an Zürich und diente bis zum Untergang der Alten Eidgenossenschaft als Landvogteisitz.
Der Bau des Kraftwerks (1916) hob den Wasserspiegel des Rheins bis direkt an die flussseitige Häuserfront an und erforderte eine Verlagerung des Brückenübergangs von der Kirche im Osten an den

Kraftwerk Eglisau vom deutschen Ufer aus gesehen

Rand des Städtchens im Westen. Das im wesentlichen aus zwei langgezogenen Gassen bestehende Städtchen enthält zahlreiche Fassadenelemente in gotischem, Renaissance- und Barockstil.
Die **reformierte Pfarrkirche,** ein Barockbau von 1716–17, ist sehenswert (siehe Piktogramm).
Eine Schiffahrt rheinaufwärts (Tössegg, Rüdlingen oder sogar Ellikon am Rhein) rundet diese Wanderung harmonisch ab.

Fortsetzung der Wanderung:
Der Rheinuferweg wurde bis Schaffhausen (Fähren in Tössegg und Ellikon) begutachtet. Er ist sehr empfehlenswert ausser dem linksrheinischen Wegstück von Eglisau bis zum Waldeingang (Picknickplatz) Tössriedern, wo die Sonne im Sommer gar heiss brennt.
Die landschaftlichen Höhepunkte in Stichworten heissen:
– Tössegg (mit Wirtschaft)
– Naturschutzgebiet alter Rheinlauf nördlich Rüdlingen
– Badewiese Ellikon am Rhein
– Klosterkirche Rheinau
– Schanze aus alemannischer Zeit östl. Altenburg (D)
– Gemütliche Gaststätten in Nohl
– Der Rheinfall

Sehenswert: Besichtigung des Kraftwerks Eglisau (ca 1,5 bis 2 h) möglich, Auskunft und Anmeldung bei NOK 01 867 06 54
Stromhaus Burenwisen bei Glattfelden: Der Weg des Stroms vom Generator bis zur Steckdose, 5 min ab Bahnhof Glattfelden, Erlebniswelt, Führungen 01 872 71 11

Pferdekutschenfahrten: siehe Tour 1
Interessanter Foto-Orientierungslauf Eglisau: erhältlich im Stromhus Burenwiesen, Glattfelden

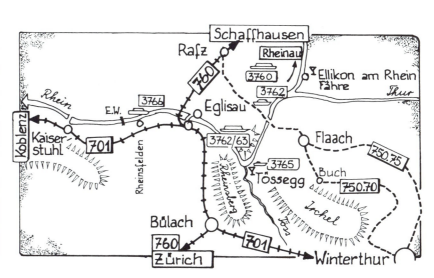

3. Irchel: Aussichtsberg zwischen Töss, Thur und Rhein!

Station Pfungen-Neftenbach (412) – Tössbrücke (388) – Oberhueb (591) – Ircheltum (665) – Schartenflue (607) – Hebelstein (651.9) – Hochwacht (668.4) – Teufen (456) – Tössegg (346).

Der Irchel, prächtiger und gut besuchter Aussichtsberg aus Molasse zwischen Töss, Thur und Rhein, kann sehr empfohlen werden. Wanderer und Velofahrer kommen auf ihre Rechnung. Auf den meist breiten Waldstrassen stören sie einander kaum. In der Folge wird die abwechslungsreichere **Wanderung** vorgestellt. Velofahrer rüsten sich am besten mit einem geländegängigen Modell aus und achten darauf, dass sie bei der Rückfahrt die schmucken Dörfer **Freienstein** (mit Ruine aus dem 13. Jh., deren Hocheingang wiederhergestellt worden ist), **Dättlikon** und **Rorbas** nicht verpassen.

Die S-Bahn bedient die Station **Pfungen-Neftenbach**, deren Bahnhofsgebäude Zeuge der Jugendstilzeit (1911/12) ist, recht fleissig. Eine Fussgängerbrücke überquert die stark befahrene Hauptstrasse, während im Tal unten ein kleiner Steg oberhalb des Kleinkraftwerks über die **Töss** führt. Der Wanderweg steigt am Talguet vorbei ziemlich direkt nach Norden und lässt das Schloss Wart, **Unter-Hueb** und damit das **Orts- und Weinbaumuseum Neftenbach** rechts liegen. Letzteres steht unterhalb der grossen Rebberge bei Punkt 430 (Reservationen siehe Piktogramm). Ein Besuch der beiden Fachwerkgebäude am Wartberg (ehemalige Dorf- und Stadttrotte) lohnt sich. Während im Erdgeschoss und Keller der Dorftrotte ein Überblick über den Weinbau vom Mittelalter bis zur Gegenwart gezeigt wird, ist das Obergeschoss der Landwirtschaft und der voluminöse Dachboden dem Thema Flachs und Hanf gewidmet. Im Obergeschoss der Stadttrotte können eine eingerichtete Küche

Wanderkarte ZAW Nr. 2, Andelfingen, 1:25 000 und Wanderkarte ZAW Nr. 3, Winterthur, 1:25 000 oder Wanderkarte Zürich 1:60 000, Kümmerly+Frey

Verkehrsverein Eglisau ZH 01 867 36 12
Gemeindeverwaltung Neftenbach 052 315 15 21
Stadtverwaltung Bülach 01 863 11 11

12 bis 13 km

Steigung: 300 m
Gefälle: 370 m

Pfungen, Dättlikon, Teufen ZH und Tössegg

Militärunterkunft Eglisau 01 867 00 91
Feuerwehrgebäude Bülach (164 Pl.) 01 863 11 11

Frigerios Rheinschiffahrten, Tössegg 01 865 12 12
Rheinschiffahrt René Wirth, Eglisau 01 867 03 67
Kanuvermietung, Kanureisen, Eglisau 01 867 21 41

Waldwiese Breitmatt bei Punkt 642 (Huebholz) beim Aussichts-Ircheltum (1983), Heerenbänkli *) bei der Waldhütte, Punkt 681.9 bei der Hochwacht, Punkt 668.4 und NE Teufen (ZH)

Neftenbach, Freienstein-Teufen, Bülach, Eglisau und Embrach

Hirslen in Bülach und Embrach

Orts- und Weinbaumuseum Neftenbach, 1. Sonntag im Monat April bis Okt. oder nach Bedarf für Schulen und Gruppen 052 315 18 68
Wenn keine Antwort 052 315 15 21

Bülach: Eines der alten Zürcher Landstädtchen mit historischem Ortskern, bereits 811 urkundlich erwähnt,
1384 Stadtrecht durch die Habsburger, älteste Bausubstanz von 1506 (nach dem dritten Stadtbrand):
– Teile der Stadtmauer im Westen der Altstadt
– Ref. Laurentiuskirche (1508-17) in spätgotischem Stil gebaut, 1838 neugotisiert, 1969/70 durchgehend modernisiert.
Rathaus (1672), reich ausgestatteter, getäferter Barock-Ratssaal, Gasthof «zum goldenen Kopf», 1965 nach einem Brand stilgetreu aufgebauter Riegelbau mit «Goethe-Stübli» und Gasthof zum Kreuz (1820), ein klassizistischer Bau.
Eglisau: siehe Tour 2

Teufen, neugotisch 19. Jh. (Hof kann besichtigt werden)

Ruine Freienstein mit Orientierungstafel

Eglisau: siehe Tour 2

Besichtigung Kraftwerk Eglisau oder Stromhaus Burenwiesen, siehe Tour 2

Pferdekutschenfahrten:
Hugo Bräm, Rorbas 01 865 02 78
Hans Hiltebrand, Pfungen 052 315 13 50
im Rafzerfeld und Eglisau: siehe Tour 1
Foto-Orientierungslauf Eglisau: erhältlich bei Stromhaus Burenwiesen 01 872 72 22

und möblierte Stuben besichtigt werden. Die Rebberge werden beispielhaft naturnah gehalten. So entdeckt man mit Freude den selten gewordenen Bläuling, aber auch Eidechsen. In **Oberhueb**, wo wegen des Aufstiegs sowieso eine Verschnaufpause eingelegt werden muss, ist man erstaunt über die umfassende Aussicht zum Alpenkranz. Wohlweislich besteht ab dem Waldrand ein allgemeines Auto-, Töff- und Töffliverbot. Mountainbiker dürfen weiterfahren auf den gut gepflegten Waldstrassen. Ein recht grosses Hangmoor, eine schöne Waldwiese und eine gut eingerichtete Feuerstelle neben der Waldhütte Breitmatt laden zum Verweilen ein. In Kenntnis dessen, was folgt, ist eine Fortsetzung des geruhsamen Aufstiegs (nur noch 23 Höhenmeter) ratsam.

Der neue Irchelturm

1983 erstellte die Gemeinde Buch am Irchel einen Aussichtsturm beim **Heerenbänkli**, 28 m hoch, mit einer Plattform auf 694 m.ü.M. und einem von den Schülern bemerkenswert gut bemalten Regenunterstand. Bei schönem Wetter reicht der Blick von den Alpen bis zum Schwarzwald. Aus der Vogelschau werden zudem die Formationen dieser national bedeutenden Landschaft augenfällig: Der Buchemer, Wilemer und Fo-

Blick vom Irchelturm auf Buch (ZH)

renirchel bilden einen zusammenhängenden Laubwald-Höhenzug, auch berüchtigt unter dem Namen «**Verirrchel**». Denn Wanderer können auf dem Hochplateau (Herbstnebel, Schneetreiben, gewittrige Schauer) schon einmal die Orientierung verlieren.

Naturerlebnis Irchel

Nicht nur bei den Wildschweinen, auch bei vielen Insektenarten geniesst der Irchel einen guten Ruf. So ist der Irchel mit mehr als 20 Arten eines der besten **Orchideengebiete des Kantons Zürich**. Im Rahmen eines «Pilotprojekts Irchel» musste leider ein Rückgang an Insektenarten festgestellt werden. So sind Schmetterlinge eigentliche **Umweltbarometer**, 450 bis 500 Arten sollen in den Gemeinden Freienstein-Teufen und Buch noch vorkommen. Dank der naturnahen Bewirtschaftung verschiedener Rebberge, dank der Vergrösserung des Magerwiesenanteils, z. B. im romantischen **Junkerental**, hofft man, deren Rückgang stoppen zu können.

Wenige Meter nach dem Aussichtsturm Heerenbänkli entdeckt man eine flache Aufschüttung, welche die Hochfläche vom Geländesporn trennt. Bei der **Schartenflue**, an der schmalsten Stelle des Grates, riegelt ein 90 m breiter und 6 m hoher Wall den Durchgang ab. Etwa einen Kilometer östlich der Hochwacht, beim **Hebelstein** (651.9) ist ein 65 m langer Wall erkennbar. Wahrscheinlich handelt es sich hier um vorgeschichtliche Wehranlagen. Grabungen sind bis heute unterblieben.

Hingegen ist bekannt, dass die **Hochwacht** bereits während des dreissigjährigen Krieges (1618–48) ständig besetzter Ausguckposten war. Beim Triangulationspunkt erwartet den Wanderer eine herrliche Sicht über den tief unten fliessenden Rhein und vor allem nach Norden und Nordwesten.

Der Abstieg erfolgt auf dem westwärts führenden Rücken direkt zum **Hörnli** und am Picknickplatz vorbei nach **Oberteufen**. Als Ziel bieten sich nebst dem Dorf Teufen die Fundamente eines **römischen Wachtturms** (um 370) etwas oberhalb und östlich der **Tössegg** an. Den Kindern wird's vor allem unten, beim Wasser und der Tössmündung in den Rhein, gefallen. Nimmermüde lassen sich mit der **Fähre** über den Rhein bringen und wandern nochmals eine Stunde dem nördlichen Ufer entlang nach Eglisau. Ein ebenso harmonischer Abschluss ist eine Schiffahrt rheinauf- oder abwärts.

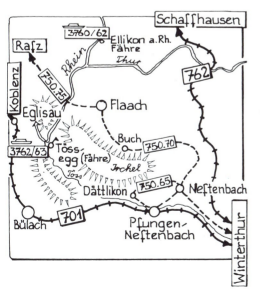

4. Durchs Zürcher Weinland

> Marthalen (394) – Oerlingen (405) – Husemer Seen (409) – Ossingen (427).

Ausgangspunkt unserer Wanderung durchs **Zürcher Weinland** bildet **Marthalen**, eines der besterhaltenen Bauerndörfer der Nordostschweiz. Die vielen Riegelhäuser, zum grossen Teil heute renoviert, machen seinen Charme aus. Die Riegelbauweise ist in der Region bis zurück ins Mittelalter nachweisbar, doch der Hauptteil der «Marteler» Gebäude stammt aus dem 16. bis 18. Jahrhundert. An diversen Häusern, z.B. dem unteren Hirschen oder der oberen Mühle, kann die Balkenkonstruktion eingehend studiert werden. Für damalige Bauten mussten die Baumaterialien aus der Umgebung stammen, weite Antransporte waren kaum denkbar. So fand denn halt auch krummes Laubholz, wie es in der Gegend eben häufig vorkommt, bei Riegelbauten Verwendung. Dies ist noch heute bei einzelnen Gebäuden gut erkennbar.

Das Dorf besitzt gleich zwei lokale Museen, nämlich das Ortsmuseum und das Wohnmuseum. Das Wohnmuseum ist untergebracht in einem alten Taunerhaus (Tagelöhner) aus dem 18. Jahrhundert und zeigt in vier Räumen Wohnverhältnisse und Möbel. Das Ortsmuseum neben dem «Hirschen» enthält unter anderem eine vollständig eingerichtete Schmiede, Werkzeuge zur Flachs- und Hanfverarbeitung, die alte Trotte, Traktoren und die Feuerspritze. Besonders stolz ist man auf das Rennvelo des berühmtesten Marthalers: Ferdi Kübler.

Ansonsten sind vor allem die vielen Riegelbauten sehenswert, allen voran der ehemalige Gasthof «Unterer Hirschen», der «Obere Hirschen» und die «Obere Mühle». Marthalen liegt in einem Gebiet des Mittellandes, das vom letzteiszeitlichen Rheingletscher stark geprägt worden ist. Allenthalben finden sich deshalb Findlinge, die aus dem Bündnerland stammen müssen. Zudem ist der Kiesabbau sehr gut möglich. Eine weitere Hinterlassenschaft dieser Eiszeit sind die kleinen, runden Seelein. Leider sind aber die meisten dieser Toteislöcher, die beim Abschmelzen der Gletscher zwischen den Moränenhügeln zurückblieben, durch den Strassenbau und im Zuge der Güterzusammenlegungen trocken gelegt worden. Rund um Marthalen, Ossingen und Kleinandelfingen sind immerhin einige erhalten geblieben.

Schliesslich liess der Rheingletscher auch noch markante Eiszeithügel, sogenannte Drumlins, zurück. Im Volksmund tragen diese Hügel heute oft die Bezeichnungen «Büel» oder «Buck». In der Umgebung **Marthalens** wären etwa der «Junkerenbuck», «Gug-

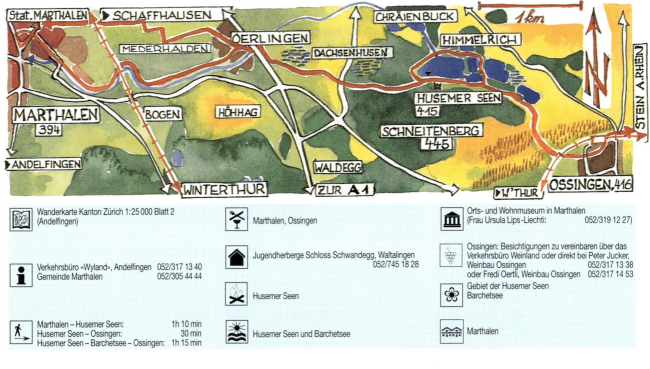

Wanderkarte Kanton Zürich 1:25 000 Blatt 2 (Andelfingen)	Marthalen, Ossingen		Orts- und Wohnmuseum in Marthalen (Frau Ursula Lips-Liechti: 052/319 12 27)
Verkehrsbüro «Wyland», Andelfingen 052/317 13 40 Gemeinde Marthalen 052/305 44 44	Jugendherberge Schloss Schwandegg, Waltalingen 052/745 18 28		Ossingen: Besichtigungen zu vereinbaren über das Verkehrsbüro Weinland oder direkt bei Peter Jucker, Weinbau Ossingen 052/317 13 38 oder Fredi Oertli, Weinbau Ossingen 052/317 14 53
Marthalen – Husemer Seen: 1h 10 min Husemer Seen – Ossingen: 30 min Husemer Seen – Barchetsee – Ossingen: 1h 15 min	Husemer Seen		Gebiet der Husemer Seen Barchetsee
	Husemer Seen und Barchetsee		Marthalen

genbüel» oder «Fleudenbüel» erwähnenswert.

Das Dorf Marthalen verlassen wir nun in östlicher Richtung und wandern über Flurwege nach **Oerlingen**. Dort müssen wir den Wegweisern folgen, damit wir die Unterführung unter der A4 benützen können. Weiter gelangen wir gemütlich in einer halben Stunde zum **Husemer See**.

Der Husemer See ist das grösste Überbleibsel der Andelfinger Seenplatte, die in der Eiszeit durch die Gletscher gebildet worden ist. Zahl und Umfang der Wasserflächen sind durch natürliche Verlandung und durch menschliche Eingriffe stark zurückgegangen. Verschiedene Badeplätze laden hier zum Verweilen und Schwimmen ein, doch sollten unbedingt die Orientierungstafeln beachtet werden und nur dort gebadet werden, wo dies erlaubt ist. Im Naturschutzgebiet darf keinesfalls offenes Feuer entfacht werden. Zum Grillieren stehen aber sehr schöne Feuerstellen mit Holzbänken direkt am nördlichen und südlichen Ufer des Sees zur Verfügung.

Je nachdem wie lang man beim Husemer See verweilen will und wie weit man wandern möchte, entscheidet man sich nun, direkt nach **Ossingen** zu gehen oder den Umweg über den **Barchetsee** unter die Füsse zu nehmen. Der Barchetsee liegt auf Thurgauer Boden und ist mit seiner ganzen Umgebung unter Schutz gestellt. Im kleinen See treiben schwimmende Inseln aus Schwinggrasstücken. Er ist wie der Husemer See ein wunderschöner Zeuge der letzten Eiszeit. Im idyllischen See mit seiner überaus reichen Tier- und Pflanzenwelt kann nochmals gebadet werden, geübte Schwimmer machen sich einen Spass daraus, die Inseln im See herumzustossen. Westwärts wandernd erreicht man nun auch nach diesem empfehlenswerten Abstecher die Gemeinde **Ossingen**.

Schmucke Riegelbauten in Marthalen

Der Ort gehört zu den Weinbaugemeinden der Gegend. Das «Zürcher Wyland» produziert an diversen Lagen Weissweine (vorwiegend Riesling x Sylvaner) und Rotweine (Blauburgunder). Einige Spezialitäten wie Gewürztraminer, Pinot gris oder Bacchus bereichern dabei die Weinkarte. Die gesamte Weinbaufläche der Region beträgt über 220 Hektaren.

Wer sich besonders für den Weinbau interessiert und degustieren möchte, der kann sich direkt oder übers Verkehrsbüro Weinland an einen der Weinbaubetriebe wenden, um beim Rebbauern einen Termin zu vereinbaren.

Wer in Ossingen die Bahn in Richtung **Winterthur** nimmt, überquert die Thur auf der längsten Eisenfachwerkbrücke der SBB (332,4 Meter lang).

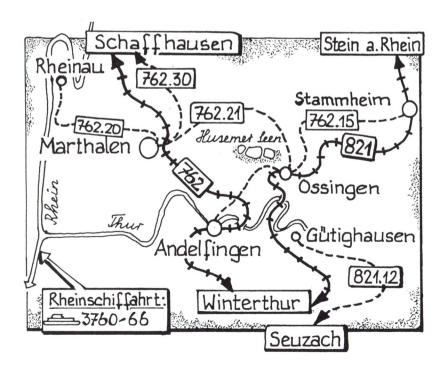

5. Von Andelfingen zur Mörsburg

Andelfingen (402) – Müliberg (440) – Oberwil (475) – Naturschutzgebiet Gurisee (490) – Mörsburg (511) – Attikon (471)

Ausgangspunkt dieser Wanderung im **Zürcher Weinland** bildet der Bezirkshauptort **Andelfingen**. Der halb städtische Charakter Andelfingens erklärt sich durch die geschichtliche Bedeutung des Dorfes. Die Gegend am Unterlauf der Thur scheint schon sehr früh besiedelt gewesen zu sein, wovon Spuren einer bronzezeitlichen Siedlung, ein grosses Gräberfeld aus der «La Tène»-Zeit und römische Keramikfunde Zeugnis ablegen. Im Mittelalter erlangte Andelfingen aufgrund seiner geographischen Lage eine beträchtliche regionale Bedeutung. Viele Handwerker lebten damals vom Verkehr, der Andelfingen auf dem Weg zwischen Schaffhausen und Winterthur durchquerte, da es lange Zeit über die einzige Thurbrücke zwischen der Mündung und Uesslingen verfügte. Zudem erforderte die Steigung zwischen Thur und dem oberen Dorfausgang die Bereithaltung von Vorspannpferden für die Fuhrwerke, und die Hanglage begünstigte das Müllereigewerbe, so dass nicht erstaunt, dass der Mülibach zeitweise bis zu sechs Mühlen antrieb.

In unmittelbarer Nähe zum Bahnhof beginnt der Weg anzusteigen zum **Müliberg**, der einem einen schönen Blick auf Andelfingen eröffnet und zudem über eine Feuerstelle verfügt, die bereits ein erstes Mal zum Verweilen einlädt. Vorbei an kleinen Bauerndörfern des Weinlandes und immer wieder gemächlich ansteigend und fallend bringen uns breite Flurwege, die übrigens auch sehr zum Radfahren einladen, schliesslich ins Naturschutzgebiet **Gurisee**. Baden ist allerdings in diesem dicht mit Schilf und Binsen bewachsenen Nassgebiet nicht möglich, der Wasserstand ist auch tief. Wer trotzdem eine Badegelegenheit sucht, der findet diese etwas abseits unserer Route zwischen Welsikon und Ausser-Dinhard. Der romantische Ziegelweiher bildete sich aus einer Lehmgrube eines längst stillgelegten Ziegeleiunternehmens.

Am östlichen Waldrand des Naturschutzgebiets Gurisee eröffnet sich dem Wanderer bei klarem Wetter eine prächtige Sicht auf Säntis und Churfirsten.

Auf der offiziellen Landeskarte ist nördlich der Strasse Berg ZH – Eschlikon ZH nur noch ein Feuchtgebiet eingetragen. Bei unserer Begehung stellten wir jedoch fest, dass dieser **Bucher Weiher** sehr wohl ein Weiher ist, der zudem sehr zum Verweilen einlädt.

Vorbei an der Station Dinhard-Welsikon erreichen wir dann die **Mörsburg**. Die inmitten eines der Weinbaugebiete der Region Winterthur gelegene Mörsburg lässt unseren Blick hinunterschweifen in die immer dichter besiedelte und von vielen Verkehrsachsen, unter anderen die Autobahn A1, durchzogene Agglomeration **Winterthur**.

Die Mörsburg mit ihrer aus dem 13. Jahrhundert stammenden eingebauten frühgotischen Kapelle stand zunächst im Besitz der Ky-

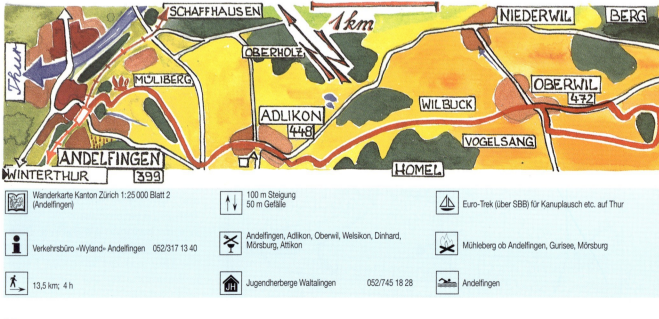

Wanderkarte Kanton Zürich 1:25 000 Blatt 2 (Andelfingen)	100 m Steigung / 50 m Gefälle	Euro-Trek (über SBB) für Kanuplausch etc. auf Thur
Verkehrsbüro «Wyland» Andelfingen 052/317 13 40	Andelfingen, Adlikon, Oberwil, Welsikon, Dinhard, Mörsburg, Attikon	Mühleberg ob Andelfingen, Gurisee, Mörsburg
13,5 km; 4 h	Jugendherberge Waltalingen 052/745 18 28	Andelfingen

Schloss Mörsburg: einen Besuch wert

stellt. Es zeigt vor allem Handwerk- und Kunstgewerbeerzeugnisse aus dem 17. bis 19. Jahrhundert (Keramik, Öfen, Waffen, Möbel, Uhren).

Nachdem wir uns bei der Mörsburg entweder aus dem Rucksack oder im Restaurant Schlosshalde nochmals verpflegt haben, können wir den letzten Teil der Tour unter die Füsse nehmen und erreichen so nach etwa einer halben Stunde die Station **Rickenbach/Attikon**.

Für Weinfreunde bietet die Region verschiedene Möglichkeiten, sich in den Weinbau der Gegend einweihen zu lassen und einige edle Tropfen zu degustieren. Unmittelbar in der Umgebung der Mörsburg finden sich zwei solche Weinkeller (siehe Piktogramm). In der weiteren Region gibt es aber noch unzählige andere. Auskunft erteilt unter anderem die «Ausflugskarte für die Weinbauregion Winterthur und Umgebung».

Eine Alternative zur vorgeschlagenen Wanderung besteht in einer gemütlichen Pferdekutschenfahrt. Mehrere Kutscherbetriebe bieten in der ganzen Region ihre Dienste an. Die Möglichkeiten für Ausfahrten zu einem Grillplatz, Aussichtspunkt, zur Mörsburg oder in die Rebberge sind fast unbeschränkt.

burger, ging dann über an die Habsburger und schliesslich an die Stadt Winterthur, die sie seit anfangs unseres Jahrhunderts dem Historischen Verein Winterthur als Museum zur Verfügung

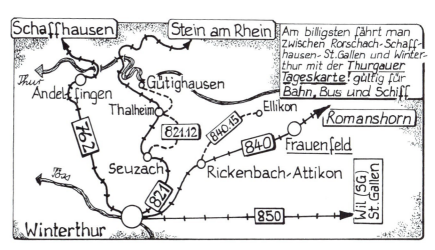

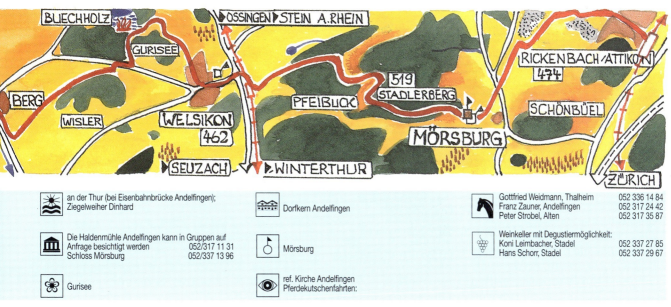

an der Thur (bei Eisenbahnbrücke Andelfingen); Ziegelweiher Dinhard		Dorfkern Andelfingen	Gottfried Weidmann, Thalheim Franz Zauner, Andelfingen Peter Strobel, Alten	052 336 14 84 052 317 24 42 052 317 35 87
Die Haldenmühle Andelfingen kann in Gruppen auf Anfrage besichtigt werden 052/317 11 31 Schloss Mörsburg 052/337 13 96		Mörsburg	Weinkeller mit Degustiermöglichkeit: Koni Leimbacher, Stadel Hans Schorr, Stadel	052 337 27 85 052 337 29 67
Gurisee		ref. Kirche Andelfingen Pferdekutschenfahrten:		

6. Winterthur: Gärten, Märkte und Museen

Piktogramm siehe Tour 7

Die Vielfalt der Gartenstadt Winterthur lässt sich auf engstem Raum bewundern, denn der historische Kern beginnt direkt am Bahnhof mit der Marktgasse. Gemüse-, Blumen, Fisch-, Floh- und Kunstmärkte sowie zahlreiche Veranstaltungen beleben die **Altstadt Winterthur**. Nicht weniger als 15 Museen zählt die kulturbewusste Stadt (siehe Piktogramm Tour 7 und Text).

Kleiner Altstadtbummel
Ausgerüstet mit den guten Unterlagen der Touristeninformation, die am nordöstlichen Ende des Bahnhofplatzes zu finden ist, kann das Erlebnis **Altstadt** in Angriff genommen werden. Vom modern gestalteten **Busbahnhof** gelangt man direkt in die **Untertorgasse** und südwärts haltend zum **Neumarkt**. Diese wird dominiert durch die schön gegliederte Fassade des **Alten Spitals**, dem heutigen Altersheim, hervorgewachsen aus dem ehemaligen Frauenkloster (1523 aufgelöst) und 1806–24 durch Salomon Sulzer für die Armengenössigen der Stadt ergänzt durch das Hauptgebäude. Sehenswert ist auch der Innenhof. In den Gewölben ist heute das **Kellertheater** untergebracht.

Durch die **Steinberggasse** gelangt man in die Obergasse und beim grösstenteils verkehrsfreien **Graben** zur mustergültig renovierten **Alten Kaserne**. Sie ist ein Werk Salomon Sulzers des Älteren und ein Meisterwerk barocker Zimmermannskunst, ein Riegelbau mit gewaltigen Ausmassen. An der rückwärtigen Seite lehnt sich der Bau an die hier noch in ganzer Höhe erhaltene **Stadtmauer**. Statt der Rekruten pilgern heute jährlich rund 130 000 Besucher ins **Kulturzentrum** der Alten Kaserne zu Kunstausstellungen, Konzerten, Autorenlesungen, Sitzungen oder Theateraufführungen.

Durch die **Schulgasse** kehrt man zurück ins Herz der Altstadt, nach Westen. Vor dem Kirchplatz befindet sich das **Gewerbemuseum** mit Gewerbebibliothek und Wechselausstellungen. Die **Stadtkirche** als Mittelpunkt und Wahrzeichen der Altstadt wurde 1180 erstmals urkundlich erwähnt. Im Stadtbrand von 1244 widerstand nur der Turm den Flammen. Dessen Sandsteine sind heute noch zum Teil brandgerötet. 1486–90 erhielt die Kirche ihren zweiten, den Südturm. Im Innern springen vor allem die prachtvolle Barockorgel aus dem 18. Jh. und der grosse Wandmalereizyklus ins Auge.

Am bemerkenswerten **Justitia- oder Gerechtigkeitsbrunnen** (ursprüngl. 1537, jetzige Statue von 1931) gelangen wir zur belebten **Marktgasse** und bald zum **Waaghaus** mit seiner frühklassizistischen Fassade (spätgotischer Bau von 1503). Es beherbergt heute das **Puppentheater**, die Kreisbibliothek und Ausstellungen. Eine Fussgängerpassage führt direkt nach dem Waaghaus nordwärts zur **Stadthausstrasse**. Das **Museum Oskar Reinhart am Stadtgarten** mit seiner klassizistischen Fassade und Statuen von Zwingli und Pestalozzi (1838–42) präsentiert sich nach einer gelungenen Renovation (1995) in neuem Kleid. Der **Stadtgarten** selber lädt mit seinem alten Baumbestand zu einem Rundgang ein. Das **Barockhäuschen (Haus zum Balustergarten)**, erbaut 1740 in diesem Park, diente früher als Lust- und Sommerhäuschen ausserhalb der Stadtmauern. Im Innern können wundervolle barocke Wand- und Täfermalereien bewundert werden. Das Häuschen kann für private Veranstaltungen gemietet werden.

Winterthur verfügt neben Basel, Zürich und Bern über die schönste moderne Kunstsammlung der Schweiz. Das **Kunstmuseum** an der nordöstlichen Ecke des Stadtparks zeugt davon, erhielt 1995

Oberer Graben beim ersten Schnee

aber auch einen architektonisch raffinierten Neubau, der die Bilder aus der Jahrhundertwende, Beispiele des Kubismus, Expressionismus, Surrealismus und der Abstrakten noch besser zur Geltung bringt. Im neuklassizistischen Bau sind auch naturwissenschaftliche Sammlungen und die Stadtbibliothek untergebracht.

Der **Lindstrasse** folgend, kehren wir zurück zur Altstadt. Werfen wir aber noch einen Blick auf das **Stadthaus**, eines der wichtigsten Werke von Gottfried Semper (1865–69), ein Repräsentationsbau des Historismus, eine korinthische Tempelfront mit monumentaler Freitreppe aufweisend.

Östlich des Grabens durchqueren wir die **Neustadt**. Durch die **Obertorgasse** geht's in den **Lindgutpark**. Darin befinden sich das **Heimatmuseum Lindengut** in einem frühklassizistischen Wohnhaus von 1787, die **Stadtvoliere**, das **Kakteenhaus** und **die Spielzeugsammlung im Kutscherhaus**.

Während der Rückkehr an den Ausgangspunkt lässt man mit Vorteil nochmals die charmante Altstadt- und Einkaufsatmosphäre der **Marktgasse** auf sich wirken. An der vornehmsten Gasse der Stadt reihen sich die bedeutendsten öffentlichen Gebäude und reichen Bürgerhäuser, **«Zum Sternen»** und **«Zum Samson»** (Nr. 9 und 11) mit ihren prächtigen Rokokofassaden aneinander. Das Haus **«Zur Geduld»** (1690) gilt als das bedeutendste Barockgebäude der Stadt. Sehenswert ist auch das **Wirtshaus zur Sonne** (Nr. 15), erbaut 1550.

Die Fassade des **Alten Rathauses** (Nr. 20) ist wiederum ein Meisterwerk des Frühklassizismus (1782–84). Die Ladenpassage darin wurde 1872 im italienischen Stil mit reichbemalter Decke und grosszügigem Lichthof gebaut. Über dem Treppenhaus findet man eine römische Inschrift von 294, die älteste Erwähnung des damaligen **Vitudurum**. Im Alten Rathaus finden wir auch das **Kunstmuseum Jakob Briner**, **das Uhrenmuseum** und den Gemeinderatssaal.

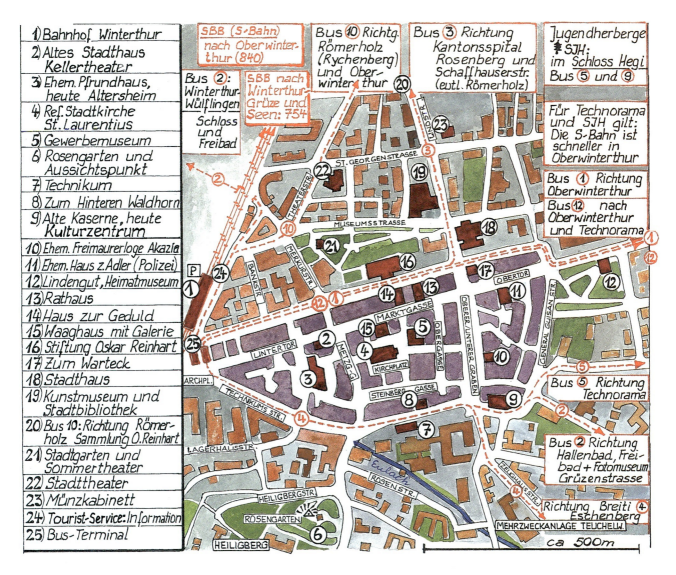

«Chateau noir» von Paul Cézanne (Sammlung, «Römerholz»)

Ausserhalb der Altstadt
Der Höhepunkt kultureller Natur ist ein Besuch der **Sammlung Oskar Reinhart «Am Römerholz»**. Das ehemalige Wohnhaus des passionierten Kunstmäzens Oskar Reinhart beherbergt heute eine der bedeutendsten Kunstsammlungen, Meisterwerke europäischer Kunst, Bilder und Zeichnungen alter Meister, vor allem aber eine repräsentative Werkgruppe der grossen, in Frankreich tätigen Maler und Bildhauer des 19. Jh. wie Delacroix, Renoir, Monet, **Cézanne**, **van Gogh**, **Picasso** und anderen. Wegen umfassender Renovationsarbeiten ist dieses Museum von März 97 bis März 99 geschlossen. Die schönsten Werke werden bis März 1999 im Kunstmuseum Oskar Reinhart gezeigt.
Die reformierte **Pfarrkirche in Oberwinterthur** ist eine romanische Pfeilerbasilika aus dem 12. Jh. im Bereich des ehemaligen **römischen Kastells Vitudurum** (siehe Piktogramm). Die Mittelschiffwände tragen hervorragende frühgotische Wandmalereien*) aus dem Leben Christi und des Hl. Arbogast.
Sehenswert ist auch das **Weiherschloss Hegi**, dessen Turm aus dem 12. Jh. stammt, während Wohn- und Ökonomiegebäude im späten 15. Jh. gebaut worden sind. Heute dient das Schloss als historisches Museum und als Jugendherberge.

«Bitte anfassen!» heisst's im Technorama
Ein Besuch im Technorama Oberwinterthur bringt einer Schulklasse bedeutend mehr als ein Haufen «Graue Theorie». Hier kann hantiert werden mit den Objekten, es kann im wahrsten Sinne des Wortes **begriffen** werden. Stichwortartig seien Beispiele aus den **acht Sektoren** der ständigen Ausstellung notiert: **Physik** (interaktive Lernprogramme). **Energie**: (Multivisions-Energie-Show), **Wasser, Natur, Chaos** (Techno-Kunstwerke), **Mechanische Musik** (Nostalgische Musikinstrumente), **Mathe-Magie** (witzige Puzzles und geometrische Illusionen), **Werkstoffe** (Von der Steinzeittechnologie bis zum Keramikziegel der Weltraumfähre), **Textil** (Textil total) und **Automation (mit verkehrter Disco!)**.
Im Untergeschoss des Sektors Physik ist die weltweit grösste und kostbarste Spielzeugeisenbahn-Sammlung beheimatet.
Das **Jugendlabor** für Schulklassen ist gegliedert in vier verschiedenfarbene Bereiche:
1. **Blau: Die Sinne** (Ton, Schwingungen, Licht, Farbe)
2. **Grün: Lebensraum** (Zellen, Pflanzen, Tiere, Photosynthese)
3. **Gelb: Denken und Verarbeiten** (Elektrik, Elektromagnetismus)
4. **Rot: Kraft und Bewegung** (Geschwindigkeit, Beschleunigung, Druck, Strömung und Aerodynamik) Der Industrielehrpfad verbindet das Technorama mit der Altstadt Winterthur.

Aussichtspunkte rund um die Stadt: Siehe Tour 7 (Schluss).

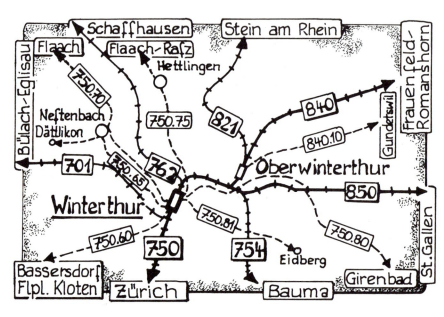

7. Über 700 Stufen in die Folterkammer

Winterthur (450) – Eschenbergturm (591) – Wildpark Bruderhaus (542) – Kyburgerbrugg (473) – Kyburg (629)

 Wanderkarte Zürich 1:25 000, Blatt 3 (Winterthur)

 Tourist Service Winterthur 052/212 00 88
(liefert hervorragende Unterlagen!)

 Kleiner Altstadtbummel: 1,5 bis 2 km
Rund um die Altstadt Winterthur 2,5 bis 3 km
Winterthur – Kyburg: ca. 2 h 30 min, ca. 8 km

 Winterthur – Kyburg: Steigung 280 m
Gefälle 70 m

 Winterthur; Tierpark Bruderhaus; Kyburg

 Jugendherberge Schloss Hegi 052/242 38 40
Mehrzweckanlage Teuchelweiher; Winterthur
052/212 27 21 und 212 18 78
Tössgrotte Winterthur 052/203 61 30
Pfadiheim Breite am Stadtrand (48 Pl.) 052/232 93 29

 Eschenberg, Gamser, an der Töss bei Kyburgerbrugg, Lindberg, Wolfesberg und Hoh Wülflingen

 Hallen-/Freibad Geiselweid (Bus 2) 052/234 37 37
Hallenbad Michaelsschule (Bus 6) 052/232 24 50
Freibäder Oberwinterthur, Töss und Wülflingen

 Töss, die «Winterthurer Riviera» (Sennhof – Töss)
Siehe Rubrik: «Achtung!»

 Technorama Oberwinterthur
(Di bis So) 052/243 05 05
Sternwarte Eschenberg 052/337 28 48
Naturmuseum Winterthur (Di bis So) 052/267 51 66
Sammlung Oskar Reinhart «am Römerholz»
(Di bis So) **März 97 bis März 99 wegen Renov. geschlossen.**
Kunstmuseum Oskar Reinhart (Di bis So)
052/267 51 62
März 97 bis 99 mit Werken Sammlung Römerholz!
Lindengut (Heimatmuseum) 052/213 47 77
Jakob Briner im Rathaus (Di bis So, freier Eintritt)
Kunsthalle Marktgasse (freier Eintritt)
Fotomuseum (Di bis So, Bus 2, Schleife)
Schloss Hegi, Winterthur 052/242 38 40
Schloss Kyburg (Di bis So) **ab Sept. 97 für ca. 2 Jahre geschlossen wegen Renovation:** 052/232 46 64

Weitere gemäss Museumsführer Winterthur

Theater am Stadtgarten, Kellertheater, Theater für den Kanton Zürich (TZ), Sommertheater (Open-air bei schönem Wetter im Sommer), alle Winterthur.
Musikfestwochen (Herbst), Kyburgiade auf Schloss Kyburg (internat. Kammermusikfestival), Musikkollegium und Albani Bar of Music (Rock, Funk, Blues) **Winterthur.**
Lehrpfad: Wasserlehrpfad Tösstal (3 h ab Station Kollbrunn). Industrieveloweg ab Mühle Hegi Oberwinterthur. Waldlehrpfade Kyburg und Eschenberg Findlingslehrpfad Bruderhaus (Start Parkplatz)

 historische Bauten: siehe Text Tour 6

 Schloss Hegi, Schloss Kyburg **(wegen Renovation ab Herbst 97 für zwei Jahre geschlossen)** Schloss Wülflingen mit hervorragender Innenausstattung (1644–45)

 Das Baden in der Töss kann gefährlich sein wegen der sogenannten Weisswasserwalzen!

L Burg Alt Wülflingen (1250) südwestl. Wülflingen. Der Turm ist erhalten geblieben.
Ruine Mariazell auf Beerenberg (1525): Sichtbar sind Grundmauern des ehemaligen Klosters.

Röm.Ruine Ehemaliges Römerkastell Vitudurum auf dem Hügelsporn bei alter Kirche St. Arbogast Oberwinterthur. Sichtbar sind ein konservierter Teil der östlichen Kastellmauer und ein markierter Grundriss eines gallorömischen Tempels des 1. Jh. n. Chr.

Am Stadtrand von Winterthur verlassen wir die asphaltierten Strassen und steigen auf schönen Waldstrassen auf die Anhöhe des **Eschenbergs**. Der dortige Aussichtsturm ist über dreissig Meter hoch, und von seiner obersten Plattform öffnet sich der Blick in alle Himmelsrichtungen.

Südlich des Turms treffen wir bald auf den **Wildpark Bruderhaus**, ein beliebtes Ausflugsziel für die ganze Familie. Auf einer Fläche von dreieinhalb Hektaren leben zwischen 50 und 60 Tiere: Hirsche, Luchse, Mufflons, Wildschweine, Wisente (europäischer Büffel) und andere.

Das **Bruderhaus** in der Waldlichtung des Eschenbergwaldes geht übrigens auf eine Franziskaner-Einsiedelei zurück. Diese wurde in der Reformation zwar aufgelöst, doch das Haus diente weiter als Wohnort. Gegen Mitte des letzten Jahrhunderts wurde eine kleine Wirtschaft eingerichtet, im Jahre 1890 kam der Wildpark dazu.

Die grosse Spielwiese direkt beim Bruderhaus übt auf die Kinder eine grosse Anziehungskraft aus. Verpflegen kann man sich im Restaurant mit grosser Gartenwirtschaft oder an irgendeiner Feuerstelle im Wald.

Beim Autoparkplatz des Wildparks beginnt für geologisch Interessierte ein Findlingslehrpfad.

Wer genug Zeit und Ausdauer hat, dem sei empfohlen, ab Bruderhaus nicht den direkten Weg zur Kyburgerbrugg zu wählen, sondern den Wegweisern «Gamser» zu folgen. Dies bedeutet zwar einen Umweg, doch entschädigt einen kurz nach dem Punkt Gamser ein herrlicher Blick übers Tösstal auf das Ziel unserer Wanderung, die **Kyburg**, für die kleine «Zusatzschlaufe». Auf immer breiten Waldsträsschen erreicht man dann die gedeckte Kyburgerbrugg unten an der Töss. Unmittelbar nach der Brücke beginnt der sehr steile Anstieg hinauf nach **Kyburg**. Der Weg ist als Waldlehrpfad angelegt und überwindet über etwa 700 Treppenstufen eine Höhendifferenz von über 150 Metern. Unvermittelt stehen wir dann aber plötzlich direkt unter dem Schloss und erreichen unser Tagesziel.

Die **Kyburg** ist die bedeutendste Feudalburg der Ostschweiz, ja eine der grössten mittelalterlichen Anlagen der Ostschweiz und des angrenzenden schwäbischen Raumes überhaupt. Neben der kunsthistorischen Bedeutung kommt der Kyburg auch grosse politisch-historische Wichtigkeit zu. Sie gab einem jener mächtigen europäischen Adelsgeschlechter des Mittelalters seinen Namen, beherbergte zur Zeit der Habsburger die Reichskleinodien und stand damit im Schnittpunkt europäischer Politik. Mitte des 15. Jahrhunderts hört zwar die feudale Vergangenheit der Burg auf, indem sie an die mächtige Reichsstadt Zürich überging. Dies bedeutet jedoch nicht, dass sie dadurch etwa ihre Bedeutung verloren hätte. Als zürcherischer Landvogteisitz war die Kyburg ab 1452 während Jahrhunderten Ort der bedeutendsten ausserstädtischen Verwaltungsstelle. Die Verwaltung der ganzen Landschaft wurde von der Stadt Zürich straff geregelt. Die Landvogtei Kyburg umfasste dabei als weitaus wichtigste etwa zwei Drittel des zürcherischen Hoheitsgebiets. Dies erklärt auch, wieso ihre Verwaltung (meist sechs Jahre Amtsdauer) als eigentliches Sprungbrett für eine städtische Karriere diente. Sie galt als Vorschule für das Bürgermeisteramt.

Die gesamte Burganlage besteht aus dem Turm, dem Palas (Wohnhaus), Wehrgang, Ritterhaus und Kapelle. Grosse Teile der ganzen Kyburg sind öffentlich zugänglich und dienen Museumszwecken. Besonders hervorzuheben sind dabei die Waffen- und Rüstungssammlung, Möbel und Einrichtungsgegenstände und die gruselige Folterkammer, die allerdings nicht aus der Kyburg selber stammt, da der zürcherische Rechtsvollzug keine derartigen Strafen («Eiserne Jungfrau») kannte.

Das Dorf Kyburg entwickelte sich trotz der Bedeutung der Burg recht bescheiden. Der Ort ist durch einen geschwungenen Doppelwall vom Umland abgetrennt, vermutlich bestand in der heutigen Hauptachse eine Toranlage. Heute laden hier zum Abschluss der Tour verschiedene Restaurationsbetriebe zum Verweilen ein. Wer noch Lust verspürt, wandert nun hinunter zum nächsten Bahnhof (Sennhof-Kyburg), ansonsten benützt man den Bus direkt ab Kyburg.

Weitere Aussichtspunkte rund um die Stadt Winterthur:

Wir empfehlen den Besuch folgender, stadtnaher Aussichtspunkte:
Der **Rosengarten auf Heiligberg** liegt 10 min zu Fuss südlich des Hauptbahnhofs und zeigt einen recht guten Überblick über die Altstadt.

Der Wanderweg Richtung **Lindberg** führt durchs **Tösser Tobel** und anschliessend als Panorama-Höhenweg oberhalb der Rebberge

Blick auf den Innenhof von Schloss Kyburg

zum **Aussichtspunkt Bäumli**. Nicht nur auf die Stadt, sondern auch weit in den Alpenkranz hinein öffnet sich der Blick (Rest. Goldenberg und öffentliche Anlage).
Der **Brühlberg-Turm** liegt westlich des Industriequartiers und der Altstadt. Auf den PTT-Sendeturm führt eine Wendeltreppe zur Rieter-Aussichtsplattform.
Als Geheimtip wurde uns der Iberg (mit Alpenpanorama und Picknickplatz) nördlich von Kollbrunn genannt.
Über weitere Museen, Aussichtspunkte, historische Gebäude, Märkte, Brunnen, Gärten, den Sonnen-, Industrie- und Wasserlehrpfad gibt **WiF**, der **Wi**nterthurer **F**reizeitführer des Tourist Service erschöpfend Auskunft.

8. Durchs Farenbachtobel zum Schauenberg

Station Elgg (508) – Guewilmüli (616) – Schümberg (753) – Schauenberg (890) – Girenbad (720) – Station Rämismühle-Zell (530)

Das Städtchen **Elgg** war im Mittelalter ein recht bedeutender Stützpunkt der Habsburger. Die ursprünglich lückenlose Aneinanderreihung der Bauten zu einer Stadtmauer wurde durch verschiedene Brände im Laufe der Zeit an einzelnen Stellen zerstört. Die fast quadratische Stadtanlage ist aber noch gut ersichtlich. 1876 zerstörte der letzte Grossbrand leider viel alte Bausubstanz.

Die reformierte **St. Georgskirche** Elgg ist die grösste Kirche der spätgotischen Epoche im Kanton Zürich. Eine viersäulige Krypta stemmt die hintere Chorpartie in die Höhe. Bedeutsam sind die Wand- und Deckengemälde im Chor, entstanden 1512 bis 1514. Weitere schöne Bauten sind das **Pfarrhaus** (1584), der dekorative Fachwerkbau der **Meise**, die Wirtschaft (ehem. Rathaus) **Krone**, mit dem Treppengiebel (1653) und

 Wanderkarte Kanton Zürich 1:25 000, Blatt 3, Winterthur/ mittleres Tösstal
oder Wanderkarte 1:60 000 Zürich (Kümmerly+Frey)

 Gemeindeverwaltung Elgg ZH 052 368 55 55
Gemeinde Turbenthal 052 385 11 21
Verkehrsverein Turbenthal 052 385 26 50

 ca 11 bis 12 km

 Elgg bis Schauenberg Steigung: 400 m
Schauenberg bis Rämismühle Gefälle: 380 m

 Elgg, Guewilmüli *), Girenbad *) und Zell (ZH)

 Giesentalhaus TVN Sektion Frauenfeld (28 Pl.)
am Südabhang des Schneitbergs oberhalb Elgg
Ruth Huber, Frauenfeld 052 720 15 61
evtl. Militärunterkunft Turbenthal 052 385 11 21
(Vorreservation nötig)

 Farenbachtobel, Unterschlatt im Schwimmbad,
Schauenberg mit Brunnen, rund ums Girenbad

 Elgg, Unter Schlatt, Neuguet Turbenthal, Bichelsee

 Heimatmuseum in der Humbergtrotte in Elgg
Ortsmuseum, Tösstalstr. 20, Turbenthal

 Städtchen Elgg *)
Ehemaliges Gasthaus Hutzikon-Turbenthal (1711)
barocker Fachwerkbau

 Elgg (ums Jahr 1000 gegründete Meierei, nicht zugänglich)
Turbenthal (1666), früher im Besitz derer von Breitenlandenberg, heute Stiftung für Hörbehinderte

Ref. Pfarrkirche Elgg
Ref. Pfarrkirche Turbenthal, ebenfalls spätgotischer Bau von 1510–12, 1703 und 1765 baulich verändert,
Zell mit wertvollen Wandmalereien (14. Jh.) im Chor

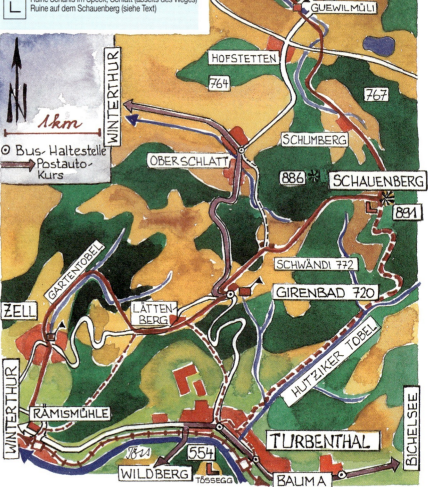

weitere Bauten aus dem 18. Jh. an der Vorder- und Hintergasse, insbesondere das **schönste Riegelhaus** von Elgg an der Hintergasse 18.

Der Weg von der Station zum Städtchen **Elgg** ist ungefähr einen Kilometer lang und langweilig. Dann aber wird diese Wanderung spannend. Nach der Besichtigung des Städtchens hält man westwärts zur **Obermüli**, anschliessend südwärts dem Waldrand entlang. Aufpassen muss man bei der Autostrasse westlich des Farenhofes, kann sich aber nachher dem schönen Erlebnis **Farenbachtobel** hingeben. Gemächlich bergwärts schreitend freut man sich an den Kapriolen und Wasserfällen des **Farenbaches**. Zuoberst wartet die wohl romantischste Wirtschaft der Ostschweiz, im Herbst vom farbigen Laub der Weinrebe völlig überwuchert, die **Guewilmüli**. Anschliessend steigt der Wanderweg recht stark, aber glücklicherweise oft im Schatten der Wälder.

«Schauen» und staunen wird man an einem herbstlichen Föhntag bei der Ruine zuoberst auf dem **Schauenberg**. Um 1300 wurde die frühmittelalterliche Ring-Wallanlage ersetzt durch eine Steinburg und später durch einen grösseren

Die charmante Guewilmüli im farbigen Herbstkleid

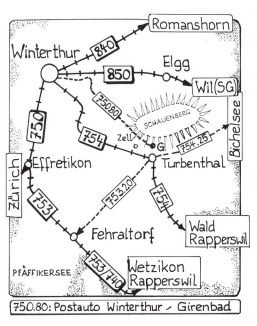

Wohnturm erweitert zur **Schauenburg**. Mit Billigung Österreichs zerstörten die Zürcher diese um 1344. Seither blieb sie als Ruine liegen. 1684 allerdings errichteten die Stadtzürcher auf dem Burghügel eine besetzte **Hochwacht**. Und überall dort, wo eine solche Hochwacht bestanden hat, ist es müssig, Worte zu verlieren über die herrliche Sicht ringsum, hier vor allem zum Alpenkranz!

Die Gemeinde Turbenthal hat einen schönen Wanderweg ausgebaut durchs ebenfalls romantische **Hutzikertobel**. Trotzdem wollen wir den Weg beschreiben nach **Rämismühle-Zell**. Erst führt er als Panoramaweg über den Hügelrücken des Schauenbergs hinunter nach **Schwändi**, dann, weitere schöne Ausblicke gewährend, zum vorbildlich restaurierten **Gasthof Girenbad**. 1364 erstmals namentlich erwähnt, wurde im Laufe des 15. Jh. der Badebetrieb aufgenommen. Das heutige Haupthaus entstand als gewaltiges Fachwerkgebäude 1620. Doch 1968 ging die Zeit des Badens zu Ende. Eine äusserst glückliche Renovation konnte 1990 abgeschlossen werden. Speisesaal und Damensalon, Terrasse und Parkwäldchen sind in der überlieferten Form erhalten geblieben, und historisches Mobiliar zeugt von gastlicher Vergangenheit (Postautoverbindung nach Winterthur).

Wiederum bieten sich verschiedene Abstiegsmöglichkeiten ab Girenbad an. Ein direkter nach **Hutzikon-Turbenthal**, ein sehr harmonischer via **Lättenberg** direkt zur Station **Rämismühle-Zell**. Dabei ist vor allem der prächtige Gratweg durch den Wald **Hinter Buech** in sehr guter Erinnerung geblieben. Westlich von Lättenberg schliesslich weist ein kleiner Wegweiser auf den sogenannten **Wasserlehrpfad Töss**. Dieser vermittelt allerhand Wissenswertes zu den Themen «Wasser als Energielieferant», «Wasser als Lebensraum» und «Wasser als Naturgewalt». Er führt am Giessen (Wasserfall) vorbei ins **Gartentobel**, schliesslich direkt nach **Zell**, bekannt durch die **«Zäller Wienacht»**. Der Turmchor der Kirche Zell enthält wertvolle Wandmalereien aus dem 14. Jh.

Und weil Wandern auch Durst macht, ist man froh, dass Zell zwei gastliche Häuser aufweist, denn bei der Station Rämismühle-Zell vermisst man etwas Ähnliches.

9. Geringer Anstieg, grandiose Aussicht: Das Hörnli

Hulftegg (953) – Hörnli (1133) – Allenwinden – Rotbüel (883) – Schmidrüti (842) – Sitzberg (793) – Breitenlandenberg (738) – Turbenthal (554)

Schon bei der Ankunft auf der **Hulftegg** mit dem Bus wird man der unerwartet grossen Rundsicht gewahr. Beim Restaurant auf der Passhöhe kann man sich nochmals für die Wanderung stärken, während Kinder vor allem den schönen Spielplatz geniessen werden.

Unmittelbar beim Restaurant beginnt dann der Wanderweg zum **Hörnli**. Er steigt zunächst eher gemächlich an, ist dann über die **Storchenegg** wieder meist flach, bis kurz nach Ergeten. Immer wieder lässt sich dabei die Sicht vor allem auf Churfirsten und Säntis geniessen.

Zum Schluss steigt der Weg im Wald nun wieder deutlich an, bleibt aber immer sehr gut und breit. Allerdings sollte man sich ob dieser Beschreibung und der geringen Höhe nicht täuschen lassen, was die Begehbarkeit im Winter und Frühjahr betrifft. Liegt nämlich noch Schnee und sinkt das Thermometer nachts und im Schatten noch unter null Grad, so kann der Aufstieg schwierig sein.

Bei der Ankunft auf dem **Hörnli** ist man dann überrascht von der Aussicht, die dieser «Hügel» von nur knapp über 1100 Metern Höhe bietet. Wer Glück hat und einen klaren Tag für die Wanderung ausgesucht hat, der kann eine Rundsicht geniessen, die weit über die umliegenden Regionen hinausgeht: Churfirsten, Alpstein und bis nach Österreich.

Der Triangulationspunkt markiert den höchsten Punkt. Für Grillfreunde befindet sich in dessen nächster Nähe eine Feuerstelle. Natürlich steht auch ein gemütliches Restaurant bereit, um die vielen Wanderer zu verpflegen.

Nun könnte der Abstieg direkt nach Steg erfolgen, wir jedoch wählen zunächst den gleichen Weg zum Abstieg, den wir schon beim Aufstieg benützt haben. Beim Verlassen des Waldes zeigt uns dann ein Wegweiser die Richtung Allenwinden/Sitzberg an. Bis **Allenwinden** benützen wir dabei

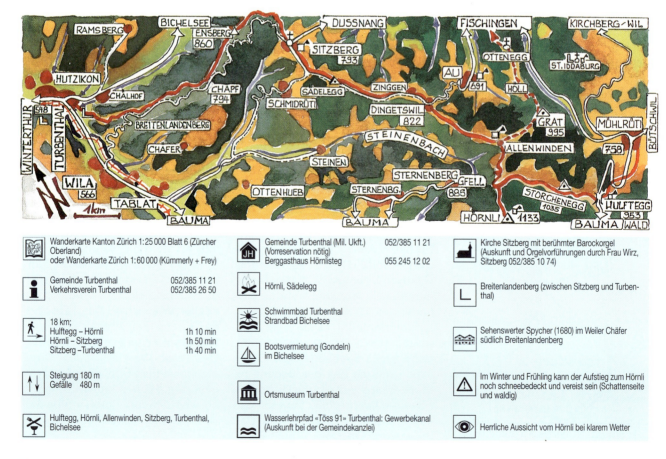

	Wanderkarte Kanton Zürich 1:25 000 Blatt 6 (Zürcher Oberland) oder Wanderkarte Zürich 1:60 000 (Kümmerly + Frey)		Gemeinde Turbenthal (Mil. Ukft.) (Vorreservation nötig) Berggasthaus Hörnlisteg	052/385 11 21 055 245 12 02		Kirche Sitzberg mit berühmter Barockorgel (Auskunft und Orgelvorführungen durch Frau Wirz, Sitzberg 052/385 10 74)
	Gemeinde Turbenthal Verkehrsverein Turbenthal	052/385 11 21 052/385 26 50		Hörnli, Sädelegg		Breitenlandenberg (zwischen Sitzberg und Turbenthal)
	18 km; Hulftegg – Hörnli Hörnli – Sitzberg Sitzberg – Turbenthal	1h 10 min 1h 50 min 1h 40 min		Schwimmbad Turbenthal Strandbad Bichelsee		Sehenswerter Spycher (1680) im Weiler Chäfer südlich Breitenlandenberg
	Steigung 180 m Gefälle 480 m			Bootsvermietung (Gondeln) im Bichelsee		Im Winter und Frühling kann der Aufstieg zum Hörnli noch schneebedeckt und vereist sein (Schattenseite und waldig)
				Ortsmuseum Turbenthal		
	Hulftegg, Hörnli, Allenwinden, Sitzberg, Turbenthal, Bichelsee			Wasserlehrpfad «Töss 91» Turbenthal: Gewerbekanal (Auskunft bei der Gemeindekanzlei)		Herrliche Aussicht vom Hörnli bei klarem Wetter

einen kurzen Abschnitt des Schwabenweges. Nun wandert man eigentlich immer ziemlich der Kantonsgrenze Thurgau/Zürich entlang. Das folgende Teilstück führt uns über Rotbüel, Dingetswil und die **Sädelegg** zum **Sitzberg**. Wir gehen dabei meist direkt auf der Strasse, die teils asphaltiert ist, teils noch über einen Naturbelag verfügt. Ohne grössere Höhendifferenzen geht es dabei mal etwas hinauf, dann wieder etwas hinunter. Dass wir direkt auf der Strasse wandern, muss uns hierbei nicht allzu sehr stören, denn diese ist sogar an Wochenenden eher selten befahren.

Unterwegs bietet sich auf der **Sädelegg** nochmals eine günstige Gelegenheit zum Brätlen. Eine grosszügige Feuerstelle, einladende Bänke und eine herrliche Rundsicht machen das Verweilen zum Genuss.

Schliesslich erreichen wir den kleinen Ort **Sitzberg**, der sogar über einen kleinen Skilift verfügt. Wer jetzt müde ist, der kann hier das Postauto besteigen und so die Wanderung etwas abkürzen (vorgängig PTT-Fahrplan studieren).

Die Kirche **Sitzberg** ist eine beliebte Hochzeitskirche und berühmt für ihre aussergewöhnliche Barockorgel. Diese stammt aus Württemberg und entstand Mitte des 18. Jahrhunderts. Eine Orgelführ-

Letzte Momente mit herrlicher Fernsicht, bevor der Föhn zusammenbricht

rung mit kleinem Konzert kann auf Vorbestellung vereinbart werden (siehe Piktogramm).

Das letzte Stück unserer Tour bringt uns nun von Sitzberg hinunter nach **Turbenthal**. Es verläuft zum Teil über einen eigenen Wanderweg, teils folgt es dem schwach befahrenen Strässchen. Wer dies vorzieht, kann eine andere Variante wählen und direkt nach Neubrunn absteigen, um so nach **Bichelsee** zu gelangen.

Auf dem Weg nach **Turbenthal** stossen wir schliesslich noch auf die Ruine **Breitenlandenberg**.

Das Gebiet der heutigen Gemeinde Turbenthal gehörte im Mittelalter zur Gerichtsherrschaft Breitenlandenberg und damit zur Grafschaft Kyburg. 1328 ist erstmals die Stammburg des Adelsgeschlechts von Breitenlandenberg erwähnt, eine wuchtige Burganlage hoch über dem Dorf. Die Burganlage wurde 1804 abgebrochen, Teile von ihr allerdings in etlichen heute noch bestehenden Häusern wiederverwendet, beispielsweise im «Sternen» Sitzberg: Recycling ist keine Erfindung des 20. Jahrhunderts.

Turbenthal war schon im 17. und 18. Jahrhundert geprägt durch die Heimindustrie, vorwiegend Weberei und Spinnerei. Nach und nach wurde diese Heimarbeit verdrängt durch die mechanische Textilindustrie. Um die Wende zum 20. Jahrhundert erfolgte der industrielle Aufschwung der Gemeinde Turbenthal mit den noch heute zu den grossen Arbeitgebern zählenden Textilunternehmen.

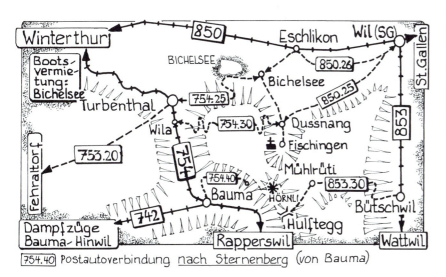

10. Adolf Guyer-Zeller und der Industrielehrpfad

Bauma (638) – Lochbachtobel (780) – Hohenegg (901) – Neuthal (680) – Hinterburg (740) – Burgstelle Greifenberg (883) – Bäretswil (703) – Chämtnertobel (619) – Bahnhof Wetzikon (526).

Unbekannt sind sie nicht, die Adolf Guyer-Zeller-Wege. Dass sie aber so spannend sein können wie derjenige auf die **Hohenegg**, vermuten Wanderer, die das Tösstal nicht kennen, kaum. Zudem lernt man den **Industrielehrpfad Zürcher Oberland**, von Bauma bis nach Wetzikon, kennen.
Weitsichtig und besorgt um seine Leute war der bekannte Zürcher Oberländer Industrielle Adolf Guyer-Zeller (1839–99), Besitzer einer Baumwollspinnerei in Neuthal, Eisenbahnaktionär und -förderer, so unter anderem Initiant und Erbauer der Jungfraubahn.
Von 1890–1900 liess er für seine Spinnereiarbeiter im romantischen Gebiet rund um **Neuthal** verschiedene Wanderwege anlegen. Diese führen über Brücken und Treppen durch tiefe Tobel und auf waldige Gipfel in den Gemeinden **Bauma** und **Bäretswil**. Er tat dies nicht nur, um seinen Arbeitern bessere Möglichkeiten zur **Gestaltung der Freizeit** zu bieten, sondern auch, um sie in flauen Zeiten beschäftigen zu können. Ausgerechnet heute dürften die guten Guyer-Ideen wärmstens zur Nachahmung empfohlen werden!
Der beliebteste der sieben Guyer-

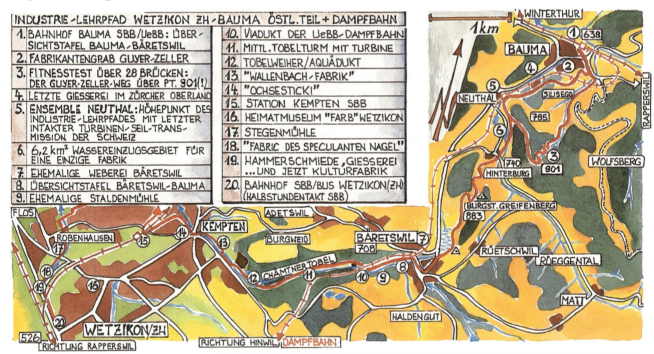

 Wanderkarte 1:25 000 des Kantons Zürich Nr. 6 Oberes Tösstal/ Goldingertal oder Wanderkarte 1:60 000 Zürich (Kümmerly+Frey)

Industrielehrpfad ZH Oberland, Rüti 055 240 40 41
Verkehrsverband Tösstal-ZH Oberland 01 930 36 30
Verkehrsverein Bäretswil Erich Frei 01 939 16 37

Bauma – Bäretswil ca 4 bis 6 km
Bäretswil – Wetzikon ca 3 bis 5 km

Steigung 450 m (mit Hohenegg und Greifenberg)
Steigung 100 m (ohne diese beiden Hügel)
Gefälle: 200 bis 550 m

 Bauma, Hinterburg, Bäretswil, Kempten

Werkhof Gemeinde **Bauma** (120 Pl., Mil Ukft über dem Boden, Gruppenzimmer) 052 386 22 21
diverse Zivilschutzanlagen **Wetzikon** 01 931 11 81
evtl. Werkhof **Bäretswil** (135 Pl.) 01 939 90 40

Hohenegg, zw. Rüetschwil und Bäretswil, diverse im Chämtnertobel

Meierwiesen Wetzikon und Strandbad Auslikon am schönen Pfäffikersee

Hallenbad in Bauma 052 386 21 62

Museums-Dampfbahn, Bauma 052 386 12 41
Textilmaschinenmuseum Neuthal** 052 386 31 03
in der ehemaligen Spinnerei Adolf Guyer-Zeller Industrie-Lehrpfad Zürcher Oberland (Tf siehe oben)
Heimatmuseum «Farb», Wetzikon ZH

 Ried nördl. Rüetschwil

 Bauma: Gemeindehaus (1869-71), Grabmal Adolf Guyer-Zeller (1899), ehemaliges Fabrikantenwohnhaus «Hörnliblick», Hörnlistr. 1 (1828), Fabrikanlage Juckeren,
Wetzikon: siehe Tour 11

 Wetzikon, siehe Tour 11

 Ref. Kirche Bäretswil (1825-27) und Wetzikon (1895-97)
Röm. Ruine: Kastell Irgenhausen, Pfäffikon (370)**, siehe Tour 12

 Adolf Guyer-Zeller-Weg durchs Lochbachtobel bei Reifglätte oder grosser Nässe relativ gefährlich: Wanderschuhe empfohlen!

Wege ist der **Hoheneggweg**. Vom Bahnhof **Bauma** folgt man auf dem Trottoir der Tösstalstrasse ostwärts. In der markanten Linkskurve am Dorfausgang biegt man ab nach rechts und überquert das Trassee der **Dampfbahn**, das auf der Karte leider fehlt, aber in unserer Skizze eingetragen ist.

Den Schlager «Über sieben Brücken ... » kannte Adolf Guyer-Zeller noch nicht. Unzählige **Brücken** und **Stege** aber liess er bauen. Nur dank ihnen kann man das Lochbachtobel, die Seitenrunsen, Nagelfluhfelswände und die vielen Bäche traversieren. Einen solch spannenden Weg in einer so idyllischen Waldlandschaft mit derart vielen **Wasserfällen** (Giessen) haben wir vorher und nachher nie getroffen. Nach starken Regenfällen oder bei Reifglätte ist er heimtückisch, zum Teil auch gefährlich: Gute Schuhe mit griffigen Sohlen sind nötig auf den 25 Brücken und rund **30 Treppen**.

Dampfbahn-Sonntag in Bauma: Jedes Mal ein kleines Fest

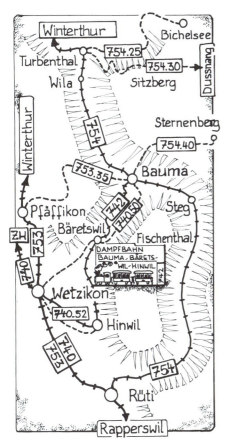

Zuoberst auf der **Hohenegg** wartet ein Rastplatz mit Tischen, Bänken, einer Feuerstelle und einem Wermutstropfen: Trotz emsigen Kletterns vermisst man die Aussicht. Durch ein fast so steiles Seitentobel gelangt man zum **Wissenbach** und zum Weg, der abwärts zum Eisenbahnviadukt bei **Neuthal** führt. Das **Textilmaschinenmuseum** in der ehemaligen Spinnerei von Adolf Guyer darf man sich dort unter keinen Umständen entgehen lassen. Im «Industrie-Ensemble» lernt man die Kraftübertragung vom Mühlengetriebe bis zur Elektrizität kennen. Vom Ballenöffnen über die Reinigung bis zum Faden wird die Verarbeitung der Baumwolle gezeigt. Jeden ersten und dritten Sonntag im Monat ist das Museum geöffnet, gleichzeitig fahren auch die **Dampfzüge der Bauma – Bäretswil – Hinwil-Bahn** mit Halt an der Station Neuthal.

Von Neuthal steigt man an der Weiheranlage vorbei wieder auf zum Waldrand. Auf einer Schautafel wird das 6,2 km² grosse Einzugsgebiet für diese einzige Fabrik erklärt. Dem Wasser entlang gelangt man nach **Hinterburg**. Bei der Burgstelle **Greifenberg** kann die Aussicht in vollen Zügen genossen werden. In **Bäretswil** ist eine Rückkehr mit der Dampfbahn oder dem Bus möglich.

Allerdings verpasst man dann einen weiteren Höhepunkt. Denn das **Chämtnertobel**, anfangs durch die geteerte Strasse zur Kläranlage und anschliessend durch den Geruch derselben nicht sehr einladend wirkend, weiss je länger je mehr zu gefallen. Der **Chämtnerbach**, welcher beim zauberhaften Strandbad Auslikon in den Pfäffikersee fliesst, durfte seinen natürlichen Flusslauf behalten. Unterwegs begegnet man zwei Türmen, deren Transmissionen und Turbinen vor hundert Jahren der Kraftübertragung gedient haben. Der eine enthält die alte Turbine noch und soll demnächst restauriert werden. Vor dem Waldausgang stürzt der Bach in einem grossen Wasserfall zu Tal (Picknickplatz).

Vorbei an der Badeanstalt gelangt man zur Stadt **Wetzikon**. Wer den raffinierten Guyer-Zeller-Aufstieg unterdessen spürt, steigt bei der Station **Kempten** in den Zug. Nimmermüde verfolgen den Industrielehrpfad (siehe Skizze) weiter, um so auch die Stegenmühle, die «Fabric des Speculanten Nagel», die ehemalige Hammerschmiede und Giesserei (jetzt Kulturfabrik) besichtigen zu können.

11. Von Bauma zum Rosinli

Bauma (638) – Bliggenswil – Stoffel (928) – Känzeli (880) – Grabenriet (820) – Rosinli (821) – Adetswil (720) – Station Kempten (552) – evtl. Pfäffikersee (539).

Die wunderschönen Dampfbahnzüge, die mit nostalgischem Wagenmaterial auf der Eisenbahnlinie von Bauma nach Hinwil verkehren, halten wie die Busse beim Bahnhof Bäretswil. Den Aufstieg zum Rosinli muss man von **Adetswil** aus, bis hierher verkehren die Busse, selber bewältigen. Vorgeschlagen wird, der Aussicht zuliebe, ein Beginn in **Bauma** und eine Rückkehr mit der **Dampfbahn Hinwil – Bäretswil – Bauma**.

In Bauma den Wanderwegweisern zum Rosinli (2 h) folgend, überquert man die Tösstalstrasse und folgt dem schmalen Waldweg, der an kleinen Nagelfluhwänden vorbei rasch Höhe gewinnt. Nachdem man während kurzer Zeit der geteerten Nebenstrasse nach **Bliggenswil** folgen musste, führt ein romantischer Wiesenpfad durch ein Seitentöbeli zu diesem Weiler hinauf. Im Schatten des Waldes, an Tollkirschen und später Heidelbeerstauden vorbei, gewinnt man rasch Höhe, hat aber auf dem **Stoffel** wider Erwarten keine Aussicht. Der bekannte Industrielle aus dem Zürcher Oberland, Adolf Guyer-Zeller (siehe Tour 10) hat es anders bestimmt: Beim **Känzeli** warten Feuerstelle, Sitzplatz und die Aussicht exakt oberhalb des Industrie-«Ensembles» **Neuthal**.

Der nun folgende Höhenwanderweg durchquert eine eigentliche Parklandschaft, tangiert erst das **Zisetsriet** und den obersten Teil eines Golfplatzes, um direkt zum prächtigen Hochmoor **Grabenriet** zu führen. Wie das summt und zirpt in dieser Naturoase auf 820 m! Gut eingerichtete Picknickplätze laden ein zu einer längeren Pause. Im Winter dient das Gelände den Langlaufbegeisterten, während die Kinder in der Gartenwirtschaft **Rosinli** auch im Sommer zu fröhlichen Rutschpartien kommen (sehr lange Rutschbahn). In diesem Aussichtsrestaurant (Mo/Di Ruhetag) lässt man auch anfangs Woche niemanden vor verschlossenen Türen warten. Bei schönem Wetter ist am Montag und Dienstag wenigstens der Kiosk geöffnet.

Die Aussicht über **Pfäffiker-, Zürich- und Greifensee** bis hin zu Jura und Alpenkranz ist einzigartig. Neue Ausblicke, vor allem Richtung Bachtel und Alpen, eröffnen sich beim Abstieg nach Adetswil.

Wanderkarte 1:25 000 des Kantons Zürich Nr. 6 Oberes Tösstal/Goldingertal oder Wanderkarte 1:60 000 Zürich (Kümmerly+Frey)

Verkehrsverband Tösstal-ZH Oberland 01 930 36 30
Verkehrsverein Bäretswil, Erich Frei 01 939 16 37

Bauma – Rosinli – Adetswil: ca 5,5 bis 7 km
Adetswil – Chämtnertobel – Kempten ca 4,5 km

Steigung: ca 280 m,
Gefälle: 200 bis 360 m

Bauma, Rosinli, Adetswil, Bäretswil, Wetzikon

Werkhof Gemeinde Bauma (120 Pl.) 052 386 22 21
diverse Zivilschutzanlagen Wetzikon 01 931 11 81
evtl. Werkhof Bäretswil (135 Pl.) 01 939 90 40

beim Känzeli, Hochmoor Grabenriet*), Sennboden, beim Rosinli, diverse im Chämtnertobel

Meierwiesen Wetzikon und Strandbad Auslikon am schönen Pfäffikersee

Hallenbad in Bauma 052 386 21 62

Museums-Dampfbahn, Bauma 052 386 12 41
Textilmaschinenmuseum Neuthal**) 052 386 31 03
Industrie-Lehrpfad Zürcher Oberland 055 240 40 41
Heimatmuseum «Farb», Wetzikon ZH

Zisetsriet, Grabenriet **) Robenhuserriet am Pfäffikersee links und rechts des Strandbades Auslikon

Bauma: siehe Tour 10
Wetzikon: Turnhalle, heute Zivilschutzmagazin (1906) Turnhallenstr. 9, Fabrikantenvilla Gubelmann, Bahnhofstr. 2 (1876), grösster Grabhügel des Kantons ZH in Wetzikon-Robank aus der Mittelbronzezeit, Bahnhof im Jugendstil (1908), ehem. Postfiliale, heute schweiz. Volksbank (1897)

Wetzikon: Ursprünglich zweitürmige Wasserburg, der westl. Turm wurde 1614–17 zum Wohnhaus umgebaut, der östl. 1832 abgebrochen.

Ref. Kirche Bäretswil (1825) und Wetzikon (1895)

Röm. Ruine: Irgenhausen, Pfäffikon (370)**: Tour 12

Abstieg vom Rosinli. Blick ostwärts zum Bachtel

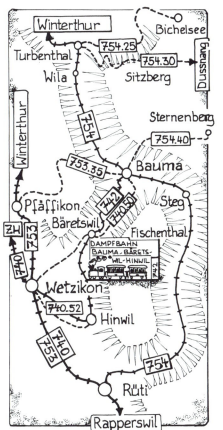

Viel zu rasch gelangt man von Adetswil und per Bus oder zu Fuss nach **Bäretswil,** wo die Dampfzüge gemäss Kursbuch der SBB am ersten und dritten Wochenende der Frühlings-, Sommer- und Herbstmonate verkehren.

Wer gerne badet oder die ausgedehnten Riedflächen am **Pfäffikersee** kennenlernen möchte, der nimmt eine weitere Stunde Fussmarsch in Kauf und hält sich vom Rosinli aus westwärts. Nach **Pfäffikon (ZH)** soll es vom Rosinli aus sogar nur eineinhalb Stunden zu gehen sein.

Schliesslich besteht eine dritte Möglichkeit, sofern man den **Industrielehrpfad Zürcher Oberland** noch nicht kennt. Von Bäretswil führt ein guter und recht spannender Weg durchs **Chämtner Tobel** direkt nach **Wetzikon** (siehe Tour 10). Die Station **Kempten** der S-Bahn liegt dem Wanderweg am nächsten, Busse aber fahren auch fleissig zum Hauptbahnhof Wetzikon, wo nach allen Richtungen gute Verbindungen angeboten werden.

12. Rund um den Pfäffikersee

Pfäffikon (538) – Strandbad Auslikon (538) – Seegräben (538) – Holzweid – Pfäffikon.

Dieser Spaziergang von knapp drei Stunden, viel begangen zwar an schönen Sonntagen, ist etwas vom Prächtigsten, was der Kanton Zürich bietet. Durch die Post- und Rappengasse gelangt man von der **Station Pfäffikon ZH** rasch zum See. Unterwegs begegnet man der Kirche mit den spätgotischen Fresken im Chorbogen, kurz nachher dem Heimatmuseum, das immer am ersten und dritten Sonntag von März bis Oktober geöffnet ist.

Ein herrlicher Seepark mit Kinderspielplatz empfängt einen, Boote können gemietet werden, an schönen Sonntagen fährt ein kleines «Kursschiff» (nach Absprache), im Herbst werden heisse Marroni feilgeboten, und an föhnigen Tagen überrascht ein selten schönes Alpenpanorama.

Die schönste Kastellruine der Schweiz

Nachdem der Weg abrückt vom Seeufer, entdeckt man ausserhalb Pfäffikons die Ruine des **Kastells von Irgenhausen** (287/n. Chr.). Zur Sicherung der Gebiete südlich des Rheins liessen die Kaiser Diokletian und Konstantin die Kastelle Turicum (Zürich), Vitudurum (Oberwinterthur, siehe Tour 6) und **Cambiodunum** (Irgenhausen) errichten. Von diesen Befestigungsanlagen sind an mehreren Orten noch Fundamentreste sichtbar, so in Zürich auf dem Lindenhof, in Winterthur bei der Kirche St. Arbogast und eben hier, südlich von Pfäffikon auf dem Drumlin (Zeuge der letzten Eiszeit). Die zwischen 1898 und 1908 ausgegrabene Anlage ist umfangreich und sehr gut erhalten. Die Mauer umschliesst etwa 370 Quadratmeter. Zugleich bietet der Hügel eine schöne Aussicht über die enorm grossen Riedgebiete, natürlichen Uferstreifen und den Pfäffikersee. Im Winter bieten die Mauern Schutz vor der Bise.

 Wanderkarte SAW 1:50 000, Blatt 226 T Rapperswil oder: Wanderkarte Nr. 5, Kanton Zürich ZAW 1:25 000
Blatt Zürichsee, oder:
Wanderkarte 1:60 000, Zürich (Kümmerly+Frey)

 Verkehrsbüro Uster 01 940 14 14
Gemeindeverwaltung Pfäffikon ZH 01 952 52 52

 8,5 bis 10 km

 Pfäffikon ZH, Strandbad Auslikon, Seegräben

 Zivilschutzunterkünfte, Wetzikon 01 931 11 81
Militärunterkunft Uster 01 944 72 36

 Rundfahrten bei schönem Wetter oder auf Bestellung, Auskunft, Reservationen. Miete 01 950 15 03

 Am Weg zwischen Robenhausen und Seegräben, Nähe See
Ruetschberg westlich von Pfäffikon am Seeweg

 Schwimmbad Pfäffikon und Auslikon, Strandbad Seegräben

 Uster und Fehraltorf

 Pfäffikon: Neu gestaltetes Ortsmuseum am Seequai und Schreibmaschinenmuseum
Dinosauriermuseum Aathal westl. Pfäffikersee, 6 min Fussmarsch nördlich der Haltestelle Aathal der S 14 (Bahnlinie Wetzikon ZH–Uster)

 Bedeutende, gut gepflegte, in ihren Ausmassen selten grosse Flach-, Nieder- und Übergangsmoore fast rund um den Pfäffikersee, vor allem das Robenhauser Riet.

 Das Flarzhaus auf Ruetschberg über dem Pfäffikersee ist eines der schmuckvollsten seiner Art, im Kern 15./16. Jh., 1804 erweitert und geteilt.
Wetzikon: siehe Tour 11

 Ref. Pfarrkirche Pfäffikon, 1484-88 anstelle einer bereits im 7. Jh. bestehenden Vorgängerkirche neu gebaut. Spätgot. Fresken am Chorbogen.
Wetzikon: siehe Tour 11
Uster: siehe Tour 16

Pfahlbauten am Pfäffikersee?

Zwischen dem römischen Kastell und der Badeanstalt Auslikon stossen wir auf eine Tafel, die aus noch viel früheren Zeiten erzählt. Tatsächlich war der Pfäffikersee bereits während der **Mittelsteinzeit** besiedelt worden. Die Archäologen fanden ausser Keramikscherben, Steinbeilklingen, Sämereien und Tierknochen auch Textilfragmente und Reste von unzähligen Holzhäusern. Im schlickigen Uferbereich hatten sich diese Funde ausgezeichnet erhalten. Sie erzählen, dass diese **Pfahlbauer** bereits Viehzucht betrieben haben. Entstanden ist der See um 15 000 vor Chr., als sich der Würmglet-

 Röm.Ruine Kastell Irgenhausen (siehe Text)

 Die Fischerstege dürfen nicht als Badeplatz missbraucht werden wegen der Naturschutzgebiete

scher zurückzog und Moränenwälle ablagerte, welche das Wasser stauten. Der wichtigste Zufluss, der **Chämtnerbach**, und die **Aa**, der Abfluss in den Greifensee, waren früher beide vielfach von der Industrie genutzt. Der Pfäffikersee wurde verschiedentlich durch die Vergrösserung des Abflusses abgesenkt, letztmals 1861 um 90 Zentimeter. Der See läuft flach aus und hat eine maximale Tiefe von 36 m. Vom Strandbad Auslikon (der Kiosk ist auch an schönen Sonntagen im Herbst und Winter offen) verläuft der Wanderweg fast dem Wasser entlang. Spannend sind die verschlungenen Pfade durchs Schilf, meist zu einem der vielen **Fischerstege** führend. Das Fischen mit der Angelrute ist gratis, das Baden von den Stegen aus wegen des durchgehenden **Naturschutzgebietes** nicht erlaubt.

Zudem herrscht ein **striktes Velofahrverbot**, dem auch vorbildlich nachgelebt wird. Die Silhouette

Schautafel des Lehrpfades Pfäffikersee in Seegräben

des Weilers **Seegräben** mit der Kapelle präsentiert sich besonders malerisch von diesen Fischerstegen aus.

Robenhauser Ried
Am südlichen Ende des Pfäffikersees liegt eines der letzten grossen **Flachmoore** der ganzen Schweiz, ein für Pflanzen und Tiere selten gewordener Lebensraum. Deshalb wird er auch von einer selten grossen Vielfalt von Tieren, vor allem Insekten und Lurchen, belebt. Im «Robenhuserriet» kommen noch Pflanzen vor, die andernorts längst verschwunden sind. Zwischen **Seegräben** und **Robenhausen** nördlich Wetzikon ZH wurde ein instruktiver **Lehrpfad Pfäffikersee** eingerichtet. Zehn Tafeln, beginnend mit den Nummern 1 und 2 am See, weisen auf seltene Tiere und Pflanzen, aber auch auf Veränderungen in der Landschaft hin.

Das Westufer des herrlichen Sees ist weniger begangen. Nach dem Badeplatz Seegräben hat man eine gute Sicht über den See, bevor Schilfwälder wieder Refugien für Wasservögel bilden. Die schönen **Flarzhäuser in Ruetschberg** (kleiner Aufstieg nötig) sollte man sich nicht entgehen lassen (siehe Piktogramm).

Auch am nordwestlichen Ende des Sees durchschreitet man nochmals ein grosses Moor, bevor man unvermittelt wieder den Seepark der «**Perle im Zürcher Oberland**», wie's im Prospekt von Pfäffikon (ZH) heisst, betritt. Der See und sein natürliches Umgelände, scheint uns, hat diesen Namen vollauf verdient!

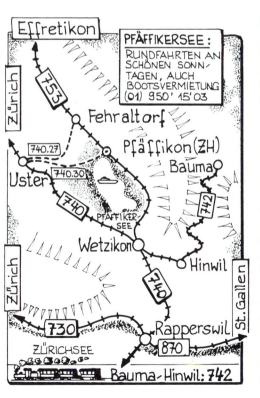

13. Auf dem Pilgerweg vom Tösstal an den Zürichsee

Fischenthal (740) – Gibswil (757) – Büel (821) – Hub (771) – Tänler (751) – Pilgersteg (545) – Fägswil (561) – Moos (460) – Usser Wald (435) – Jona (420) – Rapperswil (409)

 Wanderkarte 1:60 000, Zürich (Kümmerly+Frey) oder: SAW-Wanderkarte 1:50 000 226T, Rapperswil

 Verkehrsbüro Wald ZH 055 246 14 44
Verkehrsverein Rapperswil-Jona 055 220 57 57

 Fischenthal – Gibswil 35 min
Gibswil – Pilgersteg 1 h 55 min
Pilgersteg – Rapperswil 2 h 30 min

 Steigung: ca. 185 m
Gefälle: ca. 520 m

 Fischenthal, Gibswil, Frohsinn Büel/ Gibswil, «Dändler» NW Wald, Blattenbach, Jona, Rapperswil

 Danielenheim der Pfadiabteilung Orion-Winkelried, in Rüti (23 Pl.), N. Hardmeier, Hinwil 01 937 17 79
SJH Jona-Rapperswil (74 Pl.) 055 210 99 27
Familienherberge Rapperswil 055 210 33 98

 Rapperswil, siehe Tour 29

 An der Jona und im Usser Wald bei Jona

 Fischtel bei Fischenthal, Wald, Rapperswil

 Hallenbad: Wald ZH 055 246 38 00
Hanfländer Schulhaus Rapperswil, Lehrschwimmbecken

 Wald (ZH) Heimatmuseum zur Ortsgeschichte
Rapperswil: siehe Tour 29

 zwischen Fischenthal und Gibswil, Moosried im Usser Wald, Jona, beidseits des Seeweges

 Wald: Dorfkern und Haus «zur Windegg» (17.Jh.) über den Fundamenten der Burg der Herren von Windegg.
Blattenbach: siehe Text
Rüti ZH: Ehem. Amtshaus (1706-07) neben der Kirche, anstelle des abgebrannten Westflügels des früheren Prämonstratenserklosters Jona: Villa Grünfels mit franz. Gartenanlage im klassizist. Stil (1822) v. Jak. und Rud.Braendlin und Haus zum Tiefen Graben (1802) im Gubel, Jona
Rapperswil: siehe Tour 29

 Jona: Kapelle St. Dionys *), Neuweihe 1493, spätgotische und Rest barocker Malereien
Rapperswil: Liebfrauen- oder Friedhofkapelle (1489)

 Rapperswil: Kapuzinerkloster (1606)
Jona, Wurmsbach am See: Zisterzienserinnenkloster Mariazell, gegründet 1259, Klosterkirche (1600)

 Fischenthal: Pfarrkirche St. Gallus (1469–70, 1711)
Wald: Reformierte barocke Grubenmannkirche von 1757 mit Chor von 1508-10 und Turmaufbau 1890
Jona: Kath. Pfarrkirche Mariä Himmelfahrt und St. Valentius, Neubau 1488–90, spätgot. Chor
Kath. Kirche St. Martin in Busskirch südwestl. von Jona, neu erbaut 1482–84, verlängert 1848, biedermeierlich umgestalteter Bau mit spätgot. Chor und Turm.
Rapperswil: siehe Tour 29

Diese fünfstündige Wanderung, in früheren Zeiten wahrscheinlich eine **Pilger-Tagesetappe** darstellend, führt über fast zu viel Hartbelag. Sie vermittelt aber landschaftlich dermassen schöne Eindrücke, dass sie dargestellt werden muss. Von Fischenthal nach Gibswil führt ein guter Weg zuerst östlich der Bahnlinie, dann zwischen Bahntrassee und **Hochmoor** nach Gibswil. Der Aufstieg nach Büel kann auf einem schönen alten Wiesenweg dem Bach entlang bewältigt werden. Die Zürcher Kantonalbank (ZKB) dokumentierte diesen mit fünf recht informativen Tafeln zum **Schwaben- oder Pilgerweg**. Zum Stundenhalt lädt die Wirtschaft Frohsinn am Strässchen nach Hub ein. In der Folge führt die **Panoramaroute** geradewegs dem Alpenkranz entgegen. Das stattliche Dorf Wald rund 150 Höhenmeter unter sich lassend, erreicht man den Weiler **Tänler** mit dem Wirtshaus «Dändler» (Mo geschl.). Was muss das seinerzeit für die Pilger für ein Aha-Erlebnis gewesen sein, wenn sie zum ersten Mal den Zürichsee, den Seedamm, den Etzelpass (nach Einsiedeln führend) und die Ufenau sahen! Hier konnte man Geografie am Objekt betreiben und die nächste(n) Tagesetappe(n) besprechen. Den Hartbelag endlich hinter sich lassend, erreicht man das Villenquartier von **Blattenbach** auf einem Waldweg. Obschon der Pilgerweg sonst vorbildlich gezeichnet ist, bestehen hier Unsicherheiten. Eine kleine Fusstreppe führt zur Strasse hinunter. Nach dem Überqueren derselben findet man einen der eindrücklichsten Zeugen für den Pilgerweg, die einstige **Herberge «zum roten Schwert»**. Es ist ein hervorragend restaurierter Bohlenständerbau, datiert mit 1621, und mit reicher barocker Verzierung versehen. Die beiden Pilgersprüche über den Rundbogen-Kelleröffnungen sprechen für sich: «Mein Wandel soll im Himmel sein, obschon ich leb' auf Erden, ein Pilger bin ich hier allein, dort hoff ich Bürger werden.»

Wiederum führt ein Hartbelagsträsschen ins Töbeli hinunter und zum **Pilgersteg** an der stark befahrenen Hauptstrasse Wald-Rüti und der **Jona** gelegen. An der ehemaligen Missionsstation Pilgersteg (1865) vorbei folgen wir dem Trottoir und suchen bei der Strassengabelung den direkten Aufstieg nach **Ober-Fägswil** durch den Wald.

Erst jetzt kommen endlich Wege, die an ehemalige Pilgerromantik erinnern. Zuerst erlauben die Natursträsschen nochmals eine gute Sicht in die Voralpen, anschliessend quert man im **östlich Rüti** liegenden Wald mindestens fünf Nagelfluhgeländerippen, lernt sprudelnde Waldbäche kennen und erfreut sich des Schattens und der guten Luft. In **Weier** quert man die Hauptstrasse von Rüti nach Eschenbach und Ricken. Nochmals hat man die Chance, bis **Moos** naturnah wandern zu können. Anschliessend erleben wir die **Kantonsgrenze** St. Gallen–Zürich, sie verläuft mitten in der **Jona**, die hier einen grossen Bogen schlägt, hautnah: Konnte man sich bis jetzt blindlings auf die braunen Pilgerweg-Hinweistäfelchen verlassen, hört der vorbildliche Service hinter der Jona plötzlich auf. Mit einem grossen Dankeschön an die Zürcher und Thurgauer seien die St. Galler gebeten, diesen historischen Wanderweg doch auch zu beschildern.

Nach dem Jonasteg geht's rechterhand zur Autostrassenüberführung hinauf zum «Hanslin-Gedenkstein». Nach dem Überqueren der Autostrasse bieten sich zwei Wege an. Gute Kartenleser wählen denjenigen, der linkerhand südwärts führt. Den müden Füssen tun die Wege im **Usser Wald** ausgesprochen wohl. An einer gut gepflegten Riedwiese, dem **Moosried**, und verschiedenen Picknickplätzen vorbei begegnet man beim Schützenstand

Zwischen Weier und der Jona

schon wieder der Jona: Für Kinder bestehen in diesem Wald mit den vielen Windungen dieses Flusses herrliche Robinsonspielplätze.

In der **Grunau** gelangt man überraschend in das stark überbaute Gebiet der Stadt **Jona**. Nach der mehrstündigen Wanderung ausserhalb aller grösseren Dörfer stören Lärm und Abgase echt.

Wenn man aber vertrauensvoll den Wanderwegweisern nach **Rapperswil** folgt, die Hauptstrasse ausserhalb des Waldes über- und die Bahnlinie Rüti–Rapperswil unterquert, findet man einen beschaulichen Weg entlang des **kanalisierten Stadtbaches**. Er führt am Spinnereiareal vorbei nochmals unter dieser Bahnlinie durch. Südlich des Hügels Meienberg, vorbei an den Schrebergärten, gelangt man zum Fussweg, der an der grossen **Hanfländer-Schulanlage** vorbei über die Bahnlinie Rapperswil–Meilen–Zürich direkt in die **Altstadt Rapperswil** oder an die **Seepromenade** führt.

Die vielen Sehenswürdigkeiten der Rosenstadt Rapperswil sind aus dem Piktogramm der Tour 29 ersichtlich.

14. Von der Scheidegg zum Sagenraintobel

Steg (698) oder Fischenthal (740) – Tannen (998) – Hüttchopf (1232) – Scheidegg (1197) – Josenberg (1085) – Sagenraintobel – Wald (615).

Es müssen unbedingt noch zwei schöne Wanderungen im **Zürcher Oberland** vorgestellt werden. Wiederum ist die Route so gewählt, dass man der Aussicht, und meist auch der Sonne, entgegenwandert. Ob man in **Steg** startet oder in **Fischenthal**, spielt keine so grosse Rolle. Wohl ist der Weg von Steg zur Scheidegg eine halbe Stunde länger, dafür kann der Anstieg von rund 500 Höhenmetern gemächlicher angegangen werden. Vom Bahnhof Steg aus folgt man zuerst einen Kilometer der Hauptstrasse südwärts. Dieser unschöne Einstieg spricht eher für den Start in Fischenthal, obwohl's dort vom **Fischtel** aus recht steil den Hügel hinaufgeht. Nach der Tössüberquerung und vor der Bahnunterführung kommt man aber auch Richtung **Berg** ganz bös ins Schwitzen. So ist man dankbar, dass man vor dem Hof **Tannen** in den Schatten des Waldes eintauchen kann.

Von jetzt an bewegen wir uns in einem rund 20 km² grossen **Wildschonrevier**, in dem auch die Pflanzen geschützt sind. Zum Schutzgebiet gehört Land der Gemeinden Fischenthal, Wald, Goldingen und Mosnang, also hüben und drüben des Schnebelhorns. Rund 100 Gemsen, 100 Rehe, Füchse, Hasen und Dachse leben darin. Bei **Punkt 1098** besteht eine Abkürzung dem Waldrand entlang. Die schwache Wegspur vermeidet den erneuten Aufstieg zum **Hüttchopf**.

Der grandiosen Rundsicht zuliebe aber sei der Aufstieg zu diesem kahlen Hügelrücken empfohlen. Jenseits des oberen Tösstales grüssen die Stralegg und das Schnebelhorn, unmittelbar vor dem Hüttchopf erhebt sich der Tössstock. Bei guter Sicht erkennt man in der Ferne den Bodensee und den Alpenkranz vom Säntis bis zum Tödi, vom Urirotstock bis zu den Berner Alpen.

 Wanderkarte ZAW Nr. 6 Zürcher Oberland 1:25 000 oder: Wanderkarte 1:60 000 Zürich (Kümmerly+Frey) oder: SAW-Wanderkarte 1:50 000, 226T, Rapperswil

 Verkehrsbüro Wald ZH   055 246 14 44

 Fischenthal – Hüttchopf – Scheidegg   1 h 50 min
Scheidegg – Sagenraintobel – Wald   1 h 30 min

 Steigung: 400 m (mit Hüttchopf 490 m)
Gefälle: 530 m bis Wald

 Steg, Fischenthal, Scheidegg, Wald
Variante Schnebelhorn: Tierhag

 Ferienheim Pro Juventute, hintere Storchenegg, 8496 Steg (27 Pl.)   055 240 21 69
Jugend- und Ferienhaus Grossegg, Steg (im Schnebelhorngebiet gelegen, 35 Pl.)   055 212 40 62
Pfadiheim Hischwil unterhalb der Scheidegg gelegen, Wald ZH (50 Pl.)   055 246 34 01
Brockme-Hüsli, Hischwil, Wald (30 Pl.)   055 246 34 01
Cholwaldhütte Farneralp Richtung Scheidegg Wald ZH (30 Pl.)   055 246 21 68
Rest. Alp Scheidegg (16 Pl.)   055 246 12 94

 Goldloch am Dägelsberg (abseits der Route!)

 Waldrand Tösswaldhöhe, Scheidegg, Sagenraintobel

 Fischtel bei Fischenthal, Wald

 Hallenbad Wald   055 246 38 00

 Wald, Museum zur Ortsgeschichte

 Wildschutzgebiet zwischen Tannen und Scheidegg
Trockenwiesen Hüttkopf und Scheidegg

 Steg: stattlicher Bau des Doktorhauses «zum Steg» ehemalige Pilgerherberge (1599), Neubau 1687
Wald: Dorfkern und Haus «zur Windegg» (17. Jh.) über den Fundamenten der Burg Windegg

 Fischenthal: Pfarrkirche St. Gallus (1469–70)
Wald: Reformierte, barocke Grubenmannkirche 1757, Chor von 1508–10 und Turmaufbau 1890.

 Sagenraintobel und Aussicht vom Hüttchopf bzw. vom Schnebelhorn (Variante)

Nach dem kleinen Abstieg folgt ein fast flacher, guter Weg bis zum **Berggasthaus Scheidegg** (Mo/Di Ruhetag), das eine kleine Unterkunft anbietet. Die Feuerstelle befindet sich beim Reservoir oben und ist eingezäunt. Das Holz sollte man mitbringen. Die Aussicht hier ist fast identisch mit derjenigen auf dem Hüttchopf. Die Scheidegg spielte früher eine gewisse Rolle im Skitourismus des Zürcher Oberlandes.

Dem Strässchen talwärts folgt man nur ganz kurz. Dann führt rechterhand eine Spur durch die Wiese (Wegzeichen am Zaun und an der Telefonstange) zum **Josenberg**. Nachher geht's sehr, sehr steil bergab. Man quert die Strasse Wolfsgrueb – Wald beim Weiler **Oh (Aa)** und steigt ab zum **Schmittenbach**. Nach der bemerkenswerten Sicht in der Höhe beginnt jetzt das Erlebnis des **sagenhaft schönen Sagenraintobels**. Für Kinder wird dieses Tobel zum Höhepunkt dieser Tour. Im grossen Bach, den man verschiedene Male überquert, tummeln sich Fische. Später entdeckt man einen kleinen Wasserfall in der **Höll** und grosse,

Robinsonspielplatz «in der Höll» im Sagenraintobel

bemooste Felsblöcke, die sich zum Verstecken eignen.

Der gut unterhaltene Weg führt direkt zur reformierten Kirche **Wald** und über den Dorfplatz und die Bahnhofstrasse zur **Station**.

Höchster Punkt des Kantons Zürich: das Schnebelhorn

Da bereits im Vorgängerbuch aus den Ostschweizer Kantonen St. Gallen, Appenzell, Thurgau und Schaffhausen **«Von der Höll ins Paradies»** (ebenfalls Verlag Huber) eine Tour aufs Schnebelhorn beschrieben ist, verzichten wir auf eine erneute Vorstellung.

Stichwortartig sei eine Zürcher Tour mit Start in Steg skizziert:
Steg (695) – Rütiwis (940) – Hirzegg (1050) – Schnebelhorn (1292) – Tierhag (1140) – Grossegg – (970) – Orüti (725) – Steg (695).

Diese Wanderung auf den höchsten Punkt des Kantons Zürich beansprucht beinahe 5 Stunden. Eindrücklich ist die Westflanke der **Schnebelhornkette** mit den gewaltigen Erosionskesseln und senkrecht abfallenden Nagelfluhwänden. Der Weg selber ist völlig ungefährlich. Aufpassen müssen einzig diejenigen, die den weiss-rot-weiss gezeichneten Bergweg über den **Roten** wählen.

Der nahrhafte Aufstieg lohnt sich, denn die **Aussicht vom Schnebelhorn** herunter ist weit herum berühmt. Erst im Tierhag kann man einkehren. Der Weg zum Forsthaus Hinter-Stralegg und bald ein Panorama-Strässchen führen zur **Stralegg**, deren Bergwirtschaft Alpenrösli leider eingegangen ist. Nicht der geteerten Fahrstrasse folgend, sondern der Abkürzung direkt zum **Chleger** hinunter, findet man linkerhand des Baches einen Weg, der parallel der Fahrstrasse ins **Tösstal** und nach **Steg** zurückführt.

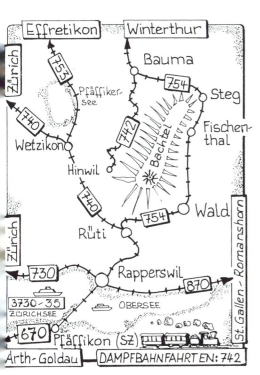

15. Viele Wege führen ... zum Bachtel

Steg (698) – Schloss (940) – Ghöchweid (1033) – Allmen (1076) – Egg (990) – Bachtel (1110) – Bachtelspalt – Wald (615)

Viele Wege führen nach Rom, aber laut Dübendorfers Wanderbuch vom Zürcher Oberland gibt es auch fast so viele auf den **Bachtel**. Vorgestellt wird derjenige, der am exaktesten dem Panorama entgegenführt.

Ausgangspunkt Steg

Schon im 15. Jh. bestand beim Steg über die Töss eine Herberge am Pilgerweg. Das **Doktorhaus**, vermutlich vor 1690 auf den Mauerresten eines mittelalterlichen turmähnlichen Gebäudes errichtet, diente den Familien Diener bis 1890 als Arzthaus und Apotheke. An diesem Haus kommt man vorbei, wenn man zuerst südlich der Stationsstrasse zur Umfahrungsstrasse wandert und später bei der Metzgerei Steg diese und darauf die Bahnlinie überquert.

Am Morgen ist der erste, happige Aufstieg im Schatten gelegen. Er führt durch Waldstreifen zum Haus **Burgböl** und zum Hof **Schloss** hinauf. Nordöstlich dieser beiden Gehöfte stand seinerzeit der Wehrturm eines Kyburgers. Die Ruine war bis 1780 sichtbar.

Auf den offenen Wiesenpartien öffnet sich nun nach und nach das ganze **Panorama**, das einem in der Folge so viel Freude macht, die Hörnlikette und das Jonatal links, Bachtel, Scheidegg (siehe Tour 14) und bereits die Schwyzer und die Glarner Alpen rechts, auch dann, wenn tiefere Lagen unter Hochnebel liegen. Im Spätherbst und Winter darf man die Wiesen überqueren, dann kann die **Ghöchweid** (Pt 1033) via Skiliftspur und Waldrand erstiegen werden. Oben wartet eine kleine Bank darauf, dass man sich die ganze Pracht in Ruhe anschaut (Rest. Berg Mo/Di Ruhetag).

Frauenbrünneli und Täuferhöhle

Das eine hat nichts mit dem andern zu tun, ausser dass der Wegweiser zur Täuferhöhle eben beim **Frauenbrünneli** zu finden ist. Dieser schattige Picknickplatz am Waldeingang ist mit Feuerstelle und Sitzgelegenheiten eingerichtet.

Die **Täuferhöhle** befindet sich fast am Waldrand unten östlich von Holenstein. Ein guter Pfad führt den steilen Hang hinab. Zusammen mit den vielen Treppen im

📖	Wanderkarte ZAW Nr. 6 Zürcher Oberland 1:25 000 oder Wanderkarte 1:60 000, Zürich (Kümmerly+Frey) oder SAW-Wanderkarte 1:50 000, 226T, Rapperswil
ℹ️	Verkehrsbüro Wald ZH 055 246 14 44 Wetterdienst Bachtel-Kulm 01 937 53 62
🚶	Steg bis Ghöch 1 h 35 min Ghöch bis Bachtel (ohne Täuferhöhle) 1 h 50 min Bachtel Kulm bis Wald 1 h 10 min
↕	Steigung: 450 m ab Steg (550 m mit Abstecher Täuferhöhle) Gefälle: 550 m (650 m mit Abstecher Höhle)
🍴	Steg, Berg/Ghöch in Gisbwil, Bachtel, Wald Bachtel-Kulm, Hinwil 01 937 33 88
🏠	keine im Bachtel-Kulm, notfalls Ausweichunterkünfte siehe Tour 14
Ω	Täuferhöhle östlich Holenstein
🔥	Frauenbrünneli, südlich Allmen, Bachtel
🏊	Wald ZH
🏊	Hallenbad Wald ZH 055 246 38 00
🏛	Wald, Museum zur Ortsgeschichte
❀	Bachtel-Kulm unter Naturschutz, Trockenwiesen
🏠	Steg: siehe Tour 14 Wald: siehe Tour 14
⛪	Wald: siehe Tour 14
👁	Geografie «sur place» hervorragend möglich auf der Aussichtsplattform des neuen Bachtelturmes wegen der ausgezeichneten Angaben und Hinweise
⚠	Wanderschuhe von Vorteil

Aufstieg kann er zu einem wackeren Fitnesstest (am besten mit Wanderschuhen!) verleiten. Die Nagelfluhhöhle ist ca 10 m tief, 3 m hoch und 20 m breit. Die Felswand ragt weit über den Höhleneingang hinaus, darüber fliesst ein dünner **Wasserfall**. Zum Schlafen eignet sich diese Höhle nicht, denn Nachtwandler könnten unglücklich abstürzen. Der Zugang ist gut zu bewerkstelligen, eine Sitzbank ist auch vorhanden. Früher wurde in dieser Höhle sogar gewirtet an Sonntagen. Im 16. Jh. diente sie den sogenannten «Wiedertäufern», die als Sekte verfolgt wurden, als Zufluchtsort und Gottesdiensraum. Beim Aufstieg sollten die Wege nicht verlassen werden.

Diejenigen, die kein Interesse an der Höhle haben, besteigen den **Allmen**, nachher vereinigen sich die beiden Wege wieder.

Was für ein Panorama!
Den **Auenberg** lässt man links liegen, vermisst aber noch immer eine umfassende Sicht Richtung Westen. Das muss so sein. Denn erst nach dem Schlussaufstieg auf den **Bachtel** kommt es einem so

Herrliches Panorama auf dem Bachtel (ehem. Hochwacht)

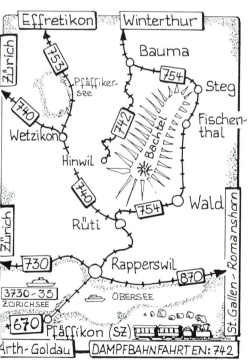

vor, als würde man das letzte Tor des Weihnachtskalenders öffnen. Man findet kaum Worte, das zu beschreiben, was hier zu sehen ist. Ungefähr 170 Tritte führen auf den neuen Fernsehturm (1986). Der alte Bachtelturm steht auf dem Pfannenstiel (siehe Velotour 17). Auf der obersten Plattform sind dann die vielen Dutzend Gipfel, die verschiedenen Seen, Dörfer und Städte, die man an föhnigen Tagen sehen kann, beschriftet. Zugleich erlaubt der Turm einen Überblick über das, was sich am Fusse des Turmes tummelt. Da treffen sich Mountainbiker, Jogger, Wanderer, viele, viele Kinder und frohe Leute. An schönen Herbst- und Wintersonntagen gibt's auch Marroni. Die Wirtschaft des SAC Bachtel ist leistungsfähig (Gartenwirtschaft und Kinderspielplatz). Die ganze Hügelkuppe des Bachtel steht unter Naturschutz.

Zum Bachtelspalt
Ein neuer Wanderweg nebst Varianten (im Winter sogar als Schlittelweg) führt am sogenannten **Bachtelspalt** vorbei, direkt nach **Wald** hinunter, ausserhalb des Waldes wiederum schöne Ausblicke gewährend.

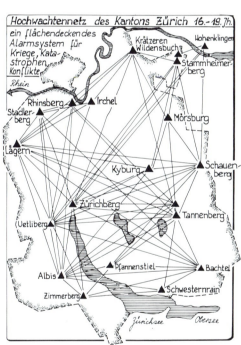

Alle schönen Aussichtspunkte im Kt. Zürich sind ehemalige Hochwachten (mil. Beobachtungsnetz aus dem 17.–19. Jh.)

16. Rund um den Greifensee

Fällanden (453) – Maur (454) – Riedikon (440) – Niederuster (443) – Greifensee (439) – Schwerzenbach (441) – Fällanden (453)

Der **Greifensee**, früher Glattsee genannt, ist ein Relikt der letzten Eiszeit. Er entstand durch Aufstauung der Glatt an einer Moränenablagerung des Linthgletschers. Dank der Schutzverordnung von 1941 ist das Ufer des Greifensees weitgehend unverbaut geblieben, was ihn zu einem sehr attraktiven Ausflugsziel macht.

Wir haben diese Wanderung als ganze gemacht, sie eignet sich jedoch ausgezeichnet dazu, nur Teilstücke zu wandern, da in jeder Ortschaft sehr gute Anschlüsse an die öffentlichen Verkehrsmittel des Zürcher Verkehrsverbundes bestehen. Die Schwierigkeit besteht einzig darin zu entscheiden, welche Teile man nicht begehen will.

Wo man die Wanderung beginnen will, spielt kaum eine Rolle, denn aufgrund der Verkehrsmittel und der Anlage des Weges ist jeder Einstiegspunkt möglich. Wir haben **Fällanden** als Ausgangspunkt gewählt.

Wer übrigens lieber radelt als wandert, für den ist diese Tour fast ein «Muss», bietet sie doch gut ausgebaute Radwege (nur zum Teil identisch mit dem Wanderweg) ebenfalls rund um den See. An einem schönen Sonntag kann es allerdings ganz schön voll werden auf den Wegen. Wir empfehlen daher, diese Tour an einem Wochentag zu machen.

Wer Glück mit dem Wetter hat, dem bietet der Greifensee ein landschaftliches Erlebnis erster Klasse. Besonders geeignete Jahreszeiten sind der Frühling (Schilf!), der Herbst (phantastische Sicht in die Alpen an einem klaren Tag) oder der Winter.

Im Sommer bietet sich dem Wanderer oder Radfahrer dafür die Möglichkeit, gelegentlich einen Halt einzuschalten und im Greifensee zu baden oder das Kursschiff zu besteigen. Übrigens kreuzt die «Greif» als ältestes (erbaut 1895) und einziges mit Kohle befeuertes Dampfschiff der Schweiz regelmässig auf dem Greifensee. Das Schiff wurde 1986–88 durch eine Stiftung restauriert.

Der Weg verläuft praktisch überall

 Wanderkarte Kanton Zürich 1:25 000 Blatt 5 (Zürichsee) oder Wanderkarte «Zürich» 1:60 000 (Kümmerly + Frey)

 Gemeinde Greifensee 01/940 44 41
Gemeinde Maur 01/980 22 21
Gemeinde Fällanden 01/825 10 00

 16,5 km; 4h

 Kioske an diversen Campingplätzen und Schwimmbädern; Restaurants in: Fällanden, Maur (auch direkt am See), Niederuster, Greifensee

 CVJM-Haus Greifensee 01/221 36 73
Blockhüttenvermietung Sport- und Freizeitzentrum
Migros Greifensee 01/941 79 79
Jugendherberge Fällanden 01/825 31 44
Campingplätze:
Zeltclub Naturfreunde Zürich, Maur 01/341 90 04
TCS-Campingplatz Maur 01/980 02 66
Campingplatz Rausenbach, Maur 01/940 38 86

 Vermietung:
Maur bei Schifflände
Greifensee beim Schlosskiosk 01 941 12 75
Uster: Landesteg
Schiffahrtsgenossenschaft Greifensee: Kursschiffe und Rundfahrten; 01/980 01 69

 rund um den See

 Migros-Sportzentrum Greifensee (ca. 15 Min. Fussweg vom Bhf) 01 941 79 79
Strandbad Maur und Uster

 rund um den See
Seebadi Bad Egg ohne Rettungsdienst

 Herrliberger Sammlung Burg Maur 01/980 04 43

 rund um den See

 Tierpark zur Silberweide Mönchaltorf 01/941 15 35
(offen März bis November, täglich ausser Mo./Di.)
Industrielehrpfad Zürcher Oberland Uster
Naturlehrpfade Fällanden und Benglen/Pfaffhausen
(Info-Broschüre bei Gemeinde Fällanden)

 Städtli Greifensee: Führungen 01/940 72 55
oder 940 47 97

 Schloss Greifensee 01/942 13 33
Schloss Uster (herrliche Sicht von der Schlossterrasse)

Greifensee (tagsüber im Sommer offen)
reformierte Kirche Maur

Städtli Greifensee

unmittelbar am Seeufer, (meist Naturbelag, zwischen Niederuster und Greifensee grössere Teile asphaltiert).

Auf unserem Rundweg ist fast immer der Blick auf den See und das gegenüberliegende Ufer frei. Die Uferzone ist überall Naturschutzgebiet, das offene Entfachen von Feuern also verboten. Dies ist jedoch auch nicht nötig, stehen doch rund um den See genügend Restaurants, Kioske und öffentliche Feuerstellen zur Verfügung. Besonders reizvoll ist der Schilfgürtel entlang des Ufers.

Überhaupt beherbergen die mehreren Hektaren Riedwiesen und der Schilfgürtel rund um den See dank der 1941 vom Regierungsrat erlassenen Schutzverordnungen eine überaus reiche Flora und Fauna. Beobachtet werden können unter anderem je nach Jahreszeit der Milan, Eisvögel und viele Entenarten. Einige sehr seltene Pflanzen wie die Sumpforchis, viele Orchideenarten und die blaue sibirische Schwertlilie haben neben einer grossen Zahl anderer hier überlebt.

Am südöstlichen Ende des Greifensees zwischen der Seebadi Egg und der Gemeinde **Riedikon** verläuft der Weg ausnahmsweise in einiger Entfernung vom Ufer.

Dafür können in dieser Riedlandschaft Störche beobachtet werden. Sie gehören zur Aussenstation des Storchenansiedlungsprojektes von Altreu, dem Tierpark zur Silberweide. Diese Privatanlage umfasst neben dem Storchenprojekt einen Kleinzoo mit über 40 Tierarten und ist öffentlich zugänglich.

Von historisch besonderem Interesse ist das Städtchen **Greifensee**. Seit dem 15. Jahrhundert war Schloss Greifensee Sitz der Landvögte, die ein Gebiet, das etwa dem heutigen Territorium des Bezirks Uster entspricht, als Statthalter der Reichsstadt Zürich verwalteten. Im Alten Zürichkrieg belagerte eine eidgenössische Streitmacht diesen letzten befestigten Ort der Landschaft des rivalisierenden Zürich. Als die Verteidiger nach wochenlanger Belagerung kapitulieren mussten, wurden sie auf einer nahen Wiese, der Näniker «Blutmatte» hingerichtet, ein auch für damalige Gebräuche ungewohnt rohes Vorgehen.

Greifensee hat einige ganz berühmte Leute hervorgebracht, unter anderen Johann Jakob Bodmer, Historiker und Literat, und Salomon Landolt. Letzterer residierte als Zürcher Regierungsverweser in den 1780er Jahren, also als typischer Vertreter des Ancien Régime oder eben städtischer Oberhoheit, im Schloss Greifen-

Blick durch den idyllischen Schilfgürtel aufs Schloss Greifensee

see. Berühmt geworden ist er vor allem durch Gottfried Keller, der ihn in der Novelle «Der Landvogt von Greifensee» verewigt hat.

Das Schloss, das auf einen Wohnturm des Hochmittelalters zurückzuführen ist, bildet den zentralen Punkt des schmucken Städtchens. Es wurde um 1950 von diversen An- und Umbauten «gereinigt», um so das vermutete Aussehen von 1520 wiederherzustellen.

Die Pfarrkirche weist eine eigentümliche Form auf. Sie ist nahtlos in den östlichen Winkel der Stadtanlage integriert und wiederholt in ihrem Grundriss (einem Dreieck) ungefähr den Stadtgrundriss.

Im kleinen Dreieck des Wehrstädtchens und in dessen unmittelbarer Nähe sind meisterhaft renovierte Bohlenständerbauten und Fachwerkhäuser zu bewundern, so etwa die Bauernhäuser Wolfensberger und Walder.

Das nahe Wasser, eine Feuerstelle und die mächtigen Bäume laden hier nochmals zum Verweilen ein. Von einem der Bootsstege aus die müden Beine ins erfrischende Wasser baumeln zu lassen, kann einen genussvollen und beruhigenden Abschluss eines reizvollen Tagesausfluges bilden.

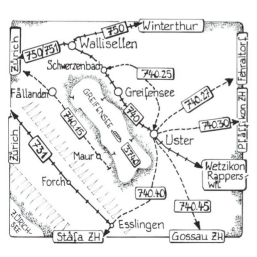

17. Pfannenstiel und Lützelsee (Velotour)

Forch (682) – Pfannenstiel (853) – Chrüzlen (642) – Lützelsee (500) – Bubikon (527) – Rüti (ZH, 482), evtl. Rapperswil (434)

Die Forchbahn verkehrt fleissig, der Velotransport aus der Stadt Zürich nach Forch lohnt sich wegen der Steigung und des starken Verkehrs.

Die folgende Velotour sollte mit einem **robusten Fahrrad** und nicht mit einem grazilen Rennvelo gestartet werden. Sie verspricht viel Natur, führt aber relativ oft über Naturstrassen. Auf dem Pfannenstiel halte man sich an die bezeichneten Radwege, sie sind sauber getrennt von den Pfaden, die ausschliesslich für Fussgänger reserviert sind.

Nach einem ansehnlichen Aufstieg, der bereits zu Beginn einen grandiosen Überblick zur Region des südlichen **Greifensees** bietet, führt der Weg über hervorragend gepflegte Waldwege, durch das Langlaufgebiet der Guldenen (Rest. Waldhof Mo/Di Ruhetag) und schöne Magerwiesen hinauf zum höchsten Punkt des **Pfannenstiels**.

Erst nach einem kurzen Abstieg findet man den gesuchten **Aussichtsturm** auf der **Hochwacht** mit Feuerstellen und Picknickplatz. Es ist der ehemalige Bachtelturm, 1992 durch die Gemeinde Egg gebaut, 174 Stufen aufweisend. Erst auf der obersten Plattform liegt einem die Landschaft wie auf einer Riesenlandkarte ausgebreitet zu Füssen, der Zürichsee rechts, der Alpenkranz vis à vis. In allen vier Himmelsrichtungen wird die Luftdistanz zu den Aussichtspunkten angegeben, z.B. Finsteraarhorn 94, Jungfrau 100, Piz Linard 119, Säntis 51, Hohentwiel 54, Weissenstein 88 und Blüemlisalp 112 km.

Unterhalb dieses Turmes mit der Traumsicht (vor allem an föhnigen Tagen im Herbst ein Genuss) liegt das **Rest. Hochwacht** mit Kinderspielplatz, das keinen Wirtesonntag kennt (Zürcher Hochwachtennetz: Siehe Tour 15).

Auf geteerter Strasse folgt eine Schussfahrt durch Magerwiesen mit dazugehörigem Konzert der Grillen und Heuschrecken. Den Radwegweisern **Rapperswil** folgend, biegt man bei Punkt 610 südlich nach **Chrüzlen** ab. Dort unterquert man eine riesige Linde und taucht später wieder in den Wald ein. Vom **Uetziker Ried** mit seinen Tümpeln und Weihern

Velokarte VCS 1:60 000, Blatt 2, Zürich	
Bahnhof Forchbahn, Forch 01 918 01 08	
Verkehrsverein Rapperswil-Jona 055 220 57 57	
ca. 26 km bis Rüti, ca. 28 km bis Rapperswil	
Steigung: ca 200 m ab Forch, 450 m ab Zürich	
Gefälle: ca 400 m bis Rüti, 450 m bis Rapperswil	
Forch, Waldhof in Guldenen, Hochwacht, Hombrechtikon und Bubikon	
Evang. Tagungs- und Studienzentrum Boldern, Männedorf (Süd-Hang Pfannenstiel, 40 Pl.) 01 921 71 11	
Jugendhaus Redlikon, Stäfa (58 Pl.) 01 383 69 70	
Pfadiheim Olymp, Torlen, Stäfa (32 Pl.)	
Gaby Bruggmann, Rüti ZH 055 240 63 05	
SJH Rapperswil-Jona (74 Pl.) 055 210 99 27	
Familienherberge Rapperswil 055 210 33 98	
Rapperswil, Bootsvermietung und -fahrten, Schiffsbetrieb Hensa AG 055 220 67 22	
Schiffahrt Zürichsee, Zürich 01 482 10 33	
Guldenen, Pfannenstiel, Lützelsee, Egelsee	
Lützelsee, Egelsee, Rüti, Rapperswil und in allen Dörfern am Zürichsee	
Meilen und Männedorf	
Bubikon: Ritterhaus (13.–16. Jh.)	
Grüningen: Orts-, Imkerei- und Zinnfigurenmuseum	
Rapperswil, siehe Tour 29	
Guldenen, Utziker Ried, Lützelsee und Lutiker Ried, und Egelsee. **Bubikon**: Hüsliried, Kämm-Moos und Reitbacher Ried, NSG Jona östl. Rapperswil am See	
Grüningen: Botanischer Garten und Arboretum AG mit Alpenpflanzen aus aller Welt	
Lutikon und Lützelsee: siehe Text	
Grüningen: Im frühen 13. Jh. von den Freiherren von Regensberg gegründetes, auf einer Anhöhe gelegenes Landstädtchen, seit 1408 zürcherisch. Das Schloss, früher eine Burg seit dem 13. Jh., war bis 1798 Zürcher Landvogteisitz, im 19. Jh. teilweise abgebrochen, der reduzierte Bau ist heute Pfarrhaus. 1970 beim Brand stark in Mitleidenschaft gezogen. **Rapperswil:** (Tour 29), **Rüti ZH:** (Tour 13)	
Romanische Saalkirche mit Freskenresten im Ritterhaus **Bubikon** *), Rapperswil (Tour 29), Jona (Tour 13)	
Grüningen: Ref. Pfarrkirche, klassizistische Saalkirche von 1782-83, 1970 beim grossen Brand ausgebrannt, im Innern neu gestaltet von Markus Dieterle 1973, an das Schloss angebaut. **Rapperswil** (Tour 29) und **Jona** (Tour 13)	
Bei den sehr gefährlichen Überquerungen der stark befahrenen Hauptstrassen von West nach Ost müssen velofahrende Gruppen unbedingt einen Sicherheitshalt einschalten.	

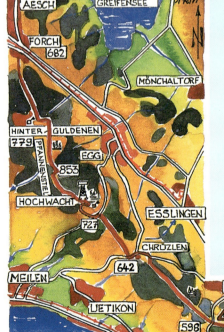

nimmt man akustisch Kenntnis. Es liegt linkerhand im Talgrund, die Frösche quaken im Frühling aber unüberhörbar.

Nach dem **Obsirain** überquert man die Staatsstrasse nach Stäfa, biegt links in einen kleinen Hohlweg und gelangt am Waldrand auf den **Stuckiweg**, der 1656 von General Werdmüller im ersten Villmergerkrieg zum gesicherten Aufmarsch der Soldaten und Geschütze (Stucki) zur Belagerung Rapperswils angelegt worden ist. Nach einem imposanten Blick zum Glärnisch und zum Zürichsee folgt man dem Wegweiser **Lützelsee**. Dieser zauberhafte See lädt ein zum **Bade** und zum Staunen. Zugleich gebührt den Zürcher Bauern einhelliges Lob für extensiv genutzte Wiesen, welche eine gute Wasserqualität dieses Riesenbiotops, des **Lützelsees** und des **Lutiker Rieds,** überhaupt erst garantieren. Historische Sehenswürdigkeiten werden hier an Ort und Stelle exakt vorgestellt mit instruktiven Tafeln. So finden wir rund um den Lützelsee ein kleines Freilichtmuseum wunderschöner Bauten: Das berühmteste Haus ganz Hombrechtikons, das prächtige **Egli-Riegelhaus** (1666) in **Lutikon**, gebaut von Heinimann Zolliker, am Ende des Sees das **Menzihaus** im Weiler Lützelsee (1733), eines der elegantesten Riegelhäuser des Zürcher Oberlandes mit einem Ro-

Blust am Bilderbuch – Lützelsee

kokogeländer und barock bemalten Falläden, daneben das **Hürlimannhaus** (1703–09), dessen Fachwerk mit Kopf- und Fusshölzern zur ältesten Form des Riegelbaus gehört und das 1996 aufs schönste renoviert worden ist.

Auf gut gepflegten Nebenstrassen, fern der grossen Dörfer, gelangt man direkt nach **Bubikon**.

Die Besichtigung des **Ritterhauses Bubikon** ist empfehlenswert. Die 1192 gegründete, für das Wirken des Johanniterordens beispielhafte Anlage wurde nach ihrer Zerstörung im Alten Zürichkrieg (1443) wieder aufgebaut. Der um 1570 erweiterte Komplex mit altem Bruderhaus, einer romanischen Kapelle*), dem Konventhaus, dem Rittersaaltrakt und dem Sennhaus (Wirtschaftsgebäude) umschliesst auf drei Seiten einen Hof. Die Komturei, die seit 1936 von einer Ritterhausgesellschaft instandgehalten wird, beherbergt das reich dotierte **Johannitermuseum**.

Rüti und **Rapperswil** liegen nun sehr nahe. Doch ist im Bereich des Golfplatzes genaues Kartenstudium nötig. Der Radweg nach Rapperswil ist tatsächlich die harmonischste und schnellste Verbindung in die Rosenstadt, während man Rüti auf dem Radweg, der rechterhand der Hauptstrasse ostwärts führt, erreicht.

Abseits der Route

Wer genügend Zeit für Abstecher hat, der besichtige unter allen Umständen das alte Landvogteistädtchen **Grüningen** nördlich des Lützelsees (vorbildlich erhaltenes Dorfbild**, Wakkerpreis, viele sehenswerte Häuser**). Auch das Naturschutzgebiet des **Egelsees** (Badeplatz) mit seinen Riedwiesen verdient Beachtung. Es liegt südlich Bubikon.

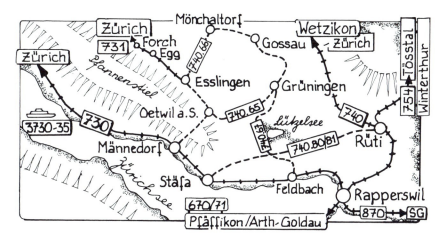

18. Zürcher Zoo und Küsnachter Tobel

zahlreiche Tiere aus Südamerika in ihren perfekt nachgebildeten Lebensräumen. Farbenprächtige Vögel des südamerikanischen Regenwaldes können bei der Balz oder der Aufzucht ihrer Jungen

> **Zürcher Zoo (595) – Adlisberg (663) – Süessblätz (672) – Forch (682) – Tobelmüli (595) – Küsnachter Tobel – Küsnacht (410)**

Ausgangspunkt dieser reizvollen Wanderung in unmittelbarer Umgebung der Grossstadt **Zürich** bildet der **Zoo Zürich**. Mit seinen 12 Hektaren Fläche gehört er zu den kleineren Zoos in Europa. Trotzdem zählt er mit seinen Anlagen und seinem Tierbestand zu den international führenden und anerkannten zoologischen Gärten.

Seine Schwerpunkte sind Tiere aus Südamerika, Afrika und Asien. Insgesamt leben über 250 Arten im 1929 eröffneten Zoo.

Das Verständnis der Natur, das Wissen über das Leben der Tiere und nicht zuletzt die Sensibilität gegenüber Natur- und Umweltschutzaufgaben haben sich in den vergangenen Jahrzehnten gründlich gewandelt. Dieser Wandel ging natürlich nicht spurlos vorbei am Zürcher Zoo. Immer wieder wurde umgebaut, erweitert, den veränderten Bedürfnissen angepasst und saniert.

Der Zürcher Zoo hat sich selber zum Ziel gesetzt, seine Besucher durch ein attraktives Tiererlebnis für die Anliegen der gefährdeten Tierarten zu sensibilisieren und in zweiter Linie durch Information und regelmässige Forschungsarbeiten in häufiger Zusammenarbeit mit der Universität einen direkten Beitrag zur Erhaltung freilebender, aber gefährdeter Tierarten zu leisten. Besondere Attraktionen sind das 1989 eröffnete **Exotarium** und das neuste Freigehege für Brillen- und Nasenbären.

Im Exotarium erlebt der Besucher

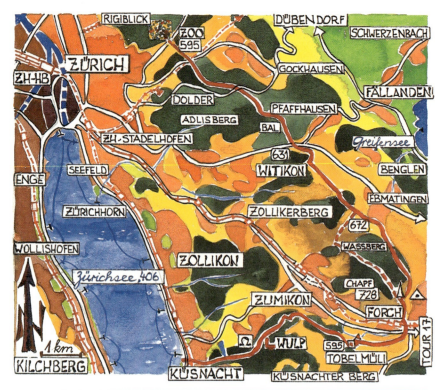

📖	Wanderkarte «Zürich» 1:60 000 (Kümmerly+Frey) oder: Wanderkarte Kanton Zürich 1:25 000 Blatt 5: Zürichsee und für Tour 19: Stadtplan von Zürich Tourismus	
ℹ	Zürich Tourismus, Zürich HB 01/215 40 00 (geführte Stadtbesichtigungen möglich) 01/211 40 00 Verkehrsbüro Küsnacht 01/910 69 75	
🚶	Zoo – Süessblätz 2 h 10 min Süessblätz – Forch 1 h Forch – Küsnachter Tobel – Küsnacht 1 h 30 min Stadtrundgang Zürich ohne Besichtigungen 1,5 – 2 h do. mit Besichtigungen der Kirchen 2,5 – 4 h	
↕	Steigung: Zoo – Forchdenkmal 150 m Gefälle: Zoo – Forchdenkmal – Küsnacht 330 m	
🍴	Zürich (Zoo), Forch, Tobelmüli, Küsnacht	
🏠	Jugendherberge Zürich Wollishofen 01 482 35 44 The City Backpacker, Niederdorfstr. 5 01 251 90 15	
⛵	Zürichsee-Schiffahrtsgesellschaft 01 482 10 33 Bootsvermietungen (u.a., weitere gemäss Prospekt): Jenzer, Utoquai, Zürich 01 251 32 23 Maienberger Josef, Nähe Quaibrücke 01 252 57 55 von Matt, Walter, Utoquai 01 251 31 31 Sutter René, Bürkliplatz 01 211 22 62	
🏊	diverse an der Limmat und am Seeufer	
🏊	im Telefonbuch unter «Schwimmbäder» zu finden: Altstetten, Bläsi, Bungertwies, City, Leimbach, Oerlikon und Rheumabad Käferberg	
Ω	Drachenhöhle im Küsnachter Tobel	
🔥	Adlisberg/Känzeli, zwischen Süessblätz und Forch Denkmal, mehrere im untern Teil des Küsnachter Tobels	
🏛	**Museen in Zürich:** Schweiz. Landesmuseum 01 218 65 11 Wohnmuseum Bärengasse 01 211 17 16 Museum Rietberg, Park Villa Rieter 01 202 45 28 Kunsthaus am Helmplatz 01 251 67 65 Museum für Gestaltung, Design, Grafik, Architektur Neuer Botanischer Garten, Zollikerstr. 107 Mühlerama, Seefeldstr. 231 (Mühle, Müller, Brot) Städtische Sukkulentensammlung (Kakteen) und weitere gemäss Prospekt Zürich Tourismus Küsnacht: Ortsmuseum 01 910 59 70	
🏛	Sehenswertes Ortsbild Zürich: siehe Text Tour 19	
👁	Zoo Zürich, Öffnungszeiten Sommer: 8 bis 18 Uhr, im Winter: 8 bis 17 Uhr, täglich 01 251 54 11 Findlingssammlung im untern Küsnachter Tobel	
L	Wulp im Küsnachter Tobel	

Der Zürcher Zoo wird in nächster Zeit deutlich vergrössert, um den Tieren artgerechtere Lebensräume zu bieten

beobachtet werden. Krallenäffchen, Faultiere und viele andere «Exoten» geben uns eine eindrückliche Vorstellung von der Vielfalt der Tierwelt. Besondere Beachtung findet die **neue Anlage für die Brillen- und Nasenbären**, die erst 1995 eröffnet wurde. Sie zeigt die Tiere in einem Ausschnitt aus ihrem natürlichen Lebensraum, dem südamerikanischen Nebelwald, mit Kletterbäumen, Felsen, Höhlen und Wasserfällen. Das Futter wird hier nicht mehr wie in herkömmlichen Anlagen «serviert», sondern in eigens dafür eingebauten Vorrichtungen (Erdröhren, Wühlareale) versteckt, so dass der Besucher die Tiere bei der eigentlichen Futtersuche beobachten kann.

Diese nach modernsten Erkenntnissen gebaute Anlage ist der erste Schritt in Richtung Neuausrichtung des Zoos. Dabei sollen zoogeografische Zonen errichtet werden. Die Tiere sollen zukünftig in möglichst exakt ihren natürlichen Lebensräumen nachgebildeten, grosszügigen Grünräumen leben können. Der Besucher wird also die Tiere in Biotopen mit unterschiedlichen bioklimatischen Bedingungen und den typischen Pflanzen erleben. In diesem Zusammenhang soll der Zoo dann auch eine deutliche flächenmässige Erweiterung erfahren.

Auch wenn zur Erreichung dieses Ziels noch einiges fehlt, so lohnt sich doch ein Besuch des Zoos sehr, sind doch damit, insbesondere auch für Kinder, tiefe Eindrücke verbunden.

Wir verlassen nun den Zoo und wandern auf gut ausgebauten und ausgeschilderten Wegen durch den Witikoner Wald zum Weiler **Süessblätz**. Trotz der geographischen Nähe zu Stadt und Agglomeration Zürich wähnen wir uns sofort in freier Natur.

Zwischen Süessblätz und **Forch** befinden sich mehrere offizielle Feuerstellen, die zur Mittagsrast einladen. Unmittelbar beim **Forchdenkmal** öffnet sich ganz plötzlich eine herrliche Sicht auf die Alpenkette. Vorbei am Denkmal, das der Veteranen des Ersten Weltkrieges gedenkt, gelangen wir unmittelbar zur Station der Forchbahn, die wir

49

Wildromantisches Küsnachter Tobel

auf dem markierten Wanderweg überqueren. Weiter geht's von hier dann zur **Tobelmüli** und damit ins **Küsnachter Tobel**.
Der sehr gepflegte Weg durch das herrlich grüne und romantische Küsnachter Tobel verläuft direkt entlang dem Dorfbach und überquert diesen etliche Male auf kleinen, aber immer sicheren Brücken. Die Gewalt des Baches wurde zwar im Interesse der Gemeinde **Küsnacht**, die der Bach in seinem untersten Abschnitt zweiteilt, mit künstlichen Kaskaden gebändigt, doch sonst ist er noch recht natürlich. Unterwegs stossen wir rechterhand auf die **Drachenhöhlen**, die sich einige Meter über dem Bachbett in der steilen Seitenflanke befinden, gut sichtbar, aber nur mit griffigen Schuhsohlen zu erreichen sind.
Bei einer der Bachbrücken macht uns ein Wegweiser auf die **Burgruine Wulp** aufmerksam. Diese ist in einem kleinen, steilen Abstecher vom Tobelweg in wenigen Minuten erreichbar. Die Burganlage steht unter Bundesschutz und wurde in unserem Jahrhundert in vier Etappen konserviert. Unterschieden werden können eine Burganlage aus dem 12. Jh, die von Gefolgsleuten der Grafen von Lenzburg bewohnt gewesen sein soll, und eine aus dem 13. Jh., die allerdings nie vollendet wurde. Deren Turm weist einen ungewöhnlichen, tropfenförmigen Grundriss auf.
Die gesamte Burganlage ist heute stark «begrünt», leider treiben offenbar auch immer wieder Vandalen ihr Unwesen und hinterlassen Graffiti und Abfall.
Nach dem Abstecher in die Vergangenheit kehren wir auf den Tobelweg zurück und folgen diesem weiter bis zum Tobelausgang. Kurz zuvor stossen wir auf den sogenannten «Alexanderstein», einen Riesenfindling (ca. 100 m^3) aus der Gletscherzeit. Der Taveyannaz-Sandstein wurde durch den Linthgletscher vom Glarner Hausstock ins Küsnachter Tobel getragen. Als grösster erratischer Block rutschte er aufgrund der Erosion des Dorfbaches vom Tobelrand hinunter. Den Namen gab ihm die Dorfvereinigung Wulponia zu Ehren ihres Mitbegründers Dr. Alexander Wettstein (Geologe). Noch etwas weiter unten wurde ein gut dokumentierter **Findlingsgarten** eingerichtet.
Rund um den Dorfkern, unter anderem mit dem kantonalen Unterseminar im Gebäude der einstigen Johanniter-Komturei, hat **Küsnacht** seinen dörflichen Charakter einigermassen bewahrt.
Besonders in der wärmeren Jahreszeit bietet sich die Uferanlage mit den zwei Seebädern und ihren einladenden Restaurants als Endpunkt der Wanderung an.
Als Abschluss der Tour und um an den Ausgangspunkt zurückzukehren, kann man wählen zwischen einer schnelleren, aber auch hektischeren Zugfahrt und der Benützung eines Kursschiffes der Zürichsee-Schiffahrtsgesellschaft. Bis zur Forch eignet sich die Tour übrigens auch recht gut für «Biker».

19. Die Altstadt Zürich entdecken

Piktogramm der Stadt Zürich: Siehe Tour 18

Hand aufs Herz, wie oft hatten wir schon in der grössten Schweizer Stadt zu tun? Wie wenig kennen wir trotzdem die **Altstadt Zürich** mit **einer Fülle historischer Kostbarkeiten**?

Zur Altstadt
Bereits der Hauptbahnhof gehört heute, besonders nach der gelungenen Restauration, zu den Baudenkmälern der Stadt (erbaut 1865–71 von Jak. Friedr. Wanner). Die **Tourist-Information** befindet sich im neuen Nordtrakt des Hauptbahnhofs neben dem SBB-Bahnreisezentrum.

Die **verkehrsfreie Bahnhofstrasse** mit den schönen Auslagen in den Schaufenstern erreicht man am sichersten durch die unterirdische Ladenpassage des **Shop Ville**.

Die **Sternwarte Urania** (1905, 48 m hoch) ist bei guten Sichtverhältnissen geöffnet. Unmittelbar unterhalb der Sternwarte liegt die Jules-Verne-Bar der Brasserie Lipp mit einer guten Aussicht auf die Stadt.

Durch den **Rennweg** und die **Fortunagasse** steigt man auf zum **Lindenhof**, der ehemaligen Pfalz, einem Moränenhügel des **Linthgletschers**. Dieser kleine Park bietet einen guten Überblick über die geschlossene Häuserzeile an der Schipfe, den rechtsufrigen Stadtteil und über die berühmten Kirchen, denen wir in der Folge begegnen.

Zürichs Frühgeschichte
Seit 15 v. Chr. bestand eine römische Zollstation auf dem **Lindenhof**. In römischer Zeit wurde er auch bereits militärisch befestigt mit einem mehrtürmigen Kastell (4. Jh.), das weit bis ins Frühmittelalter erhalten blieb. Aus dem galloromischen Dorf **Turicum** am Fusse dieser Anlage entwickelte

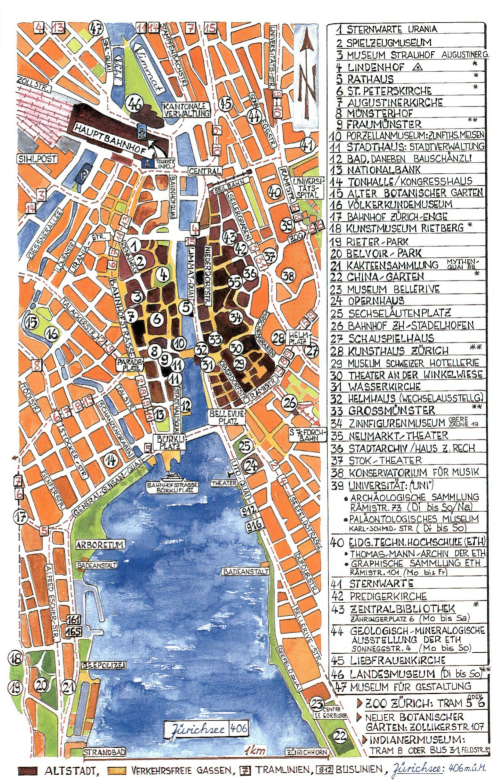

sich im Hochmittelalter eine blühende Stadt mit **zwei Siedlungskernen** auf beiden Flussufern. Deren Kristallisationspunkte waren am linken Ufer das von König Ludwig dem Deutschen gestiftete Frauenkloster **Fraumünster**, auf der rechten Seite das **Grossmünster**. Bei seinen Besuchen hielt sich der Reichsherr in einer Residenz, der **Pfalz** auf dem Lindenhof, auf (9. Jh). Das Regiment über die Stadt ging dann von der Äbtissin des Fraumünsters an Schultheiss und Rat über, 1218 erreichte die Stadt die Reichsfreiheit. Das aristokratische Regime der Adeligen und Kaufleute wurde 1336 durch Ritter **Rudolf Brun** in einem Staatsstreich gestürzt und durch eine Zunftverfassung ersetzt. 1351 erfolgte der Anschluss an die **Eidgenossenschaft**.

St. Peter und Fraumünster

Die **Augustinergasse** gilt, nicht zuletzt wegen der schönen Erker, als eine der malerischsten in Zürich. Die Augustinerkirche (13. Jh.) wur-

Lindenhof: Blick über die Limmat zum Grossmünster

de 1525 profaniert, der Chor abgetrennt und als Münzstätte benützt (Neugotisierung des Schiffes 1843 und Renovation 1958/59).

Die **ref. Pfarrkirche St. Peter** ist die älteste Kirche überhaupt im Bereich der Stadt. Zum reizvollen Gesamteindruck dieser Kirche gehört bereits der Vorplatz, die von gut erhaltenen Häusern umstellte **Peterhofstatt** («Haus zur Armbrust» Wohnhaus von Johann Caspar Lavater, 18. Jh.) und natürlich der mächtige Turm mit dem **grössten Zifferblatt** Europas (Durchmesser 8.7 m, 1534). Laut Grabungen bestand bereits um 800 eine kleine karolingische Saalkirche mit Vorhalle und Apsis. Erweitert wurde diese im 9. Jh., eine spätromanische Chorturmkirche entstand 1450. Das Langhaus wurde 1705–06 durch einen Neubau verlängert (umfassende Renovation 1970–74). **Wandmalereien** wurden soweit als möglich wieder freigelegt. Bemerkenswert sind die eleganten Stukkaturen und der Kanzellettner aus Holz, welcher den Chor abtrennt.

Am **Münsterhof** finden wir das **Zunfthaus zur Waag** (1636–37) mit einem schönen Barockportal. Das **Zunfthaus zur Meisen** ist eine der schönsten Zürcher Barockbauten (1757) mit Deckengemälden und Öfen aus der Rokokozeit. Es beher-

bergt die **Porzellansammlung** des Schweiz. Landesmuseums und ist deshalb zugänglich.

Beherrscht wird der Münsterhof aber durch das **Fraumünster**. 853 erstmals urkundlich erwähnt, war die Vorsteherin des reichsfreien Frauenklosters 1000 Jahre vor der Einführung des Frauenstimmrechts in der Schweiz bis weit ins Hochmittelalter hinein auch Stadtregentin. Die letzte Äbtissin, Katharina von Zimmern, übergab, von der Reformation **Zwinglis** überzeugt, die gesamten Anlagen und die zum Kloster gehörenden Güter 1522 dem Rat der Stadt Zürich. Die Klosteranlagen mussten in zwei Etappen dem **Stadthaus** (Neurenaissance und Neugotik) weichen. Vom **Kreuzgang** sind nur noch Teile erhalten (Freskenzyklus Paul Bodmer 1921–41). Die **Kirche** wurde über zwei Jahrhunderte (13.–15. Jh.) neu gestaltet als imposante, dreischiffige und doppeltürmige Basilika mit Querhaus. Die ursprünglich schmucklose Westfront wurde 1911–12 in neugotischer Manier mit Portal und Fenstermasswerk umgestaltet. Der Spitzhelm und das Glockengeschoss des Nordturms datieren von 1728–32. Im Innern weist das Langhaus gotisierende Kreuzrippengewölbe aus Holz von 1713 auf. Der Chor wurde eben-

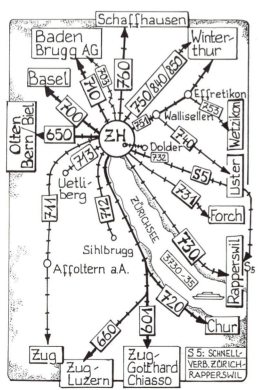

falls durch einen (1911 versetzten) Lettner abgetrennt. Den tiefsten Eindruck hinterlassen die drei hohen, schmalen Fenster an der östlichen Chorwand und die zwei Fenster an den Seitenwänden, die 1970 durch herrliche **Glasmalereien von Marc Chagall** neu gestaltet worden sind.

Endlich ans Wasser!
Das Flanieren entlang des Stadthausquai hat durchaus seinen Reiz. Beim **Bürkliplatz (samstags, Mai bis Oktober, Flohmarkt)** fahren in der warmen Jahreszeit nicht nur die **Kursschiffe** des Zürichsees, sondern auch kleine Boote, die limmatabwärts eine Besichtigung der beiden Stadtteile vom Wasser aus erlauben. Einige Zunfthäuser am **Limmatquai,** die Wasserkirche, das Helmhaus und das Rathaus bilden neben dem prächtigen Grossmünster die Silhouette des rechten Limmatufers. Am Limmatquai zwischen Quai- und Münsterbrücke, der **Zürcher Riviera**, vergnügen sich die Jungen in der warmen Jahreszeit, während auf dem **Rosenhof** jeden Donnerstag der Kuriositätenmarkt stattfindet.

Zu Fuss ans rechte Limmatufer
Die **Quaibrücke** erlaubt einen umfassenden Blick zürichseeaufwärts, an föhnigen Tagen bis zum Alpenkranz. Hat man den belebten **Bellevueplatz** mit der eleganten Tramwartehalle von 1939 überquert, taucht man wieder in die **verkehrsfreien Gassen** vorerst des **Oberdorfes** ein. Wer gut zu Fuss ist, steigt die **Trittligasse** (an welcher Bürgermeister Rudolf Brun gewohnt hat) hoch. Am **Helmplatz** oben stösst man auf «Zürichs erste Adresse» für Kunst, das **Kunsthaus**. Es zeigt Gemälde, Plastiken und Grafik, vorwiegend des 19. und 20. Jh., die **Stiftung Alberto Giacometti**, die Dada-Sammlung und diejenige für Fotografie. Durch die Schlosser- oder Kirchgasse steigt man wieder ab zum **Grossmünster**.

Wahrscheinlich ist das Münster eine karolingische Gründung. Die Fundamente und die **Krypta** mit der imposanten Sitzfigur **Karls des Grossen** entstanden ums Jahr 1100. Die dreischiffige romanische Säulenbasilika selbst, erbaut in Etappen im 12. und 13. Jh., hat zwei Türme, die 1487–92 erhöht und mit Spitzhelmen versehen wurden. Nach einem Brand setzte man ihnen 1781–87 die charakteristischen Turmabschlüsse auf.

Gemälde finden sich in der **Zwölfbotenkapelle**, im südlichen Turm und in der grossen, dreischiffigen **Krypta** (Legende von Felix und Regula, Ende 15. Jh.). Die **Bronzereliefs** am nördlichen und südlichen Portal stammen von Otto Münch. Im Nordosten schliesst das neuromanische Grossmünsterschulhaus von 1850 an die Kirche an. Es enthält im Innern den sehenswerten **spätromanischen Kreuzgang** (um 1200) mit romanischen Plastiken.

Zum Komplex gehört auch die neugotische **Grossmünsterkapelle** (1858) und die Münsterterrasse, die einen schönen Überblick ans andere Ufer erlaubt.

Reformation in Zürich
Nach der Annahme der **Reformation** nach den Vorstellungen von **Huldrych Zwingli**, der seit 1519 in Zürich wirkte, war die Stadt Führerin der reformierten Orte (Kantone) der Schweiz. Handel und Gewerbe wurden anstelle der kulturellen Weiterentwicklung gefördert. Glaubensflüchtlinge aus Frankreich und Italien brachten neue Impulse. Im 18. Jh. entwickelte sich Zürich erneut zu einem **kulturellen Zentrum** von europäischem Rang durch das Wirken von Johann Jakob Bodmer, Johann Jakob Breitinger, Johann Caspar Lavater (der auch von Goethe besucht wurde) und von Johann Heinrich Pestalozzi.

1799 wurde Zürich in zwei grösseren Schlachten von französischen und österreichisch-russischen Truppen umkämpft. In der 1. Hälfte des 19. Jh. wandelte sich das aristokratische Stadtregiment zu einem demokratischen. Das liberale Zürich trug 1848 wesentlich zur Gründung des Bundesstaates bei.

Aussicht von der Waid über die Stadt und den Zürichsee zum Alpenkranz

Zürich von Westen, Zürichsee und Rapperswil, Wandkalender 1572 (Holzschnitt nach Jos Murer)

Erst 1642 wurde die Anlage eines komplexen Verteidigungsgürtels mit Schanzen und Gräben in Angriff genommen. Diese schleifte man dann grösstenteils in der Mitte des 19. Jh. 1893 und 1934 erfolgte die Eingemeindung vieler Vorortsgemeinden. Damit entwickelte sich Zürich endgültig zur **Grossstadt, zur «little big city»**, aber auch zum Verkehrs- und Wirtschaftszentrum der Schweiz.

Doch wandern wir weiter zur **Wasserkirche**, deren Vorgängerbau bereits ums Jahr 1000 auf einer kleinen Limmatinsel gebaut worden war. Die heutige Anlage, eine spätgotische, einschiffige Predigtkirche stammt von 1479–84. Erst mit der Aufschüttung des Limmatquais 1839 kam die Wasserkirche «an Land». Das frühklassizistische **Helmhaus** mit der Arkadenhalle dient heute als Galerie, vor allem auch für junge Künstler. Am **Limmatquai** finden wir nun auch die **Zunfthäuser** mit reicher Vergangenheit (Hausnummer in Klammer): das Gesellschaftshaus der Schildner **zum Schneggen** (Nr. 64, 1864–66), das **Zunfthaus zur Saffran** (Nr. 54, 1719–23), das **Haus zum Rüden** (Nr. 42, bereits 1295 erwähnt, 1659–62 umgebaut) mit gotischem Saal und das **Zunfthaus zur Zimmerleuten** (1708 neu erbaut und 1783–85 erweitert) mit zweigeschossigem Erker mit rotem Adler. Am **Haus der Museumsgesellschaft** (Nr. 62, 1866–68) vorbei erreichen wir die **Hauptwache**, einen klassizistischen Bau mit Säulenportikus und Dreieckgiebel von Hans Caspar Escher (1824–25), anschliessend das **Rathaus**. Der charaktervolle Rechteckbau mit Säulenportal wurde 1694–98 über dem Tonnengewölbe des alten Rathauses errichtet, vereint Stilelemente der Spätrenaissance und des Frühbarocks. Im Innern findet man den Sitzungssaal des Kantonsrates und des Zürcher Gemeinderates und einen prunkvollen Festsaal.

Durchs Niederdorf

Im **Niederdorf** pulsiere Zürich, versprechen die Prospekte. Hie und da muss man dem Radau allerdings auch aus dem Wege gehen. Am **Neumarkt** liegt das **Haus zum unteren Rech** (1497 erbaut, 1970 gesamtrenoviert), heute Stadtarchiv. In nächster Nähe steht die Predigerkirche des ehemaligen Dominikanerklosters (bis 1524). Anstelle der Klosteranlagen wurde 1915–17 die **Zentralbibliothek** errichtet. Ein Besuch in diesem Haus lohnt sich für Leseratten, aber auch für Forscher, Historiker, Kunstbeflissene. Die **Predigerkirche**, 1269 vollendet, wurde im 14. Jh. durch einen gotischen Chor ergänzt. Während der Reformation benützte man diesen schönen Raum als Kornspeicher. 1917 wurde der immer noch sakral wirkende Bau als **Staatsarchiv** eingerichtet. Zurückgekehrt an den **Hauptbahnhof**, ist der Rundgang erst dann abgeschlossen, wenn man sich das **Landesmuseum** «zu Gemüte geführt hat». Der Bau in sogenannter «Show-Architektur» (1892–98) greift auf die Schweizer Baukunst des 16. Jh. zurück, enthält aber eine grosse, permanente Sammlung zur Schweizer Geschichte und interessante Spezialausstellungen.

Ausserhalb der Altstadt warten weitere kulturelle Höhepunkte auf Besuch. So bringt einen beispielsweise die neue **Polybahn** innerhalb von drei Minuten vom Central auf die **Polyterrasse**, wo man einen prächtigen Blick über die Stadt geniessen kann. Die **Eidgenössisch Technische Hochschule (ETH)** und die **Universität** zeigen in eigenen Sammlungen Wissenswertes aus verschiedenen Sachgebieten.

20. Zwischen Technik und Natur: Vom Flughafen Zürich zum Chatzensee

Flughafen Zürich (432) – Oberglatt (429) – Chatzenrüti (455) – Chatzensee (439)

Möchte man am Ende dieser Tour Zeit haben, sich beim Baden im **Chatzensee** zu erholen, ist es ratsam, sie in der beschriebenen Richtung zu absolvieren.
Den ersten Höhepunkt dieser Tour bildet die imposante Technik rund um und im **Flughafen Zürich**. 1946 war mit dem Bau dieses Flughafens in der Klotener Riedlandschaft, die zuvor von der Armee

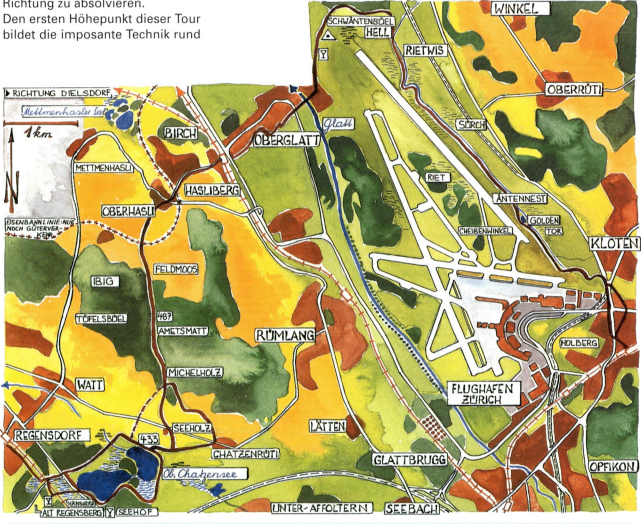

 Wanderkarte «Zürich» 1:60 000 (Kümmerly + Frey)
Wanderkarte Kanton Zürich 1:25 000 Blatt 1 (Bülach)

 Zürich Tourismus, ZH-HB 01 215 40 00
Gemeinde Regensdorf 01 842 36 11
Flughafen Zürich-Kloten Information 01 816 21 05

 17,5 km;
3h 45 min
Flughafen – Schwäntenbüel 1h 40 min
Schwäntenbüel – Oberhasli 1h
Oberhasli – Chatzensee 1h 10 min

 Kloten, Flughafen, Imbissbude Schwäntenbüel, Oberglatt, Oberhasli, Regensdorf, Chatzensee

 Jugendherbergen in Zürich:
City Backpacker 01 251 90 15
und Backpacker's Youth Hostel 01 480 17 21
und Jugendhaus Zürich – Wollishofen 01 482 35 44

 Aussichtspunkt Butzenbüel beim Flughafen

 Chatzensee (mit Kiosk und Umkleideräumen)

 Ortsmuseum «Büecheler-Hus» Kloten mit Wechselausstellungen 01 814 09 18

 Chatzensee; Klotener Ried: «Golden Tor»; Flachmoor Hänsiried ausserordentlich artenreiche Fauna und Flora

 Ruine Altburg, Regensdorf

 Römische Gutshöfe Aalbüel und Seeb; Gutshof Seeb mit Freilichtmuseum (im Sommer: Samstag 13.00 bis 17.00 und Sonntag 11.00 bis 17.00); vgl. Broschüre «Entdecken und Erleben: Rund um den Flughafen» der Zürcher Kantonalbank

 Flughafen-Rundfahrten Treffpunkt Zuschauerterrasse Terminal B 01 816 21 56
Führungen durch die technischen Betriebe der Swissair 01 812 78 61

als Artilleriewaffenplatz benützt wurde, begonnen worden. Dies nachdem der erste Flughafen (hier im wahrsten Sinne des Wortes ein Hafen) in Zürich nur für Wasserflugzeuge benutzbar gewesen war: Das Zürichhorn. In Dübendorf war dann der erste offizielle Flugplatz der Schweiz 1910 eröffnet worden, bald aber erwies sich dieser als viel zu klein.

Die offizielle Einweihung des Flughafens Zürich erfolgte 1953. In der Zwischenzeit ist dieser laufend den sich rasant verändernden Bedürfnissen der Zivilluftfahrt angepasst worden. 1997 beginnt nun die Realisierung des Riesenprojekts «Airport 2000».

Die immense Verkehrsentwicklung wird deutlich, wenn man etwas in der Geschichte zurückblättert: 1950 gab es rund 41 000 Flugbewegungen und 200 000 Passagiere, 1980 schon 161 000 Starts und Landungen bei fast 8 Mio. Passagieren und 1994 242 000 Bewegungen und 14,5 Mio. Passagiere.

Der neuste Ausbauschritt umfasst unter anderem den Bau eines neuen Docks (Midfield), einer Passagiertransportbahn (People Mover), erweiterter Ankunftshallen und Passagierterminals.

Drehscheibe des Luftverkehrs der Schweiz: Flughafen Zürich

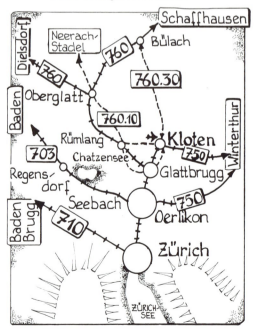

Wer sich genauer für den Betrieb des Flughafens interessiert, dem sei eine Rundfahrt mit den speziellen gelben Bussen empfohlen. Über 8 Stationen führt die 45minütige, fachkundig geleitete und kommentierte Tour zum Ausgangspunkt Zuschauerterrasse Terminal B zurück. Einzelpersonen können ohne Anmeldung teilnehmen, für Gruppen ab 10 Personen ist die Anmeldung notwendig, dafür kann dann jedoch jeder Wochentag gewählt werden.

Für technisch besonders Interessierte (Mindestalter 14) organisiert die Swissair auch Führungen durch ihre technischen Betriebe (Werkstätte, Triebwerküberholung, Wartungshangar usw.) Hierfür ist aber eine frühzeitige Anmeldung nötig (mindestens 2 Monate vor dem Besuchsdatum).

Wer genug hat von der Technik und dem Lärm des Flughafens, der soll sich auf den Weg machen in Richtung Nordwesten entlang der Landepiste. Dort fällt das Nebeneinander von modernster Technik und unberührter Natur auf. Sehr bald trifft man nämlich auf den römischen Gutshof Aalbüel und das Naturschutzgebiet **«Golden Tor»**. Aalbüel war 1724 die erste römische Fundstelle im Kanton Zürich. Der Gutshof, von dem Wohngebäude, Herren- und ein grosses Badehaus mit Mosaikresten erkennbar sind, war von ca. 50/60 n. Chr. bis ins 4. Jh. in Betrieb.

Im Natur- und Vogelschutzgebiet **«Golden Tor»** sind im Mai bis zu acht Nachtigallen zu hören. Aufsteigendes Grundwasser wirbelt bei «Golden Tor» feinen, hellen Sand mit Glimmerplättchen auf. Einer Sage nach sollen einst die Herren von Kloten hier einen Goldschatz versenkt haben. Manchmal soll nun das Wasser etwas Gold herauswaschen und an die Oberfläche spülen. Wer sich noch eingehender für römische Agrargeschichte und Architektur interessiert, der macht etwas später noch einen Abstecher zum römischen **Gutshof Seeb,** der 1958–1969 ausgegraben und konserviert wurde. Der Gutshof bei **Kloten,** der an der Kreuzung zweier wichtiger römischer Strassen lag, galt damals als *der* Luxushof Osthelvetiens. Der dort unterhaltene Garten zeigt über 80 Pflanzen, die von den Römern angebaut wurden (Getreide, Gemüse, Obst, Gewürze usw.).

Das Freilichtmuseum ist jeweils im Sommer an den Wochenenden geöffnet.

Und noch einmal wechselt unsere Perspektive vollständig, wenn wir das Ende der Landepiste und

Am idyllischen Chatzensee vergessen wir rasch den Lärm und die Abgase rund um den Flughafen

damit den Rastplatz Oberglatt («**Schwäntenbüel**») erreicht haben. Dieser Punkt ist eine der beliebtesten Stellen zur Beobachtung ankommender Jets. Besonders viele Flugzeuge dröhnen dabei am Morgen (7.00 bis 8.30 Uhr), über Mittag (10.00 bis 13.30 Uhr) und nochmals am Abend (17.30 bis 19.30 Uhr) über unsere Köpfe und setzen wenige hundert Meter weiter vorne auf die Landepiste auf. Wer sich jetzt verpflegen will, der kann dies bei schönem Wetter an den Imbissbuden auf dem Rastplatz. Ein Biotop zählt Hunderte von Fröschen.

Doch wenn man nun noch Zeit genug haben will für das Baden am **Chatzensee**, sollte man zügig weiterwandern über **Oberglatt** und Chatzenrüti zum Chatzensee.

Trotz der unmittelbaren Nähe zur **Agglomeration** Zürich liegt dieser sehr idyllisch. Wer wochentags unterwegs ist, wird den Chatzensee auch nicht allzu überfüllt antreffen. Die romantische und sehr einladende Seebadi am Südostufer kann an schönen Wochenenden jedoch sehr stark bevölkert sein.

Seit dem Sommer 1996 besteht nun endlich, nachdem man sich 20 Jahre über die genaue Wegführung uneinig war, ein durchgehender Fussweg rund um den See. Das ganze Gebiet ist seit 1977 im Bundesinventar der Landschaften und Naturdenkmäler von nationaler Bedeutung aufgeführt.

Entstanden war der See vor 70 000 Jahren nach dem Rückzug des Linthgletschers. Sein Name soll sich ableiten vom Ausdruck «für die Katz»: unnütz im Vergleich zum Zürichsee.

Vom Ufer des Sees oder auch aus dem Wasser kann man sich nochmals an den Anfangspunkt des Ausflugs zurückversetzen lassen und den vielen startenden Flugzeugen zuschauen.

Nahe der Strasse Affoltern-Regensdorf, wo dann auch der Bus zum nächsten Bahnhof genommen werden kann, liegt schön im Wald das Restaurant Waldhaus mit Kinderbähnli, grossem Sitzplatz und Spielplatz. Es eignet sich sehr, um sich ein letztes Mal vor der Heimkehr zu laben und die Natur zu geniessen.

Wer noch mag, der kann noch einen Abstecher zur Ruine Altburg im gleichnamigen Weiler, der zu **Regensdorf** gehört, machen. Der eigentlich richtigere Name Alt-Regensberg deutet auf die Erbauer. Im 11. Jh. nämlich dürfte der Baubeginn des Stammschlosses der Freiherren von Regensberg liegen, dessen Überreste im 20. Jh. ausgegraben, gesichert und konserviert wurden. Die Ruine gehört zu den beliebten Zielen von Wanderern und Freunden der Heimatkunde.

21. Über die Lägern

Regensberg (612) – Hochwacht (856) – Ruine Alt Lägern (866) – Burghorn (859) – Lägernsattel (785) – Schartenfluh (802) – Rest. Schloss Schartenfels (611) – Baden (382).

Die S 5 der Agglomeration Zürich fährt vom **Zürich HB** nach **Dielsdorf**, wo ein Bus schlanke Verbindungen herstellt ins **Städtchen Regensberg**. Für marschtüchtige Leute besteht nördlich des Bahnhofs ein Wanderweg, der oberhalb der Rebberge von Osten her ins Städtchen führt. Dabei kommt man in der Nähe der **Kalksteinbrüche** von Regensberg-Dielsdorf vorbei. Diese sind eine Fundgrube von **Fossilien**. Ältere Gesteinsschichten zeigen Spuren und Reste von zahlreichen Flachmeerbewohnern, am häufigsten von Ammoniten mit spiralförmigem und Belemniten mit langgezogenem Gehäuse, die aus unerklärlichen Gründen zur gleichen Zeit wie die Saurier ausgestorben sind.

Das 1244 gegründete, geschlossene **Städtchen Regensberg** hat sein mittelalterliches Aussehen weitgehend beibehalten. Die Anlage besteht aus dem **Schloss** (einst Sitz der Freiherren von Regensberg) sowie zwei Stadtteilen, der befestigten **Oberburg** und der ausserhalb der Verteidigungsanlagen gelegenen **Unterburg**. Der Bergfried des Schlosses weist eine in dieser Region ungewöhnliche Rundform auf, er kann bestiegen werden. Falls er geschlossen ist, melde man sich im Schloss. Der Wohnteil des Schlosses wurde im 16. Jh. erbaut, diente als Landvogteisitz und beherbergt heute eine Sonderschule.

In Regensberg wissen auch die hübschen Gärten vor den gut gepflegten Häusern zu gefallen. Das prächtige Stadttor und eine Aussichtsterrasse mit Panorama vor demselben lassen bereits den Ausgangspunkt zu einem Erlebnis werden.

Der **Lägernweg** führt erst am

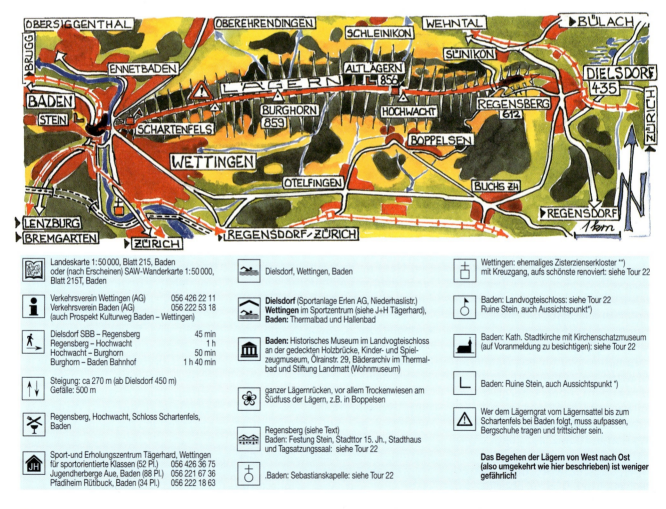

Landeskarte 1:50 000, Blatt 215, Baden oder (nach Erscheinen) SAW-Wanderkarte 1:50 000, Blatt 215T, Baden	Dielsdorf, Wettingen, Baden	Wettingen: ehemaliges Zisterzienserkloster **) mit Kreuzgang, aufs schönste renoviert: siehe Tour 22
Verkehrsverein Wettingen (AG) 056 426 22 11 Verkehrsverein Baden (AG) 056 222 53 18 (auch Prospekt Kulturweg Baden – Wettingen)	**Dielsdorf** (Sportanlage Erlen AG, Niederhaslistr.) **Wettingen** im Sportzentrum (siehe J+H Tägerhard), **Baden**: Thermalbad und Hallenbad	Baden: Landvogteischloss: siehe Tour 22 Ruine Stein, auch Aussichtspunkt*)
Dielsdorf SBB – Regensberg 45 min Regensberg – Hochwacht 1 h Hochwacht – Burghorn 50 min Burghorn – Baden Bahnhof 1 h 40 min	**Baden**: Historisches Museum im Landvogteischloss an der gedeckten Holzbrücke, Kinder- und Spielzeugmuseum, Ölrainstr. 29, Bäderarchiv im Thermalbad und Stiftung Landmatt (Wohnmuseum)	Baden: Kath. Stadtkirche mit Kirchenschatzmuseum (auf Voranmeldung zu besichtigen): siehe Tour 22
Steigung: ca 270 m (ab Dielsdorf 450 m) Gefälle: 500 m	ganzer Lägernrücken, vor allem Trockenwiesen am Südfuss der Lägern, z.B. in Boppelsen	Baden: Ruine Stein, auch Aussichtspunkt *)
Regensberg, Hochwacht, Schloss Schartenfels, Baden	Regensberg (siehe Text) Baden: Festung Stein, Stadttor 15. Jh., Stadthaus und Tagsatzungssaal: siehe Tour 22	Wer dem Lägerngrat vom Lägernsattel bis zum Schartenfels bei Baden folgt, muss aufpassen, Bergschuhe tragen und trittsicher sein.
Sport-und Erholungszentrum Tägerhard, Wettingen für sportorientierte Klassen (52 Pl.) 056 426 36 75 Jugendherberge Aue, Baden (88 Pl.) 056 221 67 36 Pfadiheim Rütibuck, Baden (34 Pl.) 056 222 18 63	.Baden: Sebastianskapelle: siehe Tour 22	**Das Begehen der Lägern von West nach Ost (also umgekehrt wie hier beschrieben) ist weniger gefährlich!**

Waldrand, später im schönen Laubwald drin, gut gekennzeichnet, direkt nach Westen, stetig steigend. Bis zur **Hochwacht** (Bergwirtschaft, Mo Ruhetag) ist auch eine Zufahrt mit dem Mountainbike möglich. Nachher ist der Weg für Bikes, gleich welcher Bauart, völlig ungeeignet. Eine grosse **Aussichtsterrasse** lädt unweigerlich zum Geniessen der herrlichen Aussicht ein.

Der Weg, der von der Hochwacht weiterführt zum höchsten Punkt der Lägern, wird jetzt schmal und ist besonders romantisch im Herbst, wenn das spärliche, farbige Laub zwischenhinein immer wieder Ausblicke zum Alpenkranz freigibt. Die ehemalige **Burg Alt Lägern** der Freiherren von Regensberg wurde bereits 1267 zerstört und 1902–04 ausgegraben. Sichtbar sind Mauerreste südlich des felsigen Lägerngrates zwischen tiefen Halsgräben im Osten und Westen in einem Rechteck von 20 x 67 m und ein Sodbrunnen. Das unbeaufsichtigte Herumkletternlassen von Kindern kann bereits hier problematisch sein.

Die **Lägernflora,** vor allem an den trockenen Abhängen und Felspartien der Südseite, wird seit Jahrzehnten erforscht und dokumentiert. Obwohl dieser Jurarücken zu den populären Ausflugszielen gehört, konnten botanische Raritäten wie der Nickende Milchstern, das wild wachsende Schneeglöck-

Aussichtsterrasse bei der Hochwacht Lägern

lein, der blaue Ausdauernde Lattich, das Langblättrige Hasenohr, der Bergbaldrian, die Alpengänsekresse, der Türkenbund und die Feuerlilie zusammen mit vielen Schmetterlingsarten überleben. Die **Mauereidechsen** lieben diese trockenheissen Lebensräume auch, ganz selten ist auch die harmlose, aber sehr bedrohte **Schlingnatter** zu sehen. Selbstverständlich stehen all' die seltenen Pflanzen und Tiere unter **Naturschutz.**

Ein raffinierter Aussichtspunkt ist das **Burghorn,** ein Felskopf, gesichert mit Eisengeländer. Es erlaubt einen ungetrübten Blick nach Norden, in die reich gekammerte Heckenlandschaft am Nordhang der Lägern, ins **Wehntal,** zu den südlich des Rheins liegenden Hügeln und zu den Alpen. Nach einem kleinen Abstieg in den **Lägernsattel** folgt das Zeichen **Bergweg,** das absolut ernst zu nehmen ist.Denn nun folgt das interessanteste Wegstück über **das Wettingerhorn**, wo das Ausweichen mit entgegenkommenden Wanderern zum Teil schwierig wird. Dafür bietet der Felsweg eine phantastische Aussicht, auch zurück zur Hochwacht, und abwärts geht's auch. Für schlecht ausgerüstete oder unsichere Wanderer kann dieser Felsenweg problematisch sein.

Erst beim **Restaurant Schartenfels** (Di Ruhetag) verlässt man den Wald und erblickt die Agglomeration Wettingen und Baden. Hier hat man hat aber das Glück, dass die St. Anna-Treppe, vorbei am übermächtigen Schartenfels, unterhalb der stark befahrenen Strasse direkt zur **gedeckten Holzbrücke und zum ehemaligen Landvogteischloss** (heute historisches Museum) führt. Unerwartet plötzlich betritt man die hübsche **Altstadt Baden** und findet nach kurzem Aufstieg das fussgängerfreundliche Einkaufszentrum und den **Bahnhof** Baden.

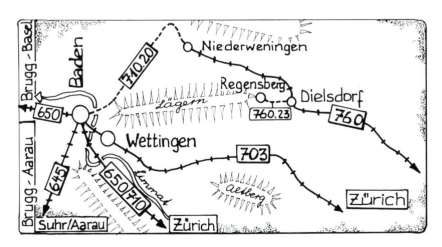

22. Der Limmat entlang nach Baden

Zürich-Höngg (462) – Kloster Fahr (393) – Oetwil an der Limmat (386) – Würenlos-Altwisen – Kloster Wettingen (388) und Bahnhof Baden (382)

Sollen wir diese Route als **Velotour** vorschlagen? Machbar ist es, doch führen die **Radwege** (Velokarte VCS, Blatt 2, Zürich) nur teilweise direkt dem Wasser entlang. Kurz vor Neuenhof oder Wettingen müssen sowohl linker- als auch rechterhand der Limmat Hauptstrassen mit viel Lärm und Verkehr befahren werden.

Die **Wanderung** wird, wenn dem Autobahnlärm geschickt ausgewichen wird, zu einem Erlebnis und kann unter Umständen unterwegs abgebrochen werden durch eine Busfahrt ab **Würenlos** oder eine Bahnfahrt ab **Wettingen**. Das Limmattal, das von mehreren Strassen, einer dreispurigen Autobahn und vielen Eisenbahnlinien durchquert wird, zeigt neben Industriebetrieben, dicht besiedelten Gebieten und Kraftwerkanlagen erstaunlich viel Natur entlang des Limmatufers.

Im **Hauptbahnhof Zürich** besteigen wir beim Ostausgang, fast an der Limmat gelegen, das **Tram Nr. 13**, das uns direkt zum Meierhofplatz in **Zürich Höngg** bringt. Vorbei an der Kirche und dem Rebberg mit guter Sicht auf die Limmat führt der Wanderweg an den Giessen hinunter. Die Winzerhalde mündet beim Elektrizitätswerk in den **Kloster-Fahr-Weg** ein. Unterhalb der Kläranlage wechselt man aus «autobahntechnischen Gründen» am besten auf die linke Seite zum **Fischerweg**, in Unterengstringen kehrt man auf die rechte Seite zurück. Bei den Stromschnellen und der Limmatinsel beim **Kloster Fahr** gefällt's nun dem Wanderer besser.

Die barocke Anlage des Benediktinerinnenklosters, seit jeher eng mit der Abtei Einsiedeln verbunden, liegt seit der Mediation von 1803 in einer aargauischen Enklave auf Zürcher Gebiet. Die **Klosterkirche** datiert in der heutigen Form von 1743–46, der Turm von 1689. Die reichen Innenmalereien stammen zum grossen Teil von den Tessiner Künstlern Giuseppe und Gian Antonio Torricelli, zum Teil von Franz Anton Rebsamen. Die **Klostergebäude** sind das Werk der bekannten Caspar und Johann Moosbrugger (1689–1701) und von Paul Rey (1730–34). Die ganze Klosteranlage hinterlässt bleibende Eindrücke. Eine riesige Gartenwirtschaft lädt zum Absitzen ein. Zwischen **Dietikon** und Oetwil an der Limmat bestehen Naturschutz-

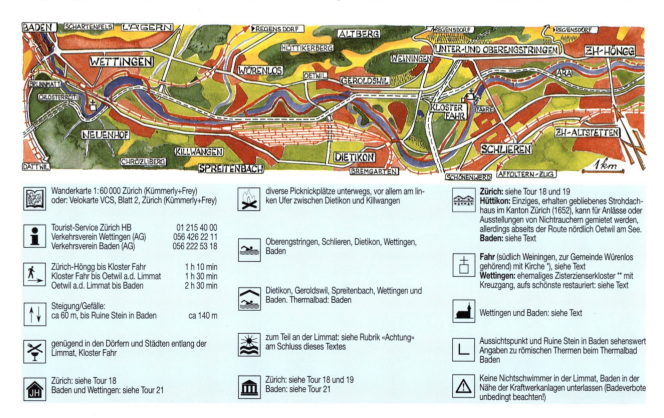

Wanderkarte 1:60 000 Zürich (Kümmerly+Frey) oder: Velokarte VCS, Blatt 2, Zürich (Kümmerly+Frey)	
Tourist-Service Zürich HB 01 215 40 00 Verkehrsverein Wettingen (AG) 056 426 22 11 Verkehrsverein Baden (AG) 056 222 53 18	
Zürich-Höngg bis Kloster Fahr 1 h 10 min Kloster Fahr bis Oetwil a.d. Limmat 1 h 30 min Oetwil a.d. Limmat bis Baden 2 h 30 min	
Steigung/Gefälle: ca 60 m, bis Ruine Stein in Baden ca 140 m	
genügend in den Dörfern und Städten entlang der Limmat, Kloster Fahr	
Zürich: siehe Tour 18 Baden und Wettingen: siehe Tour 21	
diverse Picknickplätze unterwegs, vor allem am linken Ufer zwischen Dietikon und Killwangen	
Oberengstringen, Schlieren, Dietikon, Wettingen, Baden	
Dietikon, Geroldswil, Spreitenbach, Wettingen und Baden. Thermalbad: Baden	
zum Teil an der Limmat: siehe Rubrik «Achtung» am Schluss dieses Textes	
Zürich: siehe Tour 18 und 19 Baden: siehe Tour 21	
Zürich: siehe Tour 18 und 19 Hüttikon: Einziges, erhalten gebliebenes Strohdachhaus im Kanton Zürich (1652), kann für Anlässe oder Ausstellungen von Nichtrauchern gemietet werden, allerdings abseits der Route nördlich Oetwil am See. Baden: siehe Text	
Fahr (südlich Weiningen, zur Gemeinde Würenlos gehörend) mit Kirche *), siehe Text Wettingen: ehemaliges Zisterzienserkloster ** mit Kreuzgang, aufs schönste restauriert: siehe Text	
Wettingen und Baden: siehe Text	
Aussichtspunkt und Ruine Stein in Baden sehenswert Angaben zu römischen Thermen beim Thermalbad Baden	
Keine Nichtschwimmer in der Limmat, Baden in der Nähe der Kraftwerkanlagen unterlassen (Badeverbote unbedingt beachten!)	

gebiete, zum Teil im mäandrierten Altlauf der Limmat oder bei Zuflüssen, wie beim Weiler Brunau, östlich des Industriegebietes Dietikon auf der linken Seite und beim Weiher **Geroldswil**.

Nahe **Würenlos** findet man bei den Fischerhütten auf dem rechten Ufer einen sehr schönen, ruhigen Sitzplatz und anschliessend einen romantischen Uferweg. Bei **Killwangen** lohnt sich wiederum ein «Seitenwechsel». Zwischen der erhöhten Bahnlinie und dem Limmatufer folgen wir dem Weg bis Neuenhof. Im Kreuzungspunkt von Autobahn und Hauptstrasse wird's laut. Die Sicht aufs Kloster ist aber trotzdem eine erhabene. Eine Treppe führt zur gedeckten Holzbrücke hinunter, ein Strässchen zum **Kloster Wettingen** hinauf. Das ehemalige **Zisterzienserkloster****), 1227 gestiftet, 1841 im Kulturkampf aufgehoben, diente nach 1847 als Lehrerseminar des Kantons Aargau, seit 1976 als Kantonsschule. 1996 wurde eine überaus glückliche Renovation im Gesamtbetrag von 20 Millionen Franken abgeschlossen, so dass sich ein Besuch geradezu aufdrängt. Die **Klosterkirche****) ist eine ursprünglich frühgotische, dreischiffige Basilika mit Querschiff und rechteckigem Chor. Die überlieferte Ausstattung stammt von süddeutschen Meistern des Rokoko (um 1750). Besonders zu gefallen weiss das Chorgestühl mit Schnitzereien eines Meisters Hans Jakob. Zu den **Klosteranlagen** gehört auch der spätgotisch erneuerte Kreuzgang mit einem spätromanischen bis barocken Gemäldezyklus.

Herrliche Sicht vom «Stein» auf die Altstadt Baden

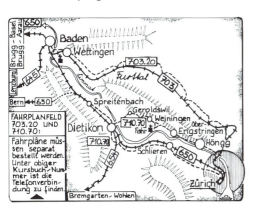

Sehenswert ist in Wettingen auch das **«Gluri Suter Haus»**, ein Riegelbau aus dem 18. Jh., der, von der Gemeinde erworben, 1972 umgebaut worden ist und Raum bietet für Kunstausstellungen und das Kellertheater.

Der Bahnlinie folgend, die Limmat hoch oben ein letztes Mal überquerend, gelangen wir auf die linke Seite des Flusses. Von Süden her, links oben grüsst **«der Stein»**, betreten wir die verkehrsfreie, pulsierende **Altstadt Baden**.

Bereits in römischer Zeit wurden die Thermalquellen Badens genutzt, und die strategisch interessante Lage am tief eingeschnittenen Limmattal veranlasste schon früh den Bau der Burg- und **Wehranlage Stein**. Inmitten der Altstadt führt eine Treppe hinauf zu den Grundmauern der 1712 im Villmergerkrieg geschleiften Anlage. Zugleich bieten sich unerwartete Ausblicke auf die Altstadt, die Bahnhofanlage und aufs Limmattal hinunter.

Das Städtchen Baden entstand erst seit dem 13. Jh. 1415 kam Baden als Untertanengebiet an die Eidgenossenschaft. Baden war bevorzugter **Tagsatzungsort** der Alten Eidgenossenschaft. Sehenswert in der gut erhaltenen Altstadt sind vor allem: Das spätgotische **Stadttor** aus dem 15. Jh. mit farbig glasierten Dachziegeln und die kath. **Stadtkirche Mariä Himmelfahrt und St. Damian**. Die spätgotische, dreischiffige Basilika (1457–60) wurde im 17. Jh. barockisiert. Die **Sebastianskapelle** hat zwei Geschosse, eine **Krypta** mit Rippengewölbe von 1480 und eine Obere Kapelle von 1505 mit einem spätgotischen Fresko.

Das **Stadthaus** ist eigentlich eine ganze Baugruppe, deren ältester Teil, das Mittelgebäude, den 1497 erneuerten **Tagsatzungssaal** enthält. Das **Landvogteischloss**, ein burgartiger Bau (1487–90), steht am rechten Limmatufer und beherbergt das **Historische Museum**. Baden ist wahrlich eine schöne, zugleich aber auch quicklebendige, fussgängerfreundliche Stadt.

23. Über den Gubrist zum Käferberg

> Weiningen (413) – Chilenspitzberg – Gubrist (609) – Grüenwald – Allmend Höngg – Waidberg – Chäferberg – Bucheggplatz Zürich.

Im Busbahnhof Schlieren, einige Schritte südwärts der Station, fahren fleissig Busse nach **Weiningen**. Wer würde vermuten, dass in nächster Nähe der Stadt ein so schmuckes Dorf zu finden ist? Der Wein, der dort in den Kellereien lagert, ist fein und kann direkt vom Weinbauer gekauft werden.

Die **Rebberge** rund ums Dorf sind gut gepflegt, geschützt vor der Bise durch Gubrist und Haslerenberg. Bereits im Aufstieg zeigen sich in der Ferne einige Spitzen des Alpenkammes. Oberhalb des **Chilenspitzbergs** wird die Aussicht verlockend schön. Ein Weg führt dem Panorama entgegen, nachher aber steil hinauf zum Gubrist. Empfehlenswerter scheint der rekognoszierte Waldweg direkt ostwärts führend zum **Punkt 609 Gubrist** zu sein. Zuoberst besteht ein Rastplatz, der den Blick auf das Limmattal, **Ober- und Unterengstringen** freigibt. Er liegt exakt über den Röhren des Autobahntunnels. Besser gefällt's den Kindern zwar in **Glaubeneich**, dem grosszügig angelegten Picknickplatz mit der schönen **Waldhütte**, die beim Förster von **Regensdorf** von jedermann gemietet werden kann.

Wer im Winter abwärts wandert zum Waldrestaurant an der relativ stark befahrenen Strasse, entdeckt rechterhand den Uetliberg, linkerhand Regensdorf und das Klotener Becken. Da wird auch der stark zunehmende Fluglärm erklärbar. Direkt unter der Abflugschneise marschiert man zum grossen Ausflugsrestaurant **Grüenwald** und durchquert nachher den **Hönggerbergwald** in südöstlicher Richtung. Es ist beeindruckend, wieviel Leute hier zu Fuss oder mit dem Mountainbike unterwegs sind, wie viele Jogger einem in der «Grünen Lunge Zürichs» begegnen. Auf dem **Waldlehrpfad**, durch Tannen- und Lärchenwald, erreichen wir die Försterei. An schönen Tagen verdichten sich die vielen Spaziergänger entlang der Sportanlagen und des Geländes der **ETH Hönggerberg** fast zu einer fröhlichen Völkerwanderung.

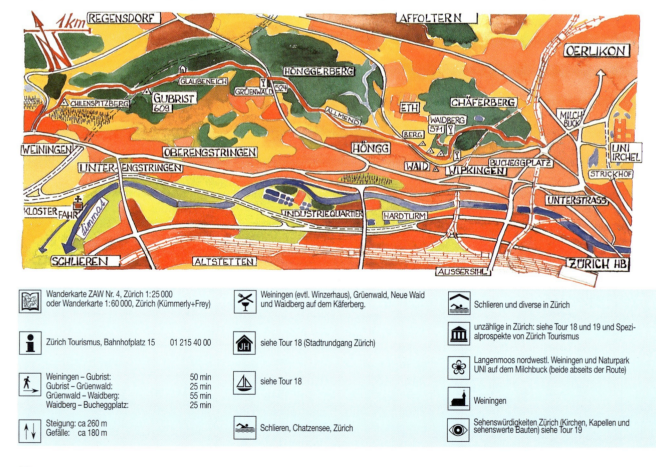

Wanderkarte ZAW Nr. 4, Zürich 1:25 000 oder Wanderkarte 1:60 000, Zürich (Kümmerly+Frey)	Weiningen (evtl. Winzerhaus), Grüenwald, Neue Waid und Waidberg auf dem Käferberg.	Schlieren und diverse in Zürich
Zürich Tourismus, Bahnhofplatz 15 01 215 40 00	siehe Tour 18 (Stadtrundgang Zürich)	unzählige in Zürich: siehe Tour 18 und 19 und Spezialprospekte von Zürich Tourismus
Weiningen – Gubrist: 50 min Gubrist – Grüenwald: 25 min Grüenwald – Waidberg: 55 min Waidberg – Bucheggplatz: 25 min	siehe Tour 18	Langenmoos nordwestl. Weiningen und Naturpark UNI auf dem Milchbuck (beide abseits der Route)
Steigung: ca 260 m Gefälle: ca 180 m	Schlieren, Chatzensee, Zürich	Weiningen
		Sehenswürdigkeiten Zürich (Kirchen, Kapellen und sehenswerte Bauten) siehe Tour 19

Spätestens nach dem Überqueren der Strasse zur ETH und nach **Affoltern** wird einem der Andrang klar. Die **Panoramasicht** über die Stadt Zürich, den ganzen Zürichsee in seiner Längsrichtung und den Alpenkranz ist schlichtweg unübertrefflich. Man bleibt dem geteerten Wanderweg oberhalb der **Schrebergärten** treu und erlebt immer neue Bergspitzen. Störend sind die Hochkamine, welche ihre weissen Rauch- (oder Dampf?) fahnen gen Himmel blasen.

Obwohl beim Restaurant Neue Waid ein grosser Kinderspielplatz besteht und unterhalb eine Haltestelle der **Buslinie 69**, zieht es uns noch einmal leicht aufwärts zum **Käferberg**. Durch den Wald, vorbei an weiteren Picknickplätzen taucht man auf dem **Bucheggplatz**, von wo einen das **Tram 11** direkt zum Hauptbahnhof fährt, in das Getümmel und den Lärm der Grossstadt **Zürich** ein.

Man gestatte mir einen Nachsatz: Naturverbundene Wanderer steigen beim Bucheggplatz nicht ins Tram 11, sondern fahren mit dem Bus 69 zum **Milchbuck** (und später mit dem Tram 10 zum Hauptbahnhof). Eine Besichtigung des **UNI-Naturparkes Irchel** lohnt sich. Erstens gewährt dieser Hügel neue Ausblicke über die Stadt, zweitens aber ist das grosse Gelände rund um den Neubau der **Universität** mit seinen Feuchtbiotopen, Weihern, Hecken und Magerwiesen ein Beispiel naturnaher Gestaltung, wie man es selten trifft.

Der **Zürichberg** (mit Schlachtdenkmal) oberhalb dieser Anlage spielte zwischen dem 16. und 19. Jh. eine wichtige Rolle als **Zürcher Hochwacht** wie Bachtel, Uetliberg, Albis, Irchel, Lägern, Mörsburg, Kyburg, Schauenberg und Pfannenstiel. Damit hat die zehnte Vertreterin dieses alten Zürcher Alarmsystems Aufnahme gefunden in diesem Buch (Skizze siehe Tour 15).

Vom Milchbuck führt übrigens ein Wanderweg über den Zürichberg zum **Zürcher Zoo** (siehe Tour 18).

Gepflegte Weinberge oberhalb Weiningen

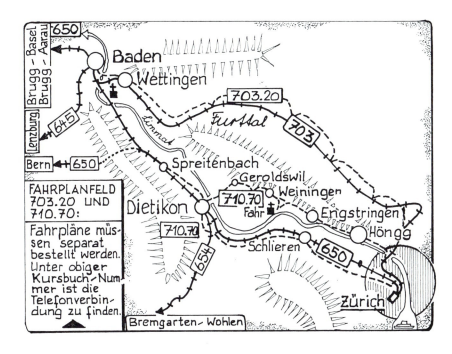

24. Uetliberg und Planetenweg

> Station Uetliberg (814) –
> Uetliberg Kulm (871) –
> Baldern (730) – Felsenegg
> (790) – Adliswil (451)

Auf einem Schild am Fenster des Triebwagens der SZU (Sihltal-Zürich-Uetliberg-Bahn) stand unmissverständlich «Uetliberg hell». Dennoch, glauben wollten wir es noch nicht. Nachdem wir an einigen Tagen vor dieser Rekognoszierung im Unterland im Hochnebel gesessen hatten, war es fast unvorstellbar, dass schon auf dem Zürcher Hausberg die Sonne scheinen würde.

Doch man hatte uns nicht zuviel versprochen. Zwischen den Stationen Uitikon/Waldegg und Ringlikon stach plötzlich die Sonne durch. Oben auf dem **Uetliberg** empfingen uns herrliches Wetter, blauer Himmel und angenehm warme Temperaturen. Von der Agglomeration **Zürich** war zunächst nichts zu sehen. Der Nebel hatte sie vorläufig noch fest im Griff.

Auf **Uetliberg Kulm** verlockt einen der neue, 1990 eingeweihte Aussichtsturm dazu, den sicheren Boden unter den Füssen zu verlassen und auf die oberste Plattform hochzusteigen (177 Stufen). Der alte Turm von 1894 musste infolge der ruinösen Korrosionsschäden damals abgebrochen werden. Oben angekommen, lässt sich an einem klaren Tag das sagenhafte Panorama geniessen. Informationstafeln oder die von der SBG abgegebene Wanderkarte Uetliberg helfen einem dabei, einzelne Berge und Hügel wiederzuerkennen. Der Blick schweift 360 Grad umher. Besonders eindrücklich ist natürlich die Sicht in die Alpen.

Das teils über 100jährige Berggasthaus wurde 1988 stilgerecht saniert und modernisiert.

Der Weg zwischen **Uetliberg** und **Felsenegg** ist stets sehr breit und problemlos kinderwagentauglich. Einziges Hindernis ist der direkte Abstieg von Uetliberg-Kulm in Richtung Süden, der über mehrere lange Treppenpartien erfolgt. Wer diese umgehen will oder muss, der kann von Kulm nochmals ein Stück weit zurück gegen Uetliberg-Station gehen und dann dem **Planetenweg** folgen, der westlich unterhalb des Gipfels auf ebenem Weg vorbeiführt.

Die ganze Strecke Uetliberg – Felsenegg ist als Planetenweg gestal-

 Wanderkarte «Zürich» 1:60 000 (Kümmerly + Frey)
Wanderkarte Kanton Zürich 1:25 000 Blatt 4 (Zürich)
Wanderkarte Uetliberg 1:25 000 (gratis bei der SBG; Panorama auf der Rückseite)

 Zürich Tourismus 01 215 40 00
automat. Wettertelefon Uetliberg/Felsenegg 01 206 45 99
Gemeindeverwaltung Langnau a/Albis 01 713 55 11

 Station Uetliberg – Balderen 1 h 15'
Balderen – Felsenegg 30'
(Felsenegg – Adliswil 45')
(Felsenegg – Buchenegg – Sihlau oder Tierpark Langenberg 1 h 15')

 Steigung 120 m
Gefälle 140 m (480 m bis Adliswil)

 Uetliberg-Kulm, Uetliberg Staffel, Balderen, Felsenegg, Buchenegg, Adliswil, Langnau a/Albis, Tierpark Langenberg

 Jugendherbergen Stadt Zürich siehe Tour 18
Pfadiheim Adliswil 01 710 12 78

 Zürichsee-Schiffahrtsgesellschaft 01 482 10 33
Bootsvermietungen Zürich siehe Tour 18

 Diverse auf dem ganzen Weg; Wildpark Langenberg

 Stadt Zürich (diverse)
Adliswil

 Stadt Zürich (diverse)
Adliswil
Langnau a/Albis (mit Sauna)

 Uetliberg-Museum (Uetliberg Kulm)
Museen in Zürich siehe Tour 18 und 19

 Wildpark Langenberg (Langnau a/Albis): freier Eintritt, ganzjährig täglich geöffnet

 Planetenweg

 Luftseilbahn Felsenegg–Adliswil ausser Betrieb am 1.Montag jeden Monats und in der ersten November-Hälfte
Günstigster Fahrausweis für die ganze Rundreise: Tageskarte Albis

 Besonders sehenswert!
Rundblick vom neuen Aussichtsturm auf dem Uetliberg-Kulm

tet und gibt einen faszinierenden Einblick in den Aufbau unseres Sonnensystems. Dabei sind sämtliche Planeten eine Milliarde mal verkleinert in Form von Kugeln angebracht und mit einer Informationstafel versehen. Der Abstand zwischen ihnen ist massstabsgetreu, genau wie ihre Grösse.

Wer sich unterwegs aus dem Rucksack verpflegen will, der findet überall Feuerstellen und Picknickplätze. Aber auch Restaurants gibt es genug auf dem ganzen Weg bis zur **Felsenegg**.

Orientierungspunkt für den Wanderer bildet der Telekommunikationsturm auf der Felsenegg, der vom Uetliberg her immer wieder zu erblicken ist. Sobald man diesen erreicht hat, ist es nur noch wenige Schritte zur Bergstation der Luftseilbahn Adliswil-Felsenegg. Diese verkehrt auch in der Nebensaison sehr häufig und bis am Abend recht spät. Eigenartigerweise ist die einzige Luftseilbahn im Kanton Zürich auf vielen Karten nicht verzeichnet, obwohl sie sehr bekannt ist und zum Zürcher Verkehrsverbund gehört.

Wer noch weiter wandern mag, der kann derselben Route über

Abstieg vom Uetliberg Kulm über viele Treppenstufen

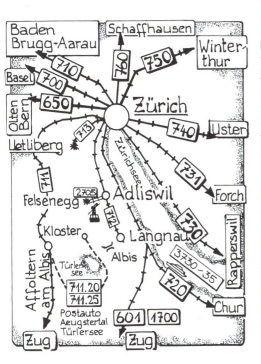

den Grat folgen und bis zum **Albispass**, zur **Schnabellücke**, zum Albishorn oder gar zum **Schweikhof** marschieren (siehe auch die folgende Tour). Eine andere lohnende Variante besteht im Abstieg nach **Langnau** (ab Buchenegg) und im Besuch des dortigen **Wildparkes Langenberg**. Dieser wird vom Stadtforstamt der Stadt Zürich unterhalten und finanziert. Er ist mit seinen etwa 80 ha Fläche der grösste «Wildpark» der Schweiz und zugleich auch der älteste (gegründet vom damaligen Stadtforstmeister von Orelli 1869). Neben den Tieren bilden auch der Picknickplatz, der Kinderspielplatz und das «Wasserschloss» Anziehungspunkte. Im Wildpark leben einheimische und ehemals einheimische Wildtiere. Im Moment sind es 17 Tierarten: verschiedene Hirscharten, Steinböcke, Wisente, Rentiere, Elche, Wildschweine, Bären, Luchse, Wölfe und andere. Einige Tiere zeigen sich in ihren grossen Anlagen nur selten und sind deshalb etwas für den geduldigen, aufmerksamen Beobachter. Besucher können zudem auf einem Erlebnispfad an betreuten Ständen auf spielerische Weise Spannendes zu einzelnen Tierarten erfahren und erleben (nur an Wochenenden zwischen Mai und Oktober).

In unmittelbarer Nähe des Wildparkes befindet sich die SZU-Haltestelle Wildpark-Höfli (S 4), die uns an den Ausgangspunkt zurückbringt.

Die «Haute Route» auf dem Zürcher Hausberg kann an schönen Wochenenden sehr stark bevölkert, um nicht zu sagen übervölkert, sein. Wer allerdings an einem Wochentag unterwegs ist, wird keine «Völkerwanderung» antreffen. Rege benützt werden die breiten Strässchen auch von Mountainbikern, was gelegentlich von beiden Seiten (Wanderern und Bikern) etwas Verständnis und Entgegenkommen voraussetzt.

25. Durch den Urwald ins Sihltal

Langnau a. A. (468) – Winterhalden (609) – Ruine Schnabelburg (861) – Schnabellücken (803) – Bürglen (914.6) – Albishorn (909) – Station Sihlwald (483).

«Hier Zürich, Ihre nächsten Anschlüsse....», so tönt die bekannte Stimme im Lautsprecher, verrät aber nichts über die Abfahrt der **Sihltalbahn auf Gleis 1 und 2**. Für Ortsunkundige ist der Weg zu diesen beiden Gleisen nicht leicht zu finden. Denn sie befinden sich unter dem «alten» Shopville, einen Stock tiefer, auf der Südseite des Hauptbahnhofs Zürich.

Hingegen verkehren die bequemen Vorortszüge der Sihltalbahn sehr fleissig. In **Langnau a. Albis** steigt man im Dorfzentrum aus, überquert die stark befahrene Sihltalstrasse und findet, südwärts haltend, eine Treppe, die in die Höhe Richtung kath. Kirche führt. Im grossen Einfamilienhausquartier von «Langnau-Süd» (Wildenbüel, Riedacker und Unter Rängg) zweigt der Wanderweg hinauf zum behäbigen Bauernhof Winterhalden ab. Im Wald wird der Tobelbach überquert und erst im **nächsten** Bachgraben aufgestiegen zum Sattel südöstlich der **Ruine Schnabelburg**. Der Wald präsentiert sich am schönsten im Herbst, die Wege sind gut gepflegt, zuoberst gar in Nagelfluh gehauen. Sie eignen sich **nicht** als Mountainbikeroute.

Der direkte Aufstieg zur Ruine ist sehr steil und nach Regenperioden auch sehr glitschig. Zuoberst ist die Fernsicht nur im Winter, wenn das Laub gefallen ist, möglich. Hingegen ist der Picknickplatz gut eingerichtet mit Ruhebänken und einer grossen Feuerstelle. Auf einer Tafel erfahren wir, dass der Bau der **Schnabelburg** 1173 durch den Freiherrn von Eschenbach erfolgt sei. Damit wollte man den Albisübergang Schnabellücke an der kürzesten Verbindung von Zürich nach der Urschweiz sichern. Die

	Wanderkarte 1:25 000, Blatt 4, Zürich oder Wanderkarte Zürich, 1:60 000 (Kümmerly+Frey)
ℹ	Zürich-Tourismus 01 215 40 00 automat. Wetterauskunft 01 206 45 99 Direktion der Sihltalbahn 01 206 45 11 Rest. Albishorn, Hausen am Albis 01 764 01 67 (Do./Fr. Ruhetag) Gemeinde Langnau a. Albis 01 713 55 11
🚶	Bahnhof Langnau bis Unt. Rängg 20 min Unter Rängg bis Ruine Schnabelburg 1 h Ruine Schnabelburg – Albishorn 50 min Albishorn – Sihlwald Station SZU 50 min
↑↓	Steigung und Gefälle: je ca 500 m
	Langnau am Albis, Albishorn, Sihlwald SZU
🏠	Jugendherbergen der Stadt Zürich: siehe Tour 18 Zivilschutzanlage Langnau a. A. (100 Pl.) 01 713 55 75 Naturfreunde-Rest. Albishaus, Albispass 01 713 31 22 Pfadiheim Adliswil 01 710 12 78 beide Unterkünfte abseits der Route (siehe Tour 24)
Ω	Bergwerk Horgen, Anmeldungen Führung 01 725 39 35
🔥	Ruine Schnabelburg und rund ums Albishorn gedeckter Imbissplatz beim Rest. Albishorn
🏊	Hallenbad Langnau am Albis (mit Sauna) 01 713 56 66
🏛	in Zürich: siehe Tour 18 und 19 Naturzentrum Sihlwald 01 216 27 75 im Sommer und Winter öffentlich zugänglich, Anmeldungen für Führungen über die aufgeführte Tf. Nr.
🦌	Wildpark Langenberg, Langnau a. Albis, freier Eintritt
L	Schnabelburg (siehe Text)
👁	Sihlwaldschule bei Station Sihlwald 01 720 78 70 (leider durch Zürcher Schulen praktisch «ausgebucht»)
⚠	Wanderschuhe empfohlen, besonders für den direkten Aufstieg zur Ruine Schnabelburg keine Mountainbikewege!

Grundfläche beträgt 37 x 20 Meter; die Grundmauern des Bergfrieds, mehrerer Nebenbauten und der Wehrmauern sind sichtbar. 1309 zerstörten die Habsburger in einem Blutrachefeldzug die Burg und schenkten in der Folge den ganzen **Sihlwald** der Stadt Zürich.

Von der einen **Schnabellücke** (804 m) geht's nach dem Abstieg von der Ruine ebenerdig zur andern (803 m). Hierauf folgt ein zweiter, nahrhafter Anstieg zum **Bürglenstutz**. Mit 915 m ist er der höchste Punkt der ganzen Albiskette. Im Aufstieg treffen wir auf einen

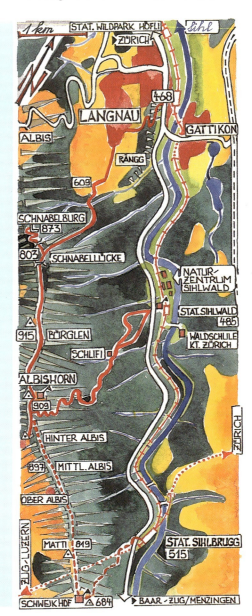

Prächtiger Hof Winterhalden am Aufstieg zum Albis (Schnabellücke)

Waldbrunnen, später dank der abgeholzten Partien auf schöne Aussichtspunkte. Erstmals wird der Blick frei auf die Berge und den Türlersee.

Anschliessend folgen ein paradiesischer Kretenweg, gut gesichert, leicht abfallend, immer wieder unverhoffte Ausblicke gewährend ins Sihltal, auf den Zürichsee und ein **Panorama**, das sich erst beim Berggasthaus **Albishorn** in seiner ganzen Grösse präsentiert: Links begrenzt durch Säntis und Churfirsten folgen Glärnisch, die Sardonagruppe, die Glarner, Schwyzer, Urner und Berner Alpen. Im gedeckten Picknickplatz bei der Aussichtsterrasse findet man eine Übersichtstafel über die **Naturlandschaft Sihlwald**. Ein Abstecher Richtung **Chli Albis** auf der offenen Wiese lohnt sich. Denn dort liegt einem auch der Zugersee zu Füssen, und das Panorama öffnet sich gegen Süden und Westen total.

Durch den «**Urwald**», der sich eigentlich ganz ordentlich präsentiert als Naturlandschaft Sihlwald, findet man den Weg zur **Station Sihlwald**. Idyllisch geht's hier nicht mehr zu und her, weil der romantische Gasthausname «**Forsthaus**» nicht darüber hinwegtäuschen kann, dass der Verkehrslärm mächtig stört. Trotzdem soll auf zwei sympathische Einrichtungen aufmerksam gemacht werden:

Die **Sihlwaldschule** liegt südlich der Station ennet der Sihl. Sie ist in erster Linie reserviert für die Schulen der Stadt, in zweiter Linie für solche aus dem Kanton Zürich. Das **Naturzentrum Sihlwald** hingegen ist für die Öffentlichkeit zugänglich. Es liegt nördlich der Station zwischen Gleis und Sihl und erzählt über die gezielten Bestrebungen, aus Teilen des Sihlwaldes wieder Urwald werden zu lassen, aber auch ganz generell vom Ökosystem Wald. Eine Anmeldung, vor allem für Gruppen oder Schulen, ist empfehlenswert.

Eine Rückkehr mit der Bahn via **Sihlbrugg** böte die Möglichkeit, in Horgen sogar noch ein Bergwerk zu besichtigen oder aber nach einem Abstieg durch die Stadt an den See, die Reise mit einer Schifffahrt zu beenden.

26. Vom Zürich- an den Zugersee

Thalwil oder Horgen (412) – Horgener Seeli (660) – Hirzel (719) – Finsterseebrugg (648) – Menzingen (840) – Lorzentobel (Höllgrotten, 504) – Baar – Zug (424).

Zugegeben, eine direkte Verbindung vom Zürich- an den Zugersee ist der folgende Velotourenvorschlag nicht. Wie den obigen Höhenangaben entnommen werden kann, sind auch einige Aufstiege nötig, um fern der stark befahrenen Achsen zu schönen Aussichtspunkten, zauberhaften Kleinseen und dem tiefen Lorzetobel mit den bekannten Höllgrotten gelangen zu können. Wer fit ist, plant

 Velokarte VCS 1:60 000, Nr. 2, Zürich
Velokarte VCS 1:60 000, Nr. 5, Zug-Schwyz, Uri-Glarus

 Verkehrsverein Horgen 01 725 15 24
Besucherbergwerk Horgen 01 725 39 35
Zugerland Tourismus 041 711 00 78
Verein Industrielehrpfad Lorze 041 780 00 21

 ca. 40 bis 45 km

 Steigung und Gefälle: je ca. 450 m

 «Frohe Aussicht» ob Thalwil, Chlausen, Hirzel, Menzingen, Gubel und Höllgrotten

 Cevi-Zentrum, Horgen (22 Pl.) 01 725 89 34
Gasthaus Gubel, Menzingen (18 Pl.) 041 755 11 42
Campingplatz Unterägeri (25 Pl.) 041 750 39 28
Ferienheim Moos, Unterägeri (100 Pl.) 041 750 11 88
Neue Jugendherberge Zug (92 Pl.) 041 711 53 54

 Zürichsee-Schiffahrt, Zürich 01 482 10 33
Schiffahrt Ägerisee, Oberägeri 041 750 35 35
Bootsvermietung Oberägeri 041 750 36 32
Schiffahrt Zugersee 041 726 24 24
Bootsvermietung, Platzwehr, Zug 041 711 34 88

 Tropfsteinhöhlen, Höllgrotten, Baar 041 761 83 70

 Horgener Bergweiher, Teufenbach Weiher, Lorzentobel, Höllgrotten, evtl. an der Sihl

 Thalwil, Oberrieden, Horgen, Horgener Bergweiher, (Hüttnerseeli), Baar und Zug

 Baar und Zug

 Ortsmuseum Sust, Horgen 01 725 15 88
(Geöffnet So 14-17 Uhr, für Gruppen auch werktags)
Bergbaumuseum Käpfnach Horgen 01 725 39 35
(Geöffnet April-Nov., samstags 14-17 Uhr, für Gruppen auch werktags)
Johanna Spyri–Museum im alten Schulhaus Hirzel
Museen Zug: siehe Tour 27 und 32

 beim Horgener Bergweiher, nördlich und südöstlich Hirzel, Sihlgraben und Lorzegraben
Sihlsprung und Hüttner Seeli abseits der Route

 Horgen: schönes barockes Landhaus «Bocken» (1675) und frühklassizistisches Pfarrhaus (1784–85)
Menzingen: Institut Heiliges Kreuz, das Mutterhaus der Schwestern vom Hl. Kreuz mit Kirche (1895–97)
Baar: Spinnerei an der Lorze, typisch für die frühe Industrialisierung (1852-57) am Industrielehrpfad und Rathaus, ein Fachwerkbau
Zug: siehe Text Tour 27, Piktogramm (Pikto) Tour 32

 Gubel: Kapelle Mariahilf (1556), siehe Text
Baar: Friedhofkapelle St. Anna (1508) mit geschnitzter Holzdecke, **Zug:** siehe Tour 27 und Pikto. 32

 Gubel: siehe Text, **Zug:** siehe Tour 27 und Pikto 32

 Horgen: Ref. Pfarrkirche (1780–82), Rokokokirche von Johann Jakob Haltiner mit einem ovalen Grundriss. Im Innern Stukkaturen von Andreas Moosbrugger
Menzingen: Kath. Pfarrkirche St. Johannes der Täufer, Turm und Gewölberippen im Chor vom spätgotischen Vorgängerbau, 1624-25 erbaut, Hochaltar im Stil der Spätrenaissance von 1639
Baar: Kath. Pfarrkirche St. Martin, im 14. Jh. entstanden. Das Kirchenschiff wurde 1771-77 barockisiert. Spätgotische Wandmalereien aus dem 16. Jh., spätbarocke Stukkaturen und Deckenmalereien
Ref. Kirche, erbaut 1866-67 von Ferd. Stadler
Zug: siehe Tour 27 und Pikto. 32

 Ruine **Wildenburg** südöstl. von Baar, im 14. Jh. zerstört, einer der Sitze der Ritter von Hünenberg. Von der Baarburg sind keine Reste mehr zu sehen.

 Abfahrt im Lorzetobel vorsichtig angehen, Velohelm von Vorteil.

einen weiteren Aufstieg mit Umweg ein und besucht das grosse **Hüttnerseeli** (ca. 5,5 km südlich Wädenswil), an welchem ebenfalls ein Badeplatz und ein grosses Naturschutzgebiet liegen.

Bei einem Start in **Thalwil** empfiehlt es sich, die verkehrsarmen Quartierstrassen westlich der Bahnlinie, beim Dörfli Oberrieden bereits ins Grüne hinausführend, zu benützen. Die Strasse erlaubt eine unerwartet umfassende Sicht über die ganze Länge des Zürichsees. So ist es denn nicht verwunderlich, dass man kurz vor der Autobahn aufs Restaurant «frohe Aussicht» stösst. Nach dem Unterqueren der **A3** folgt man der Waldstrasse, die parallel der Autobahn nach Süden führt. Bei Punkt 638 quert sie die Hügelkuppe und erlaubt schliesslich eine ruhige Fahrt am westlichen Waldrand zum **Bergweiher**.

Ein Bergwerk in Horgen?

Wer sich aber bereits zu Beginn der Tour etwas Spannendes als Einstieg vornehmen will, der besucht das **Bergbaumuseum in Horgen**. Zu finden ist es südöstlich der Bahnstation im Weiler Käpfnach. Erst 1989 wurde das Museum eröffnet, auf rund 80 m² Fläche werden in zwei Räumen des ehemaligen Magazins aus dem Jahre 1785 Informationen zum Kohlebergbau (Pläne, Werkzeuge, Bergwerklampen, Geologie, Fossilien und Filmdokumente) präsentiert. Wer weiss denn noch, dass bereits 1917 täglich bis zu 180 Tonnen Braunkohle gefördert oder am Ende des Zweiten Weltkriegs noch 228 Mann beschäfigt worden sind in diesem Bergwerk? Auf einem geführten Rundgang kann man den Rotwegstollen besichtigen und auf einer Länge von 500 m sogar die **Stollenbahn** wieder benützen (Reservationen, siehe Piktogramm).

Zum Bergweiher

Auch in Horgen folgt anschliessend ein wackerer Aufstieg, laut Velokarte via **Chalchofen**. Nach Norden aufsteigend, kann man dem Autobahneinlenker ausweichen, um östlich Wüeribach wieder einen Durchschlupf zu finden, der zum **Bergweiher** führt. Ein Geheimtip? Eher schon, denn der romantische Picknickplatz im Wald am Ostufer des Sees, der Badeplatz und das recht ausgedehnte Naturschutzgebiet mitsamt dem kleinen Pfad, der über einen Hügel rund um diesen Kleinsee führt, lassen das Herz von Naturfreunden höher schlagen.

Früher bestanden im Hirzelgebiet Dutzende von **Toteisseen**, die nach dem Rückzug der Gletscher dort entstanden sind, wo besonders grosse Eisklötze liegengeblieben sind. Seit dem 17. Jh. hatten die Bauern diese und das umliegende Sumpfland fleissig entwässert. Glücklicherweise sind hier noch einige Moore bestehen geblieben. So zählt das 18,5 Hektaren grosse **Chrutzelenmoos** nördlich von Hirzel zu den ausgedehnteren Flachmooren der Gegend.

Die stattlichen Birken, die bräunlichen Riede mit Primeln und Dotterblumen im Vorfrühling, später in hellem Grün mit Knabenkräutern und Flockenblumen, erinnern an Landschaftsbilder aus dem hohen Norden.

Zum «Heidi» nach Hirzel

Um die stark befahrene Strasse Wädenswil – Baar meiden zu können, bleiben wir dem **Horgenberg** treu und steigen relativ sanft über

Wiler Seeli vor Menzingen

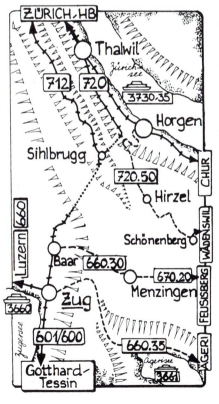

«Bluest» zwischen Menzingen und dem Gubel

Widenbach nach **Hirzel** auf. Das schöne Dorf auf dem Panoramahügel erlaubt eine gute Sicht zu den Alpen. Unterhalb der Kirche auf dem Hügel ist das **Johanna-Spyri-Museum** im alten Schulhaus (erbaut 1660, renov. 1980) eingerichtet. Im Keller erzählt eine Foto-Ausstellung über die bedeutendste Schweizer Jugendschriftstellerin und eine Puppenszene zeigt Heidi auf der Alp. Im ersten Stock findet man die Spyri-Stube, Handschriften der Dichterin, ein Heidi-Zimmer, auch ein Video «Magic-Heidi» neben einer Lese- und Malecke. Der Eintritt ist frei (So 14-16 Uhr).

Eine Nebenstrasse führt südöstlich nach Spitzen, anschliessend zum lustigen Hügel beim Weiler **Sagen**. Von dort aus entdeckt man das schönste und grösste Hochmoor dieser Gegend, leider zum Teil beeinträchtigt durch einen Golfplatz. Darin gedeihen an feuchten Orten noch Sumpf-Bärlapp, Schnabelbinsen, drei Sonnentauarten und die leuchtendroten Moosbeeren.

Von Spitzen aus führt, das sei der Vollständigkeit halber erwähnt, ein Wanderweg hinunter zum berühmten **Sihlsprung**. Im Verein mit der Erosionskraft des Wassers hat die brüchige Nagelfluh hier die romantischste Stelle dieses Flusses geschaffen. Ein Steg führt ans andere Ufer und ein Weg, der die vorgeschlagene Route stark abkürzt, direkt nach Menzingen.

Über den Sihlgraben

Die Variante «Sihlsprung» eignet sich allerdings schlecht für Velofahrer. Diese bleiben der Nebenstrasse, die von **Sagen** südwärts nochmals etwas ansteigt, treu und freuen sich an der prächtigen Schussfahrt zur **Finsterseebrücke** hinunter. Den künstlichen Teufenbach-Waldweiher unterwegs haben wir uns angeschaut, er dient offenbar der Stromerzeugung. Der Picknickplatz an sich ist empfehlenswert, das Baden und Planschen hingegen unmöglich. Da wartet nach dem Überqueren der Sihl mit dem **Wiler Seeli** im Aufstieg nach Menzingen ein bedeutend romantischeres Gewässer auf unsern Besuch. Winzig klein ist der Badeplatz, aber trotz der Hauptstrasse, die in einem Bogen um den See führt, zu empfehlen. Dem starken Verkehr ist man nach dem Badevergnügen nochmals ausgesetzt bis hinauf nach **Menzingen**. Es sei denn, man weiche durch einen steilen Aufstieg nach Süden oder durch einen Umweg nach Norden über **Brettigen** aus. Nach der Besichtigung der kath. Pfarrkirche Johannes der Täufer gelangt man in der Dorfmitte zu einem Seitensträsschen, das linkerhand zum Bach hinunter und nachher sehr steil aufwärts Richtung **Gubel** führt. Der kleinen Hochebene bleibt man treu bis **Bolzli**. Wer kräftemässig noch einiges zu bieten hat, lässt es sich nicht nehmen, den Gubel (909 m) zu ersteigen und sich der einzigartigen Aussicht zu erfreuen. Auf der Bergkuppe des Gubels liegt die **Kapelle Mariahilf**, 1556 erbaut zur Erinnerung an die Schlacht, die den Ausgang des Ersten Kappelerkrieges (1531) zugunsten der katholischen Orte entschied. An der Decke entdeckt man im Innern eine Darstellung dieses Gefechts. Neben der Kapelle stehen das im Anschluss an die Dreihundertjahrfeier der Schlacht gegründete **Kapuzinerinnenkloster** (1843–47) und ein Restaurant. Nach diesem letzten Aufstieg von lediglich 70 Höhenmetern geht es fast nur noch bergab.

Durchs Lorzetobel

Gutes Studium der Velowegkarte vorausgesetzt, entdeckt man geteerte Wege, die eine rassige Fahrt Richtung **Neuägeri** erlauben. An der Kreuzung unten findet man unschwer den Weg, der durchs **Lorzetobel** hinunter nach Baar führt. Das Befahren dieser Waldstrasse durch diesen markanten Graben, bald zur Schlucht werdend, ist trotz gelegentlicher Querrinnen zu empfehlen. Zu gefährlich wäre die Velotour auf der stark befahrenen Hauptstrasse. Rücksichtnahme auf Fussgänger ist allerdings Ehrensache! Zuviele Sehenswürdigkeiten warten im Lorzetobel darauf, entdeckt und «erfahren» zu werden, so zum Beispiel der **Industriepfad** Lorze, der nach dem Motto «Kultur und Natur» auf einer Gesamtlänge von rund 30 Kilometern von Unteräge-

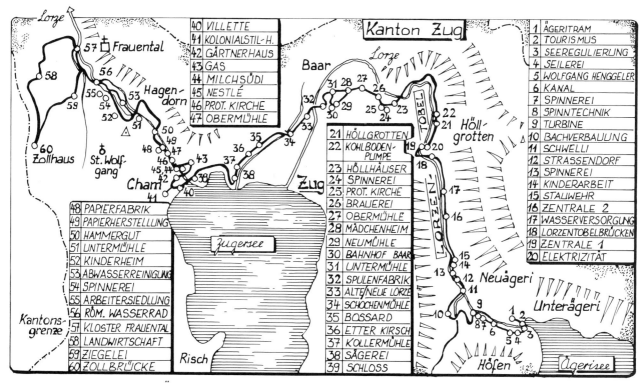

Industrielehrpfad Lorze (Übersicht)

ri bis an die westliche Grenze des Kantons Zug Fabriken, Arbeitshäuser, Turbinen, Kraftwerke, Brücken, Quellwasserfassungen, Stauwehre, Kirchen, Klöster und Kanäle zeigt. Schautafeln verweisen auf die bau-, sozial- und wirtschaftshistorischen Begebenheiten und Hintergründe. Die Texte unterwegs sind «süffig» abgefasst, regen an zum Schmunzeln und wecken durch einprägsame Vergleiche das Verständnis für industrielle Abläufe. Wer sie aufmerksam liest, weiss nachher, wieviel Wasser aus dem Einzugsgebiet der Lorze nötig ist, um alle Einwohner in der Agglomeration Zug–Baar mit qualitativ einwandfreiem Trinkwasser zu versorgen.

Er ist aber auch im Bild über die drei Generationen Brücken, welche einen Kilometer südlich der Höllgrotten über die Lorze gebaut worden sind. Als Velofahrer benützt er die älteste von 1759, die gedeckte Holzbrücke. Oder er kann in Erfahrung bringen, was die Stadt Cham mit dem Wilden Westen zu tun hat (siehe Skizze).
Für Gruppen organisiert der Verein Industrielehrpfad Lorze gerne eine Führung (Tel. siehe Piktogramm).

«Durch die Höll»

Als Höhepunkt folgen die weltbekannten **Höllgrotten**. Nach dem Besuch derselben werden selbst weitgereiste Einheimische zugeben müssen, dass man in fremden Ländern kaum so etwas Schönes zu sehen bekommt. Staunen wie ein Kind kann man ob der herrlichen Stalaktiten und Stalagmiten der Tropfsteinhöhlen. Kleine Seen und Gesteinsformationen in unterschiedlichen Farbnuancen lassen den Besuch der Höhlen, die am Ende des 19. Jh. beim Abbau von Tuffsteinen entdeckt worden sind, zu einem Erlebnis werden. Die Höhle kann selbständig «erforscht» werden, der Rundgang dauert etwa 45 Minuten.
Nach dem Höhlenkiosk folgen Parkplatz und Restaurant. Anschliessend bieten sich eine Unzahl von Picknickplätzen an mit der Möglichkeit, die Füsse in der Lorze abkühlen zu lassen. Leicht abfallend führt die jetzt geteerte Strasse direkt nach Baar (Geheimtip: Hallen- und Freibad Lättich) und als Radweg westlich der Zürcher Bahnlinie direkt ins Zentrum von **Zug** und an den schönen Zugersee. Eine Schiffahrt auf dem **Zugersee** oder ein Besuch der sehenswerten **Altstadt** (siehe Tour 27) runden diese Velotour harmonisch ab.

27. Türlersee, Kappel...und Zug

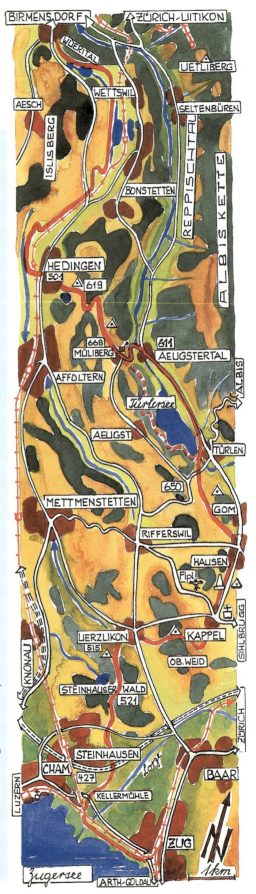

Birmensdorf (468) – Wüerital – Hedingen (501) – Müliberg (669) – Aeugstertal (611) – Türlersee (657) – Vollenweid (660) – Hausen a. A. (611) – Kappel (573) – Uerzlikon (515) – Steinhauser Wald (560) – Steinhausen (427) – Zugersee (424) – Zug.

 Velokarte VCS 1:60 000, Zürich

 Zürich Tourismus 01 215 40 00
Zugerland Tourismus 041 711 00 78
«Wandern auf geschichtlichen Spuren», ein informativer Prospekt über den kulturhistorischen Pfad von Baar nach Kappel und Industrielehrpfad Lorze, beide erhältlich bei Zugerland Tourismus

 ca. 35 bis 38 km

 Steigung, ca. 280 m, Gefälle ca. 320 m

 Birmensdorf, Hedingen, Müliberg, Rest. Erpel am Türlersee, Hausen a. Albis, Rest. Post Kappel, Uerzlikon und Steinhausen.

 Manegghaus beim Rütihof am Waldrand von Hedingen, Fam. Humm, Eschfeld,
Knonau (39 Pl.) 01 767 07 07
Jugendherberge Zug (92 Pl.) 041 711 53 54

 Bootsvermietung Platzwehr, Zug 041 711 34 88
Schiffahrt Zugersee 041 726 24 24

 Tropfsteinhöhlen: Höllgrotten Baar (abseits d. Route)

 Türlersee und Steinhauser Waldweiher

 Birmensdorf, Hedingen, Affoltern a. Albis, Cham und Zug

 Birmensdorf, Loreto und Herti in Zug, Cham

 am Türler- und am Zugersee

 Dorfmuseum Birmensdorf, in Zug: siehe Text!

 Wüerital, nördl. Müliberg, Türlersee **), am Zugersee

 Zug und Kappel: Ortsbild, Kapellen, Klöster, und Kirchen: **siehe Text!** (auch Piktogramm Tour 32)
Hedingen: Säge an der vorderen Sägestrasse, bereits 1813 bestehend, hat sich praktisch unverändert am Dorfbach erhalten.
Affoltern a. Albis: Bezirks- und Gerichtsgebäude schöner Satteldachbau von 1839
Affoltern-Müliberg: östlich des Naturschutzgebietes schöne alte Weidemauer, zu finden bei Koordinate 678.540/238.000
Cham: Kapelle und Kirche: siehe Tour 33

 Birmensdorf: Ref. Kirche 1659 anstelle einer bereits im 9. Jh. erwähnten Kirche unter Verwendung des romanischen Turms

 Der «**Milchsuppenstein**», erinnernd an die Kappeler Milchsuppe, ist südlich Ebertswil bei Punkt 619.0 zu finden, die schöne Antoniuskapelle auf Deibüel mit Bildern der Kappeler Milchsuppe ca 1,5 km südlich Kappel hinter dem Hölltobel.

Diese Velotour führt relativ oft über Naturstrassen, zum Lohn dafür über herrliche Hügel zu schönen Aussichtspunkten und Kulturdenkmälern, durch schattige Wälder und an einzigartige Seen.
Die **S-Bahn** Zürich – Affoltern a. A. – Zug befördert keine Fahrräder am frühen Morgen und am Abend, wenn die Pendler unterwegs sind. Einzelreisende «schlüpfen in der Regel durch,» hingegen müssen Gruppen-Velotransporte am Vortag bei der Bahn angemeldet werden.
Die Bahnstation **Birmensdorf** liegt hoch am Hang, so dass gleich zu Beginn eine rassige Abfahrt ins Dorf erfolgt. (Bei einer verkürzten Variante wäre ein gemächlicherer Start in **Hedingen** möglich). Das Reppischtal verlässt man durchs **Wüeritäli**, lässt gleichzeitig den dominanten Verkehrslärm hinter sich und befindet sich bald in ländlicher Stille bei einem Weiher (Naturschutzgebiet, Feuerstelle und Waldlehrpfad).
Parallel der Bahnlinie folgend, trifft man bei der Station **Bonstetten-Wettswil** auf einen bedeutend schöneren Kleinsee, währenddem der Fischbach in einem steinernen Korsett zu Tale plätschert. Nach dem Hügelchen Rebacker folgt man mehr oder weniger der Bahn-

linie. Den Bau der Autobahn durchs **Knonauer Amt** wird man hier vermutlich noch über Jahre verfolgen können.

Der spannende Teil der Tour beginnt in **Hedingen**, das einen hübschen, alten Dorfkern aufweist. Nach einem ruppigen Aufstieg erwartet uns eine originelle Badeanstalt in der Höhe und bald eine unerwartet schöne Aussicht hin zum Alpenkranz.

Beim **Sennhof** breitet sich rechterhand des Fahrsträsschens ein grosses Hangmoor (NSG) aus. Östlich davon findet man eine uralte Weidmauer aus grossen, bemoosten Ackersteinen, ein seltener Zeuge aus uralter Zeit (Koordinaten siehe Piktogramm).

Herrlicher Türlersee, auch im Winter

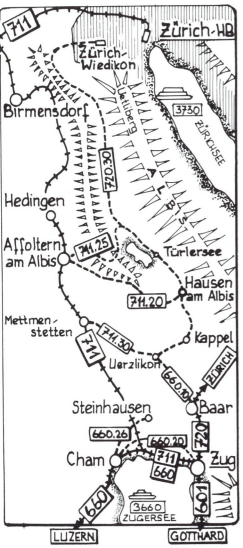

Von jetzt an fährt man bis an die Gestade des Zugersees nur noch **dem Alpenkranz entgegen**. Das Rest. Mühleberg (Mo/Di geschlossen) ist Ausgangspunkt für zwei Varianten. Denn für die Schussfahrt ins Aeugstertal muss man mit einem erneuten Aufstieg entlang der stark befahrenen Strasse zum Türlersee «büssen». Über den **Aeugsterberg** steigt das Strässchen anfangs noch etwas an, führt aber dann zum Teil als Waldstrasse zum Türlersee hinunter.

Wunderschöner Türlersee

Rund um den See, der das Prädikat «wertvoll» hoch verdient, führt ein Fussweg (Fahrrad stossen ist da Ehrensache). Der See ist eingebettet in ein Naturschutzgebiet von nationaler Bedeutung. Nicht nur südlich, sondern auch westlich des Sees zeigen grosse Riedwiesen seltene Pflanzen. Im See darf vom Ufer aus gratis gefischt und am südöstlichen Ende gebadet werden (Feuerstelle am südwestl. Ufer).

Auf und ab über Drumlins

In der Folge führt die Tour durch die ehemals vom Reussgletscher bedeckte Landschaft, von Drumlin zu Drumlin (typische, kleine Eiszeithügel, jedesmal neue Ausblicke gewährend), via Vollenweid, Seebrig, Heisch nach **Hausen am Albis** und auf einem separaten Radweg der Strasse entlang nach Kappel.

Milchsuppe bei Kappel

Auf der Kuppe vor dem Dorf trifft man auf das bescheidene **Zwingli-Denkmal**. Zwingli war Reformator in der Schweiz (Geburtshaus in Wildhaus), vor allem in Zürich. Während sich die katholischen und die reformierten Orte bei einem ersten Zusammentreffen in Kappel friedlich einigten bei der sogenannten Milchsuppe, wurde es 1531 ernst. Der Text auf dem Denkmal spricht davon: «Den Leib konnten sie tödten, nicht aber die Seele von Ulrich Zwingli, am 11. Oct. 1531 den Heldentod sterbend». Über weitere Erinnerungsstätten an die beiden Religionskriege gibt das Piktogramm auf der vorhergehenden Seite Auskunft, der Milchsuppenstein und die Antoniuskapelle liegen aber abseits der Route nördlich von Baar.

Ehemalige Zisterzienserabtei Kappel

Das **Näfenhaus bei Kappel** steht rechterhand des Radweges nach dem Zwinglidenkmal. Das schöne Riegelhaus fällt durch seine Butzenscheiben besonders auf. Adam Näf von Vollenweid erhielt das Haus 1531 als Dank dafür, dass er in der Schlacht das Zürcher Hauptbanner gerettet hatte. Auch die Näfenstube mit geschichtlichen Denkwürdigkeiten erinnert an diesen tapferen Mann, sie kann bei Voranmeldung besichtigt werden.

Zisterzienserabtei Kappel
Vom Näfenhaus führt ein Feldweg nach Kappel. Die im 13. und 14. Jh. erbaute Klosteranlage Kappel hat im Alten Zürichkrieg (1443), durch einen Grossbrand (1493) und in den angesprochenen Religionskriegen (1529–31) gelitten. So wurden die Bauten im 16., 17. und 19. Jh. stark verändert und dienten zuletzt als Altersheim, jetzt aber als **«Haus der Stille und der Besinnung»**. Die ehemalige Klosterkirche St.Maria mit kreuzförmigem Grundriss gilt als eine der wichtigsten gotischen Kirchenbauten in der Schweiz. Von hervorragender Qualität sind die Glasgemälde in den Fenstern der nördlichen Hochschiffwand. Fünf der sechs Fenster stammen aus dem frühen 14., das sechste aus dem 19. Jh. Im Chorfenster befindet sich das Glasgemälde «Christus, der Heiland der Welt» von Max Hunziker (1964), im Querhaus wurden Wandmalereien aus dem 14. Jh. entdeckt. Gut zu gefallen weiss auch der Kreuzgang.

Von Kappel bis **Uerzlikon** folgt man besser dem Wanderweg durch das Wäldchen der oberen Weid (Waldhütte), trifft am Waldrand unverhofft auf gute Fernsicht und in Uerzlikon auf eine Bäckerei, wo das Brot tatsächlich noch in einem 400 Jahre alten Backofen gebacken wird. Die jungen Besitzer zeigen diesen auf Wunsch gerne.

Durch den **Steinhauser Wald** mit grosser Waldhütte und Sitzplatz am Waldeingang führt ein guter Weg praktisch direkt nach Süden. Der Abstecher zum Waldweiher (Natureisbahn im Winter) kann wegen der ruppigen Abfahrt nicht empfohlen werden.

Gemächlich geht's nach **Steinhausen** hinunter, wo man unbedingt Richtung **Cham** und (Villette Park) See halten sollte, um die zauberhafte Seepromenade (Rad- und Fussweg getrennt) mit Naturschutzgebiet, Badestrand, Liegewiesen, Volley-, Fussball- und Skatingfeldern geniessen zu können. Zum Schluss reicht's vielleicht für eine Schifffahrt auf dem Zugersee oder wenigstens zu einer Besichtigung der hübschen Altstadt?

Altstadt Zug *)
Die 1242 erstmals erwähnte Stadt, eine Gründung der Grafen von Ky-

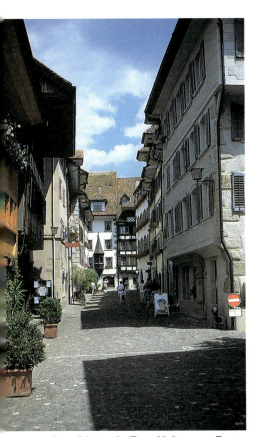
Die Altstadt Zug lädt zum Bummeln ein

burg, ging 1283 durch Erbfolge an die Habsburger über und wurde zu einem wichtigen Stützpunkt in deren Kampf gegen die Waldstätte. 1315 sammelte Leopold I. das österreichische Heer, das bei **Morgarten** vernichtet wurde, in der Stadt Zug. Zur Sicherung des Verbindungsweges nach Zürich belagerten 1352 die Eidgenossen die Stadt und zwangen Zug zum Eintritt in den Bund. 1415 wurde die Stadt reichsfrei, schuf sich in den Vogteien Walchwil, Hünenberg, Cham, Risch und Steinhausen ein eigenes Untertanengebiet und blieb in der Reformation dem alten Glauben treu. 1803 wurde der Kanton in seiner heutigen Form gebildet und Zug zur Hauptstadt gemacht. Im 19. und 20. Jh. industrialisierte sich der ganze Kanton stark, Zug entwickelte sich zu einer der reichsten und steuergünstigsten Städte in der Schweiz.

Altstadt und äusserer Ring
Der am See gelegene, älteste Teil setzte sich ursprünglich aus drei parallel zum Ufer verlaufenden Strassen zusammen, 1435 versank die äusserste Häuserzeile im See. Von dem nördlich und östlich der Altstadt verlaufenden äusseren Mauerring aus dem 16. Jh. stehen heute noch vier **Türme** und Reste der Verbindungsmauern. Die Burg, einst freistehender Amtssitz der kyburgischen und habsburgischen Vögte, beherbergt das **historische Museum**. Die **kath. Kirche St. Oswald***), erbaut 1478–83, zur dreischiffigen Basilika ausgebaut 1511, ist sehr sehenswert: Die Königspforte an der Hauptfassade zeigt reichen Skulpturenschmuck (vor 1500), rechts und links über dem Portal die Heiligen Oswald und Michael, in der Mitte die Muttergottes, darüber die Heilige Anna selbdritt. Etwas oberhalb des Städtchens liegt die **Friedhofkapelle St. Michael** von 1513 mit einer spätgotischen Holzdecke und Flachschnitzereien. Das erhöht gelegene **Kapuzinerkloster**, erbaut 1595–97, kann von der Stadt her über die gedeckte Kapuzinerstiege erreicht werden. Eine schöne Kirche (1626) mit einem klassizistischen Tonnengewölbe von 1790 ist auch beim Frauenkloster Maria Opferung zu sehen.
Das **Rathaus** *), 1505 in spätgotischer Art erbaut, enthält in seinem obersten Geschoss einen Ratssaal mit überaus reichen Schnitzereien von 1507. Das Renaissanceportal stammt von 1617. Das mächtige barocke Giebelhaus des **Stadtbauamtes** wurde 1710–22 als Gewerbeschulhaus erbaut. Das **Brandenberghaus** (1540) zeigt barocke Wandmalereien von 1710. Das Doppelhaus der Münz (obere 1580, untere 1604), vermutlich durch Jost Knopflin errichtet, diente dem zugerischen Münzmeister als Wohnsitz. Das Gebäude enthielt Münzwerkstatt und Schatzgewölbe der Stadt. Daneben steht das **Gloriettli**, ein dreieckiger Rokokopavillon von 1772. In jüngster Zeit ist auch der **Zuger Zytturm** (1480) in alter Schönheit restauriert und mit einer astronomischen Uhr bereichert worden. Die erste Stadtuhr stammt von 1574. Schon damals soll dem gewöhnlichen Gang- und Schlagwerk ein astronomisches Werk mit vier Zeigern und dem Mondlauf beigefügt worden sein. Ein spezieller Prospekt gibt Auskunft über die modernste astronomische Uhr am Zytturm (Wochen-, Monats-, Mond- und Schaltjahrzeiger).
Der Schlüssel des Turmes kann beim Polizeiposten geholt werden. Im Innern desselben befindet sich auch eine enge, furchterregende Gefängniszelle. **Zuger Museen** sind das **Zuger Kunsthaus** (Mo geschlossen), das **Fischereimuseum und Brutanstalt** (anfangs April bis Mitte Mai Sa und So geöffnet, sonst auf Anfrage), das **Burgmuseum** (Mo geschlossen), das **Afrikamuseum** (werktags geöffnet, Sa und So auf Anfrage), die **Stadt- und Kantonsbibliothek** (werktags geöffnet) und das **Kantonale Museum** für Urgeschichte (werktags geöffnet nach Vereinbarung).

28. Tüfelsbrugg, Etzel und St. Johann

Biberbrugg (830) – Altberg (939) – Altbergried – Tüfelsbrugg (838) – St. Meinrad (950) – Etzel (1098) – Bilsten (698) – St. Johann (504) – Lachen SZ (417).

Die folgende ist eine Tour zum Staunen. Für den aufmerksamen Wanderer reiht sich Höhepunkt an Höhepunkt: ein (fast) **unbekanntes Hochmoor**, die vorzüglich restaurierte **Teufelsbrücke**, die Bekanntschaft mit Paracelsus, der **Pilgerweg** nach St. Meinrad, die Traumsicht von der Rigi des oberen Zürichsees, dem **Etzel**, und ein **Panoramaweg** zum harmonischen Schlusspunkt, der zauberhaften **Kapelle St. Johann** ob Altendorf.

Wer kennt das Altbergried?
Nach der Station **Biberbrugg** muss der Wanderer leider ein Stück weit der stark befahrenen Einsiedler Strasse folgen, kann dann aber den Alpbach überschreiten und den **Altberg** besteigen. Herrlich wohnen die Bauern hier oben, auf Du und Du mit den Voralpengipfeln östlich und südöstlich des Sihlsees.
Es ist empfehlenswert, diese Tour im Mai zu unternehmen, dann, wenn die seltenen Blumen im grossen **Altbergried**, das man auf weichen Pfaden durchquert, in voller Blüte stehen. So findet man verschiedene Orchideen, Fettkraut und sogar Fieberklee. Zusammen mit dem ebenfalls gut gepflegten Hangmoor erreicht dieses Naturschutzgebiet eine Grösse von vielen Hektaren.

Von Hinterhorben zur **«Tüfelsbrugg»** überquert man nochmals einige kleine Hangmoore, um dann auf der Strasse zur berühmten Brücke zu gelangen. Diese diente bereits im 12. Jh. den Pilgern als Sihlübergang nach Einsiedeln. Die gedeckte Steinbogenbrücke erfuhr eine ausserordentlich glückliche Restauration, ist sehr schmal und führt direkt zum Standort des ehemaligen Geburtshauses von **Paracelsus** (1493–1541), der heutigen «Krone».

Dem **Pilgerweg** und zugleich der schmalen Passstrasse folgend, erreichen wir **St. Meinrad** mit der Barockkapelle, errichtet 1697–98 zur Erinnerung daran, dass der Begründer des Einsiedler Stifts sich vorübergehend auf dem Etzel niedergelassen hatte.
In ihrer Grundform entspricht dieses kleine Gotteshaus der Ein-

 Wanderkarte SAW LK 1:50 000 (Blatt 236 T) Lachen oder Wanderkarte Schwyz 1:50 000 (Orell Füssli)

 Tourist Information Einsiedeln 055 418 44 88
Kantonalbank Lachen (SZ) V V L 055 442 33 05

 Biberbrugg – Teufelsbrücke 1 h 30 min
Teufelsbrücke – St. Meinrad 30 min
St. Meinrad – Etzel-Kulm 20 min
Etzel-Kulm – Bilsten 1 h
Bilsten – St. Johann – Lachen (SZ) 1 h 10 min

 Steigung: ca. 400 m
Gefälle: ca. 900 m

 Biberbrugg, Krone Teufelsbrücke, St. Meinrad, Etzel-Kulm, Bilstenhof, Bilsten, und Johannisburg, Altendorf

 Sihlsee, Verbindung über Verkehrsverein Einsiedeln
Werftbetrieb Altendorf 055 451 55 55

 Naturfreundehaus Sonnenberg, Chörnliseggstr., Egg, schöner Aussichtspunkt, westlich St. Meinrad (53 Pl.)
B. Bachmann, Adetswil 01 939 26 20
Etzel, St. Meinrad, Lachen (SZ): keine
Einsiedeln, diverse siehe Tour 38

 Zürichsee:
am Nordende des Sihlsees, Strandbad Lachen SZ und Altendorf SZ (klein, aber fein)

 Alpamare Wasserpark,
Rutschbahnen, Pfäffikon (SZ) 055 415 15 15

 Einsiedeln, siehe Tour 38

 Altbergriet, kleine Hangmoore vor Teufelsbrücke

 Gasthaus St. Meinrad (1758)
Rathaus mit Wandmalereien (1836) und altes Schulhaus neben der Kirche (anfangs 19.Jh.) in Lachen SZ

 Kapelle St. Meinrad (1697–98)
St. Johann, Altendorf SZ (1476, 1483, 1892) mit drei spätgotischen Flügelaltaren)***
St. Jost, Galgenen (1463, 1584, 1622/23) mit Wandgemäldezyklen 14. Jh. und 1623, Pilgerschranke)***
Wallfahrtskapelle im Ried, Lachen SZ (1679–84)

 Einsiedeln, siehe Tour 38

 Pfarrkirche Lachen SZ, bedeutender Barockbau zum Hl. Kreuz (1707–10)*
Pfarrkirche St. Michael (15. Jh.) in Altendorf SZ mit Beinhaus St. Anna und Pfarrhaus

 «Tüfelsbrugg» über die Sihl, zurückreichend ins 12. Jh. **)

 Den beschriebenen Abstieg vom Etzel vorsichtig angehen bei feuchter oder gefrorener Unterlage, mindestens dort sind Bergschuhe nötig.

Unbekanntes Altbergried

In kurzer Zeit erreicht man den **Etzel-Kulm**, den Aussichtspunkt mit der Traumsicht über den Sihlsee, den oberen Zürichsee, den Greifen- und Pfäffikersee sowie den Alpenkranz bis hin zum Säntis. Das Gasthaus mit der schönen Gartenwirtschaft ist Montag und Dienstag geschlossen.

Ab Etzel-Kulm besteht im Winter ein Schlittelweg soweit als möglich, unter Umständen bis an den Zürichsee hinunter. Und am Weg zwischen St. Meinrad und Etzel sind die Reste eines Steinbruchs zu sehen, der unter anderem zum Bau des Klosters Einsiedeln gedient haben soll.

Der Abstieg auf dem Strickliweg hat seinen besonderen Reiz, weil unterwegs unverhofft ein neuer Aussichtspunkt oberhalb der Etzel-Felswand, geschmückt mit einer Schweizerfahne, zum Schauen und Staunen einlädt. Ein Abstieg via Ehrlihof ist möglich, nachher folgen prächtige Wiesenwege, vorbei an gut erhaltenen Strickbauten.

Vor **Bilsten** entdeckt man im Hang oben ein Stück der Sihlsee-Druckleitung, während sich zur linken Seite immer neue Ausblicke auf den Obersee hinunter öffnen.

Unser Ziel ist aber das **Kleinod** siedler Gnadenkapelle. Das Gasthaus (Mi/Do Wirtesonntag), erbaut 1758, ist Zeuge eines einst regen Pilgerverkehrs aus Deutschland nach Einsiedeln und weiter nach Rom.

Flügelaltar in der Kapelle St. Johann

St. Johann, die wunderschöne Kapelle hinter der «Johannisburg» (Aussichtsrestaurant) auf dem Geländesporn, der sich westlich **Lachen (SZ)** befindet. Ihr Turm stammt aus dem Jahr 1483. Die drei geschnitzten und bemalten spätgotischen Flügelaltäre, gesichert durch eine Alarmanlage, sind Johannes (im Chor), Vitus (links) und Wolfgang (rechts) geweiht. Die Grafen von Rapperswil sollen hier ihre Stammburg besessen haben, so befindet sich unter dem Rundchor der Rest eines Rundturmes. Zusammen mit dem lieblich danebenliegenden Sakristanenhaus wirkt die mittelalterliche Kapelle so, als wären die Veränderungen der Zeit an ihr vorbeigegangen. Dabei dröhnt unterhalb des Rebberges der internationale Durchgangsverkehr auf Autobahn und Hauptstrasse Tag und Nacht. Durch eine Unterführung erreicht man, ohne vom Verkehr tangiert zu werden, über ruhige Quartierstrassen die Station Lachen SZ. Bezüglich Schiffahrt auf dem Obersee bestehen leider nur sehr karge Möglichkeiten, so dass eine Rückkehr mit dem Zug angebracht ist.

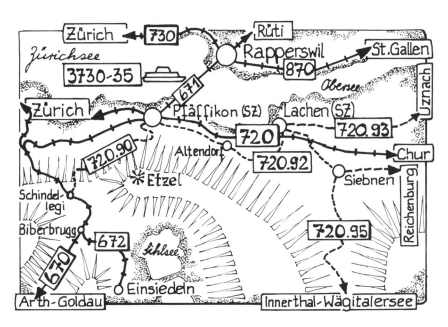

29. Auf dem Pilgerweg von Rapperswil nach Einsiedeln

> Rapperswil (409) – Pfäffikon (SZ, 407) Luegeten – St. Meinrad (950) – (evtl. Etzel 1098) – Tüfelsbrugg (838) – Waldweg (929) – Einsiedeln (905).

Bei der Vorbereitung dieser Tour gerät man in «Teufels Küche», weil aus der ehemaligen, romantischen Holzbohlenbrücke der stark befahrene Rapperswiler Seedamm geworden ist. Versöhnt wird man spätestens bei der **Teufelsbrücke**, die, aufs schönste renoviert, hoch über die Sihl führt. Lassen wir also den Teufel aus dem Spiel und machen aus dem Kennenlernen des ehemals stark begangenen Pilgerweges das Beste.

An sich bietet **Rapperswil** Besichtigungs- und Sportmöglichkeiten für Tage. Bis zum Bau des **Seedamms 1878** verband eine gefährlich zu passierende Holzbrücke die Stadt Rapperswil mit Hurden. Sie folgte in einer Schlangenlinie von 1425 m den Untiefen des Sees (Endmoräne des Linthgletschers)

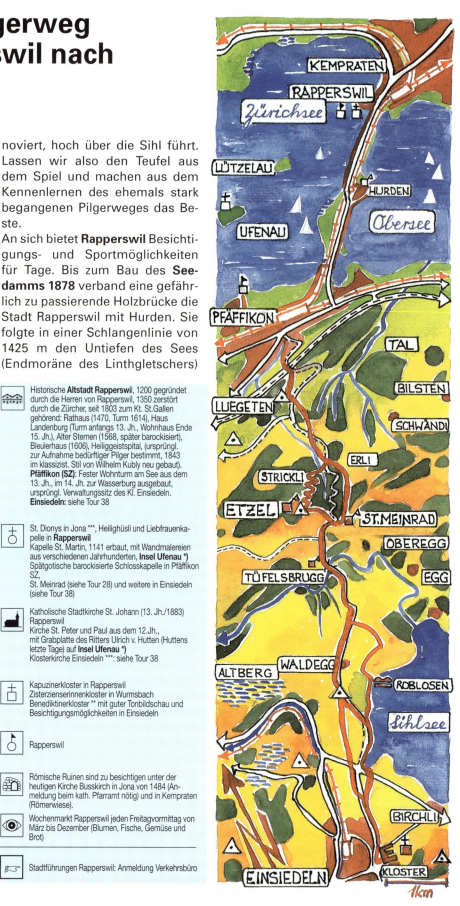

	Wanderkarte SAW, LK 1:50 000 (Blatt 236 T) Lachen oder Wanderkarte Schwyz 1:50 000 (Orell Füssli)
	Verkehrsbüro Rapperswil-Jona 055 220 57 57 Verkehrsverein Höfe 01 786 73 23 Tourist-Info. Einsiedeln 055 418 44 88 Zürichsee-Schiffahrt 01 482 10 33 Knie's Kinderzoo 055 220 67 67
	Rapperswil – Pfäffikon 1 h Pfäffikon – St. Meinrad 1 h 50 min St. Meinrad – Einsiedeln 1 h 20 min
	Steigung: 630 m Gefälle: 160 m
	Hurden)**, Pfäffikon SZ, St. Meinrad, Tüfelsbrugg
	SJH Rapperswil-Jona 055 219 99 27 Familienherberge Rapperswil 055 210 33 98 diverse in Einsiedeln, siehe Tour 38
	Hafen Rapperswil, Bootsvermietung 055 220 67 22 Werftbetrieb Altendorf (SZ) 055 451 55 55 Sihlsee: via Verkehrsverein Einsiedeln
	Rapperswil und Nordende Sihlsee bei Roblosen
	Hanfländer Schulhaus Rapperswil 055 210 52 76 Alpamare-Wasserpark, Pfäffikon SZ 055 415 15 15
	Rapperswil: Schloss mit Polenmuseum, Heimatmuseum und Zirkusmuseum am Fischmarktplatz (eröffnet 1996) Kulturzentrum mit Wechselausstellungen Pfäffikon Einsiedeln: Siehe Tour 38
	Joner Allmend (Seeweg Richtung Schmerikon)
	Historische **Altstadt Rapperswil**, 1200 gegründet durch die Herren von Rapperswil, 1350 zerstört durch die Zürcher, seit 1803 zum Kt. St.Gallen gehörend: Rathaus (1470, Turm 1614), Haus Landenburg (Turm anfangs 13. Jh., Wohnhaus Ende 15. Jh.), Alter Sternen (1568, später barockisiert), Bleulerhaus (1606), Heiliggeistspital, (ursprüngl. zur Aufnahme bedürftiger Pilger bestimmt, 1843 im klassizist. Stil von Wilhelm Kubly neu gebaut). **Pfäffikon (SZ):** Fester Wohnturm am See aus dem 13. Jh., im 14. Jh. zur Wasserburg ausgebaut, ursprüngl. Verwaltungssitz des Kl. Einsiedeln. **Einsiedeln:** siehe Tour 38
	St. Dionys in Jona ***, Heilighüsli und Liebfrauenkapelle in **Rapperswil** Kapelle St. Martin, 1141 erbaut, mit Wandmalereien aus verschiedenen Jahrhunderten, **Insel Ufenau *)** Spätgotische barockisierte Schlosskapelle in Pfäffikon SZ, St. Meinrad (siehe Tour 28) und weitere in Einsiedeln (siehe Tour 38)
	Katholische Stadtkirche St. Johann (13. Jh./1883) Rapperswil Kirche St. Peter und Paul aus dem 12.Jh., mit Grabplatte des Ritters Ulrich v. Hutten (Huttens letzte Tage) auf **Insel Ufenau *)** Klosterkirche Einsiedeln ***: siehe Tour 38
	Kapuzinerkloster in Rapperswil Zisterzienserinnenkloster in Wurmsbach Benediktinerkloster ** mit guter Tonbildschau und Besichtigungsmöglichkeiten in Einsiedeln
	Rapperswil
	Römische Ruinen sind zu besichtigen unter der heutigen Kirche Busskirch in Jona von 1484 (Anmeldung beim kath. Pfarramt nötig) und in Kempraten (Römerwiese)
	Wochenmarkt Rapperswil jeden Freitagvormittag von März bis Dezember (Blumen, Fische, Gemüse und Brot)
	Stadtführungen Rapperswil: Anmeldung Verkehrsbüro

und ruhte auf 564 Eichenpfosten. Bei Unwettern mussten sich die Wanderer flach auf den Steg legen und ein gutes Ende erhoffen. Und heute?

Den **Seedamm** haben wir «erwandert», den Verkehr akustisch und optisch «ertragen», aber auch «erstunken». Dieser Einstieg kann für Wanderer nicht empfohlen werden, schon viel eher ein Ausflug per Schiff auf die **Insel Ufenau**. Wenn da nur auch eine Bootsverbindung nach Pfäffikon bestehen würde! Dem ist nicht so, deshalb bleibt nur die Anreise per Bahn nach **Pfäffikon (SZ)**, wobei das Wegstück Hurden–Pfäffikon mindestens südlich der Riedwiesen und des Frauenwinkels (Zürichseebucht) vor allem im Mai und Juni botanische Freuden verspricht.

Den **Schlossturm** der ehemaligen Stiftsstatthalterei des Klosters Einsiedeln und die barockisierte Schlosskapelle in Pfäffikon sollte man sich nicht entgehen lassen.

Etzel: Hoch über dem Zürichsee

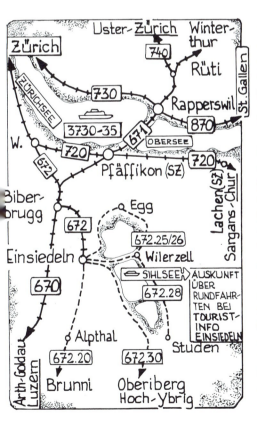

Vom Bahnhof Pfäffikon erklimmt man das Oberdorf auf einer langen Treppe, überquert die Autobahn Zürich-Chur und erreicht über Wiesenwege den **Aussichtspunkt Luegeten**. Erstmals präsentiert sich das Umgelände des Seedamms wie auf einer Landkarte, noch viel schöner wird diese Sicht bei steigender Höhe. In der Folge sind erste Hohlwegspuren des alten Pilgerweges auszumachen. Sie führen, dreimal die Strasse zum **Etzelpass** schneidend, bis zum Meinradsbrunnen bei der Waldhütte hinauf. Wer gut aufpasst, findet den Wanderweg, welcher parallel zur geteerten Etzelpassstrasse durch den Wald südwärts in die Höhe führt.

Nach eingehender Besichtigung empfehlen wir die Besteigung des Etzels auf dem Strickliweg. Dieser steile Pfad mit zusätzlichen 140 Höhenmetern bietet bereits unterwegs einen guten Ausblick ostwärts. Völlig überrascht aber ist man dann auf **Etzel-Kulm** über die fantastische Sicht in die Bergwelt der Kantone Schwyz und Glarus, auf Sihl- und Zürichsee.

Der Abstieg vom Etzel auf den gleichnamigen Pass zur Kapelle St. Meinrad ist stark begangen. Leider führt der Weg in der Folge auf dem schmalen Strässchen hinunter zur abgewinkelten **Teufelsbrücke aus dem 12./13. Jh.** Sie ist mit ihrem gemauerten Unterbau aus gequadertem Sandstein, den mächtigen Flusspfeilern und dem hölzernen Dach ein schweizerisches Unikat. Die Fahrbahn ist auf der Brücke nur 2,70 m breit. Diese Breite erlaubt keinen grossen Spielraum beim Ausweichen. Man beachte die Gedenktafel am Brückengasthaus Krone: Hier stand früher das Geburtshaus von **Paracelsus** (1493–1541).

Weiter geht's auf Asphalt bis auf die kleine Anhöhe «Waldweg» südwestlich des **Sihlsees**. Eine Wegvariante führt über den Weiler **Hirzenstein** an den See hinunter und direkt zur Hüendermatt. Dort aber ist es leider endgültig vorbei mit den «lauschigen Pfaden». **Einsiedeln** erfreut mit seinem Kloster und der renovierten Barockkirche vollauf, oft aber (siehe Tour 38) erstickt es fast im Autoverkehr. So endet der Tag, wie er in Rapperswil angefangen hat.

Nachdenklich stimmen wird einen die Überlegung, dass unsere heutige Mobilität halt tatsächlich eine in hohem Masse andere ist als früher. Auch wenn das Rad der Zeit nicht zurückgedreht werden kann, zeigen vielleicht gerade Anfang und Ende dieser Wanderung auf ehemaligen Pilgerspuren deutlich, was wir verloren haben.

30. Hochmoore, hübsche Seen und herrliche Sicht!

Velotour: Biberbrugg (830) – Wissenbach (924) – Bibersteg (908) – Morgartenberg (1032) – Ägerisee (725) – Frutten (1084) – Zugerberg (948) – St. Verena (582) – Zug (424).

Auch wenn die Fahrzeit gemäss Angaben im Piktogramm kurz ist, wäre es eine Sünde, sich für diese Velotour nicht mindestens einen ganzen Tag zu reservieren. Zwei der schönsten Hochmoore der Schweiz befinden sich unterwegs, zwei der schönsten Schweizer Seen können erlebt werden, auf den Kulminationspunkten offenbart sich eine unverhofft gute Aussicht, während bei historisch Interessierten das Herz höher schlägt am Denkmal in Morgarten oder in der prächtigen Zuger Altstadt.
Velohelm und Badehose sollten nicht zu Hause bleiben, es könnte einen reuen. Etwas Kondition wird vorausgesetzt, denn die Steigung vom Ägerisee hinauf zum Zugerberg ist «happig».

Mit der Südostbahn lassen wir das Fahrrad nach **Biberbrugg** hinauftransportieren. Dort überquert man das Viadukt Richtung Schwyz und Luzern, folgt kurz nachher den weissen Wegweisern nach Zug, Raten und Ägeri. Die ziemlich befahrene Nebenstrasse steigt an, bei **Wissenbach** verlassen wir sie (Wegweiser Steinstoss und Rossboden) und erleben die erste kleine Abfahrt Richtung **Hochmoor Rothenthurm**. Unterwegs besteht auf dieser Tour immer wieder allgemeines Fahrverbot. Spricht man Einheimische darauf an, so betonen sie, dass dieses nur für Autofahrer gelten würde. Die

« Überreste einer Letzimauer, der Letziturm, die Schlachtkapelle und ein Denkmal erinnern an die Schlacht von Morgarten (1315)

 Velokarte VCS 1:60 000, Nr. 5, Zug – Schwyz – Uri – Glarus

 Verkehrsverein Oberägeri 041 750 24 14
Verkehrsverband Kanton Zug 041 711 00 78

 Biberbrugg – Ägerisee 1 h
Ägerisee – Frutten 1 h 20 min
Frutten – Zug 50 min

 Steigung: 600 m
Gefälle: 1000 m

 Biberbrugg, Morgarten, Unterägeri, Buschenkappeli, Zugerberg, St. Verena

 Rothenthurm: keine
Mil.-Ukft Stuckli-Park, Sattel
Ferienheim Mattli, Alosen, Oberägeri 041 835 12 58
Mil.-Ukft Bachweg, Oberägeri (127Pl.) 01 271 32 10
Ferienheim Hinterberg, 041 754 70 20
Zugerberg (49Pl.) 041 758 11 40
Neue Jugendherberge, Zug (92 Pl.) 041 711 53 54

 Schiffahrt Ägerisee 041 750 35 35
Schiffahrt Zugersee 041 726 24 24
Bootsvermietung, Platzwehr, Zug 041 711 34 88

 Strandbad Lido in Unterägeri und Oberägeri, diverse in Zug, siehe Tour 32
Badeplätze am Ägerisee

 Ländli in Oberägeri
Loreto und Herti in Zug, Lättich in Baar

 Pfrundhaus (1425) und Zurlaubenhaus (1574) Unterägeri
Zug: Siehe Tour 27, Piktogramm 32

 diverse in Zug, siehe Tour 27, Piktogramm Tour 32

 Schlachtkapelle (1501) Morgarten
St. Verena und weitere in Zug (Tour 27 und Piktogramm 32)

 Überreste einer Letzimauer, der Letziturm von 1322 und das Schlachtdenkmal (1906-08) erinnern an die Schlacht von Morgarten.
Führungen/Ausstellungsbesuch 041 835 12 01

 Hochmoor Rothenthurm, Walchwiler Ried, Zugerberg

 Gemeindeverwaltung Oberägeri 041 754 70 20
Gasthof Eierhals, Morgarten

Aussicht in Bietenberg (1013 m) auf den Ägerisee und das Ägertial ist erhaben. Der kleine Aufstieg zum **Morgartenberg** ist zu empfehlen. Die steile Abfahrt auf der schmalen Strasse zum See hinunter wird mit Vorteil vorsichtig angegangen (Velohelm!).

In der Nähe des gleichnamigen Restaurants sind auch das **Schlachtdenkmal, die Schlachtkapelle und der Letziturm Morgarten** zu finden. Sie erinnern daran, dass die Schwyzer hier 1315 ein glänzend ausgerüstetes, österreichisches Heer vernichtend schlugen.

Nachher wählt man die Strasse nach **Nas**. Seit 1.1.1997 besteht kein Fahrverbot mehr. Ein Bade- und Picknickplatz befindet sich bei der **Bergmatt**. Es ist ein besonderes Erlebnis, den Ägerisee für einmal von dieser Seite zu erleben. Der Weg führt im Schatten des Waldes fast durchwegs dem Ufer entlang. Er ist identisch mit dem Fluchtweg von Herzog **Leopold I.**, der nach seiner verlorenen Schlacht dank dieser Route 1315 sein Leben retten konnte.

Wiederum begegnet uns auf einer kleinen Anhöhe ein Weiler Wissenberg. Nach dem Überqueren des Hüribaches biegt man bei der grossen Sägerei ins **Hüritāl** ein. Der mächtige Bach bleibt treuer Begleiter, die **Schönalp-Schutz-**

Oberhalb von Zug und Zugersee

hütte (853 m) lädt zum Verschnaufen ein.

Von dieser Hütte weg besteht an Sonn- und Feiertagen ein allgemeines Fahrverbot. Der Verkehr ist aber an Wochentagen gleich Null. Wegweiser zum Zugerberg fehlen. Am besten bleibt man immer dem Hartbelag treu und steigt... und steigt... und steigt wahrscheinlich auch irgendwann einmal ab. Weil's so steil ist, erreicht man im Schatten des Waldes den Kulminationspunkt **Frutten** schneller als erwartet, schützt nun den verschwitzten Körper vor dem kühlen Fahrtwind und freut sich auf die rassige Abfahrt.

Ausserhalb des Waldes zeigt sich ein unerwartetes Panorama auf die Rigi und die Alpen. Beim **Buschenkappeli** bestehen zwei Routen zum nördlich liegenden Zugerberg. Diejenige über den **Hinter Geissboden** ist die kürzeste, bietet aber ausser einem kleinen Hangmoor kaum Aussicht.

Wer Zeit und Kraft hat, führt sich in **Früebüel** einen Teil des grossen Hochmoores auf dem Zugerberg, das **Eigenried**, zu Gemüte und freut sich nachher trotz kleiner Gegensteigung an der unvergleichlichen Sicht auf den **Zugersee** bei Balis. Via **Schwändi**–Lienisberg und Horbach (Aussichtspunkt 944 m.ü.M.) erreicht man die Wirtschaften auf dem Zugerberg ebenfalls.

Die Schussfahrt **via Kapelle St. Verena**, die 1705 nach den Plänen des Einsiedler Klosterarchitekten Kaspar Moosbrugger erbaut worden ist, nach **Zug** hinunter eröffnet weitere, traumhaft schöne Ausblicke über die Stadt Zug und den nördlichen Zugersee. Ein Besuch der Altstadt, der Museen oder der Seepromenade sei warm empfohlen.

Gratis–Veloverleih in Zug
Siehe Text Tour 32

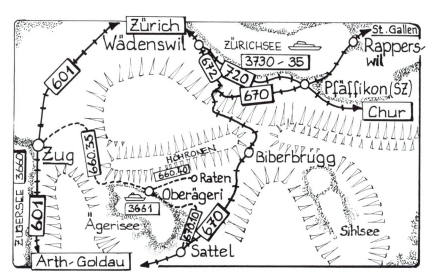

31. Unbekannter Höhronen?

Biberbrugg (830) – Fernsehturm (1056) – Chrüz (1114) – Wildspitz – Dreiländerstein-Höhronen (1205) – Gottschalkenbergstrasse – Chlausenkappeli (1089) – Raten (1077) – Kapelle St. Jost (1150) – Pilgerweg – Oberägeri (735).

Es ist die schönste Höhenwanderung westlich des Zürichsees, die hier vorgeschlagen wird, auf dem höchsten Bergrücken zwischen dem Kanton Zürich, Zug und Schwyz. Diese drei «Länder» begegnen sich denn auch beim Dreiländerstein.

Vom Bahnhof **Biberbrugg** wandert man ca. 100 m der Strasse entlang nach Schindellegi, überquert dann mit Hilfe der Strassenüberführung die Station Biberbrugg, um am Hang den Wanderweg zum **Fuseli** und **Höhronen** zu finden. Ein schattiger Zickzackweg führt durch den Tannenwald in die Höhe, mündet in eine neue Waldstrasse, führt aber schliesslich als Abkürzung direkt zum **Fernsehturm** auf der Krete. Dieser kann nicht bestiegen werden und stellt bei Tauwetter nach kalten Winternächten eine gewisse Gefahr durch herunterstürzende Eisbrocken dar.

Nachdem Rippenfarn und Verkehrslärm einen begleitet haben bis zur Tausender-Höhenkurve, beginnt nun eine zauberhafte, fast durchwegs schattige Kretenwanderung mit seltenen, aber um so überraschenderen Ausblicken in die Tiefe. Mal leuchtet das **Hochmoor von Rothenthurm von links**, dann der **Zürichsee** von rechts unten herauf.

Beim **Chrüz** («Heiliger Bruder Klaus beschütze unsere Heimat!») öffnet sich ein gewaltiges Panorama ins Unterland, zum Uetliberg und Albis, vom Zürichsee übers Zürcher Oberland bis zum **Säntis**, den Churfirsten und dem Speer.

 Wanderkarte Kanton Schwyz 1:50 000 (Orell Füssli) oder Wanderkarte SAW LK 1:50 000 (Blatt 236 T) Lachen oder Wanderkarte 1:25 000 Zugerland

 Verkehrsverein Oberägeri 041 750 24 14

 Biberbrugg – Dreiländerstein 1 h 40 min
Dreiländerstein – Chlausenkappeli 40 min
Chlausenkappeli – St. Jost 40 min
St. Jost – Oberägeri 1 h 10 min

 Steigung: 500 m
Gefälle: 600 m

 Biberbrugg, Raten, St. Jost, Oberägeri

 Ferienhaus Moos, Unterägeri (118 Pl.) 041 750 11 88
Campingplatz Unterägeri (25 Pl.) 041 750 39 28
Ferienheim Mattli, Alosen, Oberägeri 01 271 32 10
Mil.-Ukft Bachweg, Oberägeri
(127 Pl.) 041 754 70 20

 Schiffahrt Ägerisee, Oberägeri 041 750 35 35
Bootsvermietung, Oberägeri 041 750 36 32
  750 24 14

 Tropfsteinhöhlen Höllgrotte, Baar

 Langenegg, oberhalb Chlausenkappeli, St. Jost

 Oberägeri

 in Zug: siehe Tour 32

 Höhronen, Hoch- und Hangmoore

 Altstadt Zug, siehe Tour 32

 Ratenpfad: 1) Bläsiboden, 2) St. Jost, 3) Ahorn, 4) Ahornhütte, 5) Erlen, 6) Franzosenstein, 7) Wisstannen, 8) Wisstannenhütte: Naturlehrpfad über Wald, Wild, Jagd und Vogelwelt, für Familien und Schulen interessant und empfehlenswert, auch als Panoramaweg, (gestrichelte Linie auf Plan).

 Gutes Schuhwerk über den Höhronen, vor allem im Winter

Vor dem steilen Aufstieg zum **Wildspitz** laden zwei Ruhebänke zum Verweilen ein. Während die eine die beschriebene Fernsicht wenigstens noch zum Teil zeigt, erlaubt die andere einen schönen Blick über das ganze Hochmoor Rothenthurm und zu den Gipfeln südlich und östlich davon, dem

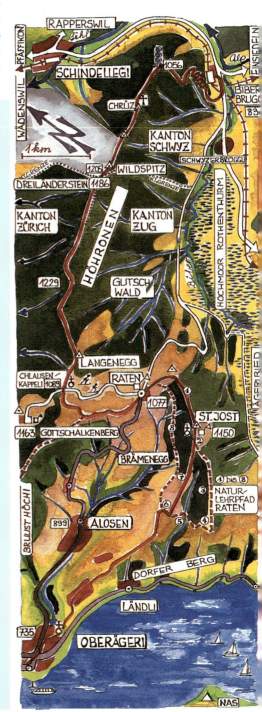

Etzel, Chöpfenberg, dem Bockmattli, Zindlenspitz, Fluebrig, Druesberg, den beiden Mythen... und dem **Alpenkranz**.

Das Panorama öffnet sich allerdings im Kahlschlag zum Aufstieg des höchsten Punktes noch mehr. Man wünschte sich für diese phantastische Sicht – nun auch auf den **Sihlsee** – eine Rundumkamera. Der Weg am **Dreiländerstein** vorbei und der Abstieg durch den romantischen Hohlweg liegen im Schatten des Waldes. Ein Picknickplatz und eine neue Panoramatafel am Waldrand der Langenegg laden zum Grillieren und Verweilen ein.

Nach dem **Chlausenkappeli** verlassen wir die geteerte Strasse, wandern durch ein Naturschutzgebiet und finden einen weiteren Rastplatz, der allerdings an schönen Sonntagen überbelegt sein dürfte, da Autofahrer fast scharenweise vom nahen Parkplatz **Raten** hierherwandern mit Kind, Kegel und Picknickkorb. Im Winter wird diese Parklandschaft als Langlaufgebiet geschätzt, während den Kindern auf Raten eine Schlittelbahn und ein kleiner Skilift Vergnügen bereiten.

Der Rummel auf Raten hat aber auch sein Gutes: Nach dem langen Weg erfreut die Bratwurst vom Grill auch den Wanderer. Dann fol-

Interessanter Naturlehrpfad Raten oberhalb des Ägerisees

gen wir den Heerscharen auf gut gepflegtem Weg zur **Kapelle St. Jost** hinauf. Begleitet wird man von eindrücklichen Stationen des **Naturlehrpfades Raten** (Prospekt in Ägeri erhältlich). Die anschaulichen Tafeln berichten über Naturschutzgebiete in der Region, die Jagd, Waldvögel, Spechtstube und Spechtstamm, Rehe und Trittsiegel, Nahrung der Waldtiere, die Siedlungsentwicklung im Ägerital, den Feldhasen usw.

Ein eigentlicher Geheimtip sind das ausgesprochen heimelige Beizli, die Fernsicht und der Kinderspielplatz auf St. Jost. Auch wenn die Wirtsstube aus allen Nähten zu platzen droht, hat die Wirtin noch Zeit, den Schlüssel zur Kapelle auszuhändigen.

Der **Pilgerweg** führt in der Folge nach **Oberägeri** hinunter, über Hangmoore, an kleinen Bächen und typischen Bauernhäusern aus dem 18. Jh. vorbei. Dabei hat man immer den lieblichen Ägerisee vor Augen. Je länger je mehr öffnet sich der Blick zum Sattel, nach **Morgarten** und zu den Innerschweizer Alpen. Harmonisch gelangt man ins Dorf, direkt zur mächtigen Kirche, zum Strandbad, Busbahnhof und Seepark bei der Schiffsanlegestelle.

Als Krönung des Tages sei eine **Schiffahrt**, ein Bad im See oder eine Besichtigung der **Höllgrotten** empfohlen.

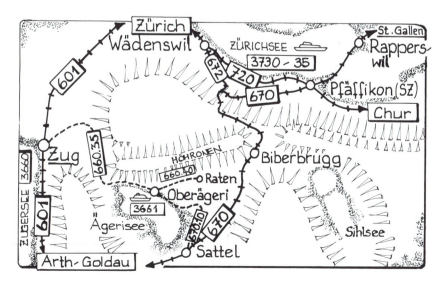

32. Zeit auf dem Zugerberg

Zugerberg (925) – Walchwilerberg (991 – 969) Früebüel (985) – Buschenkappeli (1021) – Pfaffenboden – Balis (939) – Lienisberg – Ewegstafel (991) – Zugerberg – Zug.

Angekommen mit dem Zug in **Zug**, ist ein kleiner Marsch von vier Minuten Richtung See und Busstation bei der «EPA» nötig. Dort fährt der Bus Nr. 11 nach **Schönegg**, und das ist die Talstation der leistungsfähigen **Zugerbergbahn**, die auch Velos transportiert.

Die **Hochwacht** liegt nördlich der Bergstation und bietet bereits einen hervorragenden Überblick, vor allem in den Kanton Zug. Recht oft liegt dieser Aussichtspunkt (988 m) im Herbst und Winter bereits in der Sonne. Nicht nur die Wanderer sind auf dem Zugerberg willkommen: Im Winter lädt eine lange Piste von 2,700 km zum **Schlitteln** ein. Sie führt bis zur Talstation Schönegg (558 m) hinunter. Wer schnell genug schlittelt, erwischt in der Regel die nächste Bahn nach oben. **Langläufer** schätzen die gut gepflegten Loipen über das grosse **Walchwiler Moos** (Hochmoor). **Mountainbiker** radeln in alle Richtungen, auf verschiedenen Strässchen nach Zug hinunter (siehe Tour 30), an den Ägerisee oder an den Zugersee via Arth-Goldau. Die Mutigen wagen sich gar auf den Wildspitz.

Da die Zugerbergbahn hervorragende Prospekte abgibt, verzichten wir auf eine detaillierte Vorstellung dieser Sportmöglichkeiten.

Zugerberg hell

Zwischen der Bergstation und dem **Hintergeissboden** bestehen verschiedene Picknickplätze und am Waldrand der östlichen Strasse ein gut ausgebauter Kinderspielplatz. Empfehlenswert ist der Wanderweg, der südwärts, westlich des **Walchwiler Moos'**, und dem **Walchwiler Berg** entlang führt. So spaziert man genau der Sonne und der strahlenden Aus-

 Wanderkarte Zugerland 1 : 25'000

 Verkehrsverband Kanton Zug   041 711 00 78
Zugerland Verkehrsbetriebe *)   041 726 25 25
*) auch Zugerbergbahn

 Zugerberg – Buschenkappeli   1 h 20 min
Buschenkappeli – Zugerberg   1 h 45 min
Variante: Zugerberg – Wildspitz   3 h 25 min
Variante: Zugerberg – Walchwil   3 h 10 min

 Steigung: ca. 170 m (inkl. Ewegstafel)
Gefälle: ca. 170 m

 Zugerberg, Pfaffenboden, Blasenberg im Abstieg nach Zug

 Neue Jugendherberge in Zug (92 Pl.)   041 711 53 54
Ferienhaus Hinterberg, Zugerberg (49)   041 758 11 40

 Bootsvermietung, Platzwehr, Zug   041 711 34 88
Schiffahrt Zugersee   041 726 24 24

 Tropfsteinhöhlen: Höllgrotten Baar

 diverse zwischen Bergstation und Hintergeissboden

 Seelikon, Siehbach, Brüggli und Strandbad, Zug Tellenörtli und Fröschenmatt in Oberwil

 Loreto und Herti in Zug

 Historisches in der Burg, Kunsthaus, Fischereimuseum, Afrika-Museum und Museum für Urgeschichte, alle in Zug

 Walchwiler Moos und Eigenried auf dem Zugerberg, Seepromenade zum Teil zwischen Zug und Cham

 Die 1242 erstmals erwähnte, durch Kyburger gegründete, 1283 an die Habsburger vererbte, **Stadt Zug** war ein wichtiges Bollwerk gegen die junge Eidgenossenschaft. So sammelte Leopold I. sein Heer in der Schlacht am Morgarten, verlor aber 1315. 1352 zwangen die Eidgenossen die Stadt Zug zum Eintritt in den Bund. Sehenswert sind Altstadt, Teile des Mauerringes mit vier Türmen aus dem 16. Jh., die Burg und das barocke Giebelhaus des Stadtbauamtes (1710-22), das Rathaus *), spätgotischer Bau (1505) mit einem Ratssaal *) mit überaus reichen Schnitzereien von 1507 und einem sehr schönen Renaissanceportal (1617), das Brandenberghaus mit barocken Fassadenmalereien um 1710, datiert 1540, das Doppelhaus der Münz 1580 Obere und 1604 Untere Münz, ehemals Münzwerkstätte und Schatzgewölbe der Stadt, daneben das Gloriettli, ein dreieckiger Rokokopavillon von 1772.

 Friedhofkapelle St. Michael (1513) mit spätgot. Holzdecke und Flachschnitzereien, Liebfrauenkapelle (1266 erwähnt), Kapelle St. Verena (1705 nach Plan Moosbrugger)

 Kapuzinerkloster, erbaut 1595-97, kann von der Stadt her über die gedeckte Kapuzinerstiege erreicht werden. Frauenkloster Maria Opferung (1607-08)

 Kath. Kirche St. Oswald (1478-83) zur dreischiffigen Basilika ausgebaut 1511, «Königspforte» an der Hauptfassade mit reichem Skulpturenschmuck (vor 1500), über den Portalen die Heiligen Oswald und Michael.
Kirche Kloster Maria Opferung mit klassizistischem Tonnengewölbe (1790), erbaut 1626-29

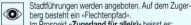 Stadtführungen werden angeboten. Auf dem Zugerberg besteht ein «Flechtenpfad».
Im Prospekt «**Zugerland für alle(s)**» heisst es: «Ausflüge und Wanderungen werden erst zum Erlebnis, wenn Sie Bus, Bahn, Schiff oder Velo benützen. Die Transportunternehmungen im Kanton Zug freuen sich, Sie als Kunden begrüssen zu dürfen».

sicht entgegen, zum Teil auf weichem Moorboden. Nachdem man die kleine Steigung hinter sich hat, geht's bequem geradeaus oder sogar leicht abwärts. Das Hochmoor hat gewaltige Ausmasse für Schweizer Verhältnisse und wird in **Früebüel** mit einer grossen Hinweistafel besonders erklärt. Der südliche Zipfel, das **Eigenried**, weiss vor allem durch die einzelnen Hütten und Buschgruppen zu gefallen.

Beim **Buschenkappeli** trifft man viele Wanderer, welche die Aussicht geniessen, im **Pfaffenboden** wird fürs leibliche Wohl gesorgt. Der Rundweg um den Grossmattstollen eröffnet am westlichen Waldrand neue Ausblicke. Unentwegte werden den interessanten Aufstieg über die **Hagegg** zum **Gnipen** und zum **Wildspitz** (siehe Tour 36, Rossberg) ins Auge fassen, allerdings nur mit Bergschuhen ausgerüstet. Denn dort oben sind die geologischen Offenbarungen (Abrissstelle des Goldauer Bergsturzes) und die Aussicht fast unübertrefflich.

Die Rückkehr vom Buschenkappeli direkt zum Hintergeissboden führt oft am «Hinterhang» oder im Schatten des Waldes zurück zur

Blick übers Nebelmeer zur Rigi (südlich Buschenkappeli)

Bergstation. So sei als Rückweg entweder der Hinweg oder die im **Aquarell** eingezeichnete Alternative vorgeschlagen. Obwohl diese Route für einige Zeit mit Mountainbikern geteilt werden muss, erlaubt sie schöne Ausblicke direkt auf den **Zugersee** hinunter. So lohnt sich ganz besonders die Besteigung des Aussichtspunktes **Ewegstafel** nach dem Weiler Lienisberg. An klaren Tagen kann hier die Aussicht bis hinein in die Berner Alpen genossen werden. Bald erreicht man wieder die Bergstation der Zugerbergbahn, wo auch gute Wege direkt in die **Altstadt Zug** hinunter bestehen.

Altstadt Zug

Die Kyburgerstadt Zug ist geprägt durch markante Altstadtgebäude aus der Spätgotik. Herausragendes Wahrzeichen des historischen Kerns um den Kolinplatz ist der **Zytturm**. Das älteste Bauwerk der Stadt ist die **Burg**. Darin ist das Museum für Ur- und Frühgeschichte, kirchliche Kunst, **Kunsthandwerk** und Staatsaltertümer eingerichtet. Im **Kunsthaus** sind jährlich 5 Wechselkunstausstellungen zu sehen. Etwas Besonderes ist das **Afrika-Museum** mit Masken und Fetischen aus Zentralafrika, Musikinstrumenten, Schmuck, Arbeits- und Jagdwerkzeugen.

Zug bietet aber auch ein reiches kulturelles Programm an, eine traumhaft schöne **Seepromenade**, verschiedene Strandbäder, zwei **Hallenbäder**, den Bootsverleih am Landsgemeindeplatz und eine leistungsfähige Schiffahrt mit kulinarischen Ausflügen im Winter (weitere Angaben: siehe Piktogramm und Text der Tour 27).

Gratis – Veloverleih

In der Sommersaison können im Kanton Zug an folgenden Stellen gratis Velos ausgeliehen werden: Beim Rathaus Baar (25–30 Stück) oder in einem Bus auf dem Bundesplatz in Zug. Zugleich bieten die Verkehrsbetriebe Zugerland eine sehr günstige Tageskarte für den Velotransport an, gültig auf Schiff, Zugerbergbahn und Bus.

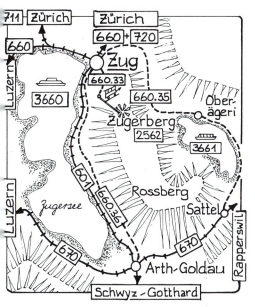

33. Erlebnis Zugersee

Rotkreuz (429) – Auleten – Breitfeld (490) – Brüglen – Chiemen – Baumgarten (415).

Der Eisenbahnknotenpunkt **Rotkreuz** bildet den Ausgangspunkt für diese eher kurze, gemächliche Wanderung. Der Wanderweg ist ab dem Bahnhof gut beschildert. Wir folgen dort zunächst dem Wegweiser in Richtung Auleten/Buonas. Entlang des Sijentalwaldes erreichen wir bald die Autobahn. Rechts haltend, wandern wir 200 m parallel zu dieser und steigen dann gemütlich über **Auleten** nach **Breitfeld** auf. Beim dortigen Landgasthof bietet sich für Eisenbahnfans eine tolle Gelegenheit. Eine riesige Modelleisenbahn (170 m²) kann bestaunt werden (siehe Piktogramm).

Bald überqueren wir die Autobahn und gelangen so nach Brüglen. Immer mehr öffnet sich dabei der herrliche Blick auf die Rigi, den Zugerberg und den Zugersee.

Die grösste Halbinsel im Zugersee, der **Chiemen**, ist ein bekanntes Ausflugsgebiet. Wir folgen hier den Markierungen «Rundweg». Zunächst folgt zwar ein kleiner Aufstieg, doch dann gelangen wir auf verschiedenen möglichen Wegen direkt hinunter ans Ufer. Unmittelbar diesem entlang verläuft ein schmaler Weg, der uns auch wieder nach Baumgarten bringen wird.

Doch viele idyllische Bade- und Picknickplätze verleiten hier dazu, länger zu verweilen. Dafür sollte unbedingt genügend Zeit eingeplant werden.

Beim Restaurant und der Schiffstation Baumgarten können wir uns entscheiden, ob wir hier bereits ein Kursschiff besteigen und so das Erlebnis **Zugersee** abrunden wollen. Auf den grosszügigen Schiffen lässt sich nochmals die Schönheit der Region und die Aussicht auf die nahen Gipfel und Hügel der Innerschweiz geniessen.

Die andere Möglichkeit besteht darin, noch einen Zusatzbummel anzuhängen und die Wanderung bis nach **Immensee** zu verlängern. Direkt dem See entlang gelangt man ins Städtchen Immensee mit seinem intakten Dorfkern und kann dort auch wieder das Schiff zurück an den Ausgangspunkt nehmen.

Eine Velotour als Alternative
Für Kulturbeflissene und Velofans kann eine Bike-Tour mit Ausgangspunkt Zug ihren Reiz haben. Zwischen Zug und Cham folgt man dabei der Seepromenade. Cham hat 1991 den Wakker-Preis erhalten für seine gute Ortsplanung und sein intaktes Ortsbild. Besonders erwähnenswert sind dabei die herrlichen Parkanlagen am See mit der Villette. Den kulturellen Höhepunkt auf dieser Strecke bildet die bekannte spätgotische **Kirche St. Wolfgang in Wart** mit ihrem berühmten Sakramentshäuschen. Dieses stammt aus dem späten 15. Jh. und gehört zu den schönsten der Schweiz.
Vorbei an der Weinbergkapelle in **Hünenberg** und der Burgruine der Herren von Hünenberg gelangt man auf Wanderwegen und offiziellen Velowegen relativ leicht nach **Rotkreuz**.
Ab Rotkreuz kann man problemlos dem Wanderweg folgen in Richtung Chiemen (wie oben beschrieben). Nur auf der Halbinsel Chiemen ist das Velofahren eingeschränkt. Dort empfiehlt es sich, direkt nach Baumgarten zu fahren.

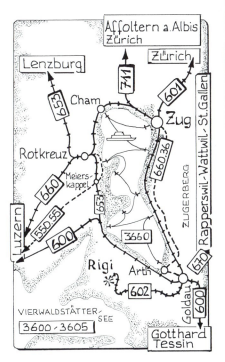

Idyllische Halbinsel Chiemen

Der Weg direkt dem See entlang ist zu schmal und ungeeignet für Velos. Man kann aber den Drahtesel problemlos in Baumgarten stehen lassen und von dort noch zu Fuss die Halbinsel erkunden. Von Baumgarten gelangt man per Velo sehr rasch nach Immensee, das politisch zu **Küssnacht am Rigi** gehört. Dort bietet sich einem die Möglichkeit, dem Mythos der frühen Schweizer Geschichte auf die Spur zu kommen und die **Tellskapelle**, die **Hohle Gasse** und die **Gesslerburg** zu besichtigen.
Nicht jeder wird beim Radfahren so viel Pech haben und wie der Verfasser beim Rekognoszieren zweimal einen Plattfuss «fassen».

Gratis Veloverleih Zug
Siehe Tour 32

34. Tierpark Goldau und Rigi

Tierpark Goldau (510) – Rigi-Kulm (1797) – Rigi-Staffel (1603) – Staffelhöhe (1550) – Kaltbad (1438) – Gruebisbalm (910) – Vitznau (435).

Heute lässt sich die Wucht des Goldauer Bergsturzes (siehe Tour 36) erahnen, wenn man das **Bergsturz-Museum** beim **Natur- und Tierpark Goldau** besucht. Der Tierpark selber liegt mitten im Schuttkegel. Zwar hat inzwischen die Natur wieder die Macht übernommen und Bäume, Sträucher und Pflanzen wachsen lassen. Doch die riesigen Felsbrocken im ganzen Park sind imposant.

Die Besonderheit des Tierparks Goldau besteht in der Freilaufzone. Im ganzen Park gehen nämlich Esel, Hirsche und Muffelwild frei umher. Die Wildtiere dürfen gestreichelt und gefüttert werden. Allerdings sollte man sich strikte daran halten, nur das Futter, das

Wanderkarte 1:25 000 Rigi oder Wanderkarte SAW 1:50 000 (Blatt 235 T) Rotkreuz	
Rigi-Tourismus Rigi Kaltbad	041 397 11 28
Verkehrsbüro Vitznau	041 398 00 35
Verkehrsverein Goldau	041 855 54 30
Rigi Bahnen	041 399 87 87
automat. Rigi-Wetterbericht	041 397 27 70
Goldau – Dächli (nördlich Fruttli)	1h 30 min
Dächli – Klösterli – Staffel	2h 30 min
Staffel – Rigi Kulm	30 min
Variante:	
Dächli – Resti – Schochenhütte – Höreli	1h 45 min
Höreli – Rigi-Kulm	30 min
Abstieg	
Rigi-Kulm – Staffel – Kaltbad	50 min
Kaltbad – Gruebisbalm	55 min
Gruebisbalm – Vitznau	55 min
1300 m Steigung (Goldau – Rigi-Kulm) 1360 m Gefälle (Rigi-Kulm – Vitznau) Dank den Bahnen beliebig veränderbar.	
Goldau, Rigi-Klösterli, Rigi-First, Rigi-Kaltbad, Staffel, Rigi-Kulm, Staffelhöhe, Gruebisbalm, Vitznau	
siehe Piktogramm zur Tour 35	
Schiffahrtsgesellschaft Vierwaldstättersee	041 367 67 67
Bootsvermietung Vitznau	041 397 01 16
Gruebisbalmhöhle Steigelfadbalmhöhle	
Tierpark Goldau; Bruedersbalm; Rotstock; Gratweg; Känzeli; Vitznau Zumdorf-Rank	
Treffhotel Vitznau	041 397 22 22
Brougier-Park Vitznau	
Bergsturz-Museum beim Natur- und Tierpark Goldau	041 711 71 17 oder 855 20 32
(geöffnet Mai-Oktober, täglich ausser Montag)	
Natur- und Tierpark Goldau (ganzjährig geöffnet)	041 855 15 10
Wanderschuhe sind sehr zu empfehlen; gerade auch für den Abstieg!	
Wallfahrtskapelle Maria zum Schnee Rigi-Klösterli	
Grandiose Aussicht von Rigi-Kulm	

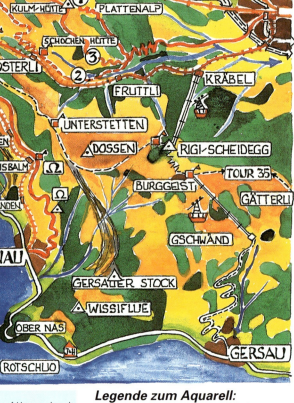

Legende zum Aquarell:
1. **Variante Bergweg (nicht geeignet für Schulreisen)**
2. **Normalroute**
3. **Variante über Höreli**

Tierpark Goldau: sehr kinderfreundlich

am Eingang und an Automaten gekauft werden kann, zu verteilen. Auf einem Rundgang, für den man mit Kindern mindestens 1½ Stunden Zeit einrechnen sollte, können weiter (allerdings in Gehegen) Rothirsche, Uhu, Bartgeier, Luchse, Gemsen, Steinböcke, Wölfe, Füchse, Wildschweine, etliche Wassertiere, Wasch- und Braunbären beobachtet werden. Die **Rigi**, im Volksmund «Königin der Berge», ist seit über 100 Jahren eines der beliebtesten Ausflugsziele der Innerschweiz. Heute stehen verschiedene Bahnen auf die Rigi zur Auswahl. Dies war nicht immer so. Seit dem 17. Jh. gab es einen regelmässigen Pilger- und Wallfahrtstourismus nach Kaltbad und zur **Kapelle «Maria zum Schnee»** (Klösterli). Schon 1816 wurde das erste Gasthaus auf Rigi-Kulm eröffnet. Rigibesucher jener Zeit mussten allerdings entweder zu Fuss aufsteigen oder sich von einem der zahlreichen Rigiträger im Tragsessel hinauftragen lassen.

Dies änderte sich nach 1870. Ingenieur Niklaus Riggenbachs Idee, eine Bergbahn von **Vitznau** auf die Rigi zu bauen, wurde zunächst zwar als «Spinneridee» von den Fachleuten abgetan. Doch nur knapp zwei Jahre nachdem der Luzerner Grosse Rat die Konzession doch erteilt hatte, konnte 1871 die erste Bergbahn Europas ihren Betrieb zwischen **Vitznau** und **Rigi-Staffelhöhe** aufnehmen. Bereits 1875 erhielt die Bahn Konkurrenz von der **Arth-Rigi-Bahn**, die vom Schwyzer Kantonsrat auch die Konzession für das letzte Teilstück nach **Rigi-Kulm**, das auf Schwyzer Kantonsgebiet liegt, erhielt. 1968 kam noch die **Luftseilbahn Weggis-Kaltbad** hinzu. Die drei Bahnen fusionierten 1992 zur Rigi-Bahnen AG.

Wer genug Zeit (und Kondition!) hat, der steigt zu Fuss auf. Hierfür gibt es verschiedene Möglichkeiten, die Höhendifferenz von knapp 1300 Metern bleibt jedoch immer gleich. Die «Normalroute» führt vom **Dächli** zum **Rigi-Klösterli** (1302). Von dort benützt man den guten Sonnenweg nach **Staffel**, um schliesslich so den Gipfel zu erreichen. Vom **Dächli** kann man aber auch über **Resti** zur **Schochenhütte** (1473) aufsteigen, um zum Aussichtspunkt **Höreli** (1603) und immer dem Grat entlang zum **Rigi-Kulm** zu gelangen. Dieser Weg ist recht einsam, zum Teil auch wenig ausgeprägt (aber markiert), dafür bietet er eine hervorragende Aussicht. Das Panorama, das sich einem auf **Rigi-Kulm** an einem schönen Tag bietet, ist überwältigend. Man kann 9 Seen erkennen, die Sicht reicht bei günstigen Bedingungen von den Vogesen über den Schwarzwald, das Schweizer Mittelland bis zur Alpenkette mit ihrem ewigen Schnee. Für den Abstieg zum **Vierwaldstättersee** bestehen viele Möglichkeiten. Da unser Wanderweg nach **Vitznau** aber immer der Vitznau-Rigi-Bahn folgt, kann man sich spontan entscheiden, ob und ab wann man die Zahnradbahn benützen will. Unbedingt zu empfehlen ist ab Staffelhöhe der kurze Umweg über **Känzeli**, das richtiggehend über dem Vierwaldstättersee thront und einen unvergleichlichen Ausblick bietet. Von **Rigi-Kaltbad** aus verlaufen nun die Bahn und der Weg entlang der typischen «Rigene», einem markanten, abfallenden Wiesenband.

Bei Gruebisbalm sei der kurze Abstecher zur **Gruebisbalmhöhle** empfohlen (5'). Die gegen 200 Meter lange Höhle weist schöne Tropfsteinbildungen auf. Nachdem die Höhle von einer Gruppe von Idealisten zugänglich gemacht wurde, finden heute jährlich die weitherum bekannten Höhlenfeste statt.

Bei **Mittelschwanden** ergibt sich nochmals die Gelegenheit für einen Abstecher. Die **Steigelfadbalm** ist die älteste bekannte Siedlung der Zentralschweiz. Die bei der **Steigelfadbalmhöhle** gemachten Funde aus der letzten Zwischeneiszeit sind jetzt im Gletschergarten **Luzern** ausgestellt.

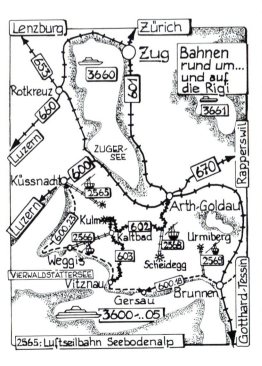

35. Der Urmiberg: Hoch über dem Nebelmeer!

Urmiberg (1198) – (Gottertli 1396) – Egg (1320) – Parkplatz (1140) – Gätterlipass (1190) – Burggeist (1551) – Rigi-Scheidegg (1650) – Dossenhüttli (1546) – (Dossen 1685) – Unterstetten (1422) – Rigi-First (1453) – Rigi-Klösterli (1302) oder Rigi-Kaltbad (1438).

Vom Bahnhof Brunnen fahren Busse im Stundentakt Richtung Gersau. Die Talstation der renovierten **Urmiberg-Luftseilbahn** (60 Pers./h) ist unbedient. Per Telefon können Fahrten bestellt werden, auch wenn nur wenige Personen warten. Bezahlt wird in der Bergstation neben dem gleichnamigen Restaurant mit der ausserordentlich schön gelegenen Gartenwirtschaft. Diese, auch bestens bekannt bei den Gleitschirmfliegern der Region, klebt wie ein Schwalbennest am Steilhang und erlaubt einen fantastischen Blick über den Urnersee, ins Urnerland und in den Alpenkranz rundum.

Hoch über dem Urnersee

Während die Wanderzeiten zur **Rigi-Scheidegg** auf den Wegweisern etwas optimistisch vermerkt sind, erfreut der Pfad durch seinen gepflegten Zustand und durch die Panoramasicht oberhalb der letzten Tannenwipfel. Wer bis **Rigi-Klösterli** wandern will, lässt das **Gottertli** links liegen. Bei der Alphütte auf der **Egg** heisst es Abschied nehmen vom Urnersee, denn die Waldstrasse führt im Schatten der markanten **Hochflue** stetig abwärts bis zum Park- und Picknickplatz südlich der Riedhütte. Ein prächtiges Hochmoor auf dem weichen, nun wieder ansteigenden Weg zum Gätterlipass versöhnt einen mit dem Naturerlebnis.

Die Wirtschaft auf dem **Gätterlipass** lebt vor allem von Autofahrern, während die Wanderer nur kurz der geteerten Strasse westwärts folgen. Der steile Pfad führt an der Alphütte «Chellensack» vorbei. Im Wald klopft einem der Specht den Marsch, der Gwunder nach neuen Ausblicken lässt die Krete rasch näher rücken. Der **Rotstock**, ein selten begnadeter Aussichtspunkt, öffnet den Blick ins

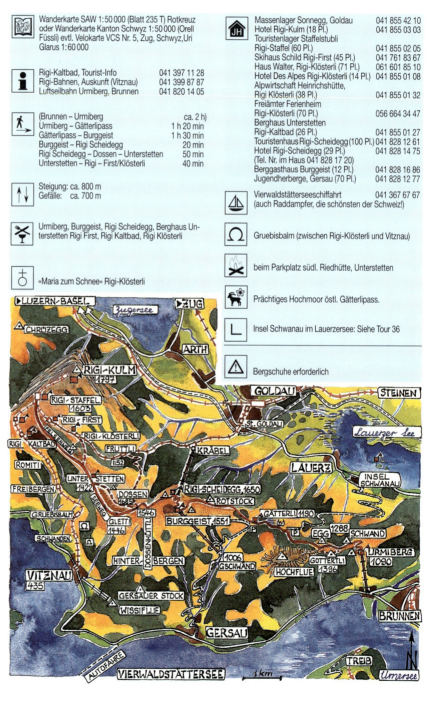

Urmiberg: Den ganzen Urnersee zu Füssen!

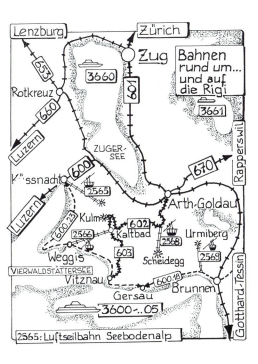

zur Hochflue. Mit Stolz vermerkt man die ansehnliche Strecke, die man bereits zurückgelegt hat.

Burggeist und Scheidegg
Verwundert stellt man beim heimeligen Berggasthaus **Burggeist** fest, dass auch hier eine Luftseilbahn zu Tale, allerdings nur bis zum Parkplatz Gschwänd, fährt. Von dort stellt ein Kleinbus auf Bestellung die Verbindung nach **Gersau** sicher (Tel. siehe Rest. Burggeist). Der Rundumsicht (und im Herbst dem Hirschpfeffer) zuliebe sei der erneute Aufstieg zur Scheidegg warm empfohlen. Vor allem die Sicht beim sanften Abstieg zum **Dossenhüttli** «verleiht Flügel», denn jetzt zeigen sich hinter dem westlichen Vierwaldstättersee auch die Unterwaldner und Berner Alpen.

Wer auf **Rigi-Scheidegg** genug vom Wandern hat, kann sich mit der dortigen Luftseilbahn nordwärts nach Kräbel (Rigi-Bahn nach Arth-Goldau) hinunterfahren lassen.

Seeweg und Felsenweg
Auch wenn auf alten Wanderkarten noch nicht vermerkt, sei das stärker begangene Wegstück empfohlen. Auf dem sogenannten **Seeweg** geht's hinunter zum Oberstafel-Gädeli und durch den Wald zur **Rotbalmegg** (1457 m), einem erneuten Aussichtspunkt mit Ruhebänken. Auf dem **Scheideggweg** überqueren wir die ehemalige Eisenbahnbrücke (die Rigibahn fuhr früher bis hierher) und gelangen nach **Unterstetten**. Der bequeme Felsenweg führt in der Folge als Panoramaweg nach **Rigi-First**.

Wer Richtung **Vitznau** fahren will, wandert nach **Rigi-Kaltbad**. Diejenigen, die es Richtung **Arth-Goldau** zieht, folgen dem abfallenden Weg nach Rigi-Klösterli oder zur Haltestelle Rigi-First. Wer hätte gedacht, dass der langgezogene Rigi-Rücken derart «in die Beine fahren kann»? Getrost darf man sich auf die Schultern klopfen oder die erbrachte Leistung mit einem feinen Znacht feiern. Denn der Sonnenuntergang kann vom Rigi aus schon zum zentralen Erlebnis dieses Tages werden.

Wer diese Tour genossen hat, wird vor allem die touristisch etwas weniger erschlossenen Seiten der Rigi schätzen und lieben lernen.

> **Leider fährt die weltweit einzige betriebsfähige Zahnrad-Dampflokomotive mit stehendem Kessel nur noch im Sommer 1997 zum 150-Jahr-Jubiläum der Schweizer Bahnen von Rigi-Staffel zum Kulm. Nachher muss sie wieder ins Verkehrshaus nach Luzern.**

Mit dem Mountainbike zur Rigi?
Für Hobby-Rad- und Rennfahrer gehört das Umrunden der Rigi am Sonntag vormittag, wenn der Autoverkehr noch schwach ist, zu den gesuchten Vergnügen. Für Mountainbiker, die es in die Höhe zieht, besteht in Gersau die Möglichkeit, hinauf zu fahren nach Gschwänd und zum Gätterlipass (1190 m). Nach einem kurzen Fussmarsch zur Alp Twäriberg findet man östlich der Alp Riedhütte ein geteertes Strässchen hinunter nach Lauerz. Dort besteht die Möglichkeit, wie einst Goethe, die Insel Schwanau im Lauerzersee zu besuchen. Via Seewen – Urmi und Ingenbohl kehrt man zurück nach Gersau (oder Brunnen).

36. Orchideen im Bergsturzgebiet!

Arth-Goldau (510) – Spitzibüel (950) – Ochsenboden (1165) – Pt. 1365 – Gnipen (1568) – Wildspitz (1580) – Halsegg (1320) – Eigenstall (1103) – Sattel (799).

Absolut sensationell ist es, was dieser «zackig steile» Aufstieg durch das ehemalige **Bergsturzgebiet von Goldau am Rossberg** verspricht. Am **Gnipen** oben, dem einmalig schönen Aussichtspunkt, präsentiert sich bei der instruktiven Hinweistafel auf den Bergsturz vom 2. September 1806 die Abrissstelle so frisch, als wäre diese Naturkatastrophe erst vor wenigen Jahren erfolgt. Über 40 Millionen Kubikmeter Nagelfluhgestein donnerten vor rund 200 Jahren abends um 17 Uhr zu Tale und begruben 457 Menschen.

Mitten im Bergsturzgebiet befindet sich heute ein romantischer **Wildpark in Arth-Goldau**. Im Schuttwald oben finden verschiedene Orchideen hervorragende Lebensbedingungen. Zwischen Birken und Föhren, Wacholder und Stechpalmen, Farnen und Efeu kann man besonders im Mai mehr als zwanzig **Orchideenarten** bewundern, z.B. das Zweiblatt, das schwertblättrige und das rote Waldvögelein, den Fliegen-Ragwurz, den Vogelnestwurz, die duftende Waldhyazinthe und den Frauenschuh. Den Tip erteilte Bruno Vonarburg in seiner Publikation «Chrüteregge» (5/95). Selbstverständlich sind diese seltenen Orchideen **geschützt**.

Demjenigen, welchem der 1000-m-Aufstieg ein «zu starkes Stück» scheint, sei eine Anreise nach **Zug**, die Fahrt mit dem Bus nach Schönegg und die Benützung der **Zugerbergbahn** empfohlen. Viel schneller ist er allerdings nicht auf dem **Wildspitz**, da die Distanz quer über den **Zugerberg** einem fast so viel Leistung abverlangt wie der empfohlene, steile Aufstieg durchs interessante Bergsturzgebiet.

Ausgangspunkt Arth-Goldau

Vom Bahnhof Arth-Goldau durchwandert man das Dorf Goldau bis zum Natur- und Tierpark und zum Parkplatz des Fussballplatzes. In der Nähe des dortigen Elektrowicklergeschäftes, vor Punkt 521, weist ein gelber Wegweiser zum sogenannten «Zähniweg». An den grossen Steinbrocken vorbei geht's nun recht steil bergauf, mitten durch den **Schuttwald und das Goldauer Bergsturzgebiet** bis

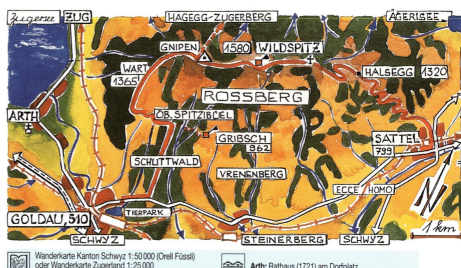

Wanderkarte Kanton Schwyz 1:50 000 (Orell Füssli) oder Wanderkarte Zugerland 1:25 000

Verkehrsbüro Verkehrsverband Zug 041 711 00 78
Verkehrsverein Goldau am Rigi 041 855 54 30
Zugerbergbahn, Zug 041 726 25 25

Arth – Goldau – Ob. Spitzibüel 1 h 30 min
Ob. Spitzibüel – Gnipen/Rossberg 1 h 50 min
Gnipen – Wildspitz 30 min
Wildspitz – Sattel 1 h 45 min bis 2 h 30 min
(Zugerberg – Wildspitz 3 h 25 min)

Steigung: ca. 1070 m ab Goldau
(ab Zugerberg ca. 700 m)
Gefälle: ca. 800 m bis Sattel

Goldau, Gribsch und Wildspitz (Gemeinde Steinerberg, beide ganzjährig geöffnet!)
Halsegg, Rahmenegg, Sattel

Gipfelrest. Wildspitz (20 – 28 Pl.) 041 832 11 39
Alp Hürital (Ritg. Ägerisee, 16 Pl.) 041 835 12 16
SOB Trekking Zug, Sattel (44 Pl.) 01 780 31 57

Bei Föhn und trockener Witterung kein Feuer entfachen: Waldbrandgefahr!

Seebad Arth am Zugersee, Strandbäder am Ägerisee

in Goldau: siehe Tour 34
in Zug: siehe Tour 32
in Schwyz: siehe Tour 39

Arth: Rathaus (1721) am Dorfplatz

Arth: Kapelle St. Georg (1652), heute Friedhofskapelle
Ecce Homo: wunderschöne Barock-Kapelle (1667)

Arth: kath. Pfarrkirche St. Georg und Zeno (1695–96) eine der ersten Barockkirchen der Zentralschweiz
Sattel: Pfarrkirche St. Peter und Paul (1647)

Arth: Kapuzinerkloster (1655)

Schlachtgelände am Morgarten: Schlachtkapelle (1501) Letziturm und Reste der Letzi (1322) Führungen/Ausstellungsbesuch (041) 835 12 01

Natur- und Tierpark Goldau: siehe Tour 34
(mit Bergsturzmuseum)

Orchideen am Rossberg

Aufstieg von Spitzibüel zum Gnipen muss rekognosziert werden. Meiden Sie im Winter den **direkten** Aufstieg vom Unt. Beichli (Zugerberg) südwärts zum Gnipen führend. **Bergausrüstung erforderlich.**

Abstieg vom Wildspitz zur Halsegg

zu Punkt 657 der asphaltierten Spitzibüelstrasse. Der gelben Markierung folgend (Wegweiser Grisselen) steigt man auf zum Verbindungsweg **Oberer Spitzibüel–Gribsch**. Bereits im wunderschönen Orchideengebiet führt ein schmaler Weg rechterhand ins Bergrestaurant **Gribsch**. Dieser empfehlenswerte Halt ist wegen der Aussicht und des noch bevorstehenden saftigen Aufstiegs nötig. Von Gribsch aus führt ein direkter Weg, über lange Strecken allerdings als Zickzack-Alpweg, direkt zum Wildspitz. Ein Umweg nach Westen aber lohnt sich auf alle Fälle. Denn wer den **Rossberg** erklimmt, sollte sich die eigentliche Absturzstelle am Gnipen unter keinen Umständen entgehen lassen. Dieser Weg gegen den oberen Spitzibüel ist kurz vor dem Austritt aus dem Wald als Bergweg markiert (rot-weiss). Die Bergsturztafel über den Abbruch findet man nach dem Gnipen auf 1558,6 m ü.M.

Wie eine Ansichtskarte zeigt sich die Aussicht vom **Gnipen** (neu mit Gipfelbuch) und nach dem beschaulichen Höhenweg durch Wald und Weiden vom **Wildspitz** aus. Rigi, Mythen und der ganze Alpenkranz leuchten über dem Becken von Schwyz, dem Lauerzersee... oder im Herbst über dem Nebelmeer. Fantastisch ist der Umstand, dass einem diese Traumsicht auch nach dem gastlichen Haus auf 1580 m treu bleibt bis zur **Halsegg** hinunter. Neuerdings ist das **Berggasthaus Wildspitz** auch im Winter bedient, ja sogar mit einer Schneebar versehen.

Beim grossen Wegkreuz auf der **Langmatt** heisst's Abschied nehmen von den meisten Gipfeln. Vor der Halsegg wechselt man sogar auf die Schattenseite des Grates, um dann die zurückgelegte Distanz beim nicht enden wollenden Abstieg nach **Sattel** doch etwas in den Waden zu spüren.

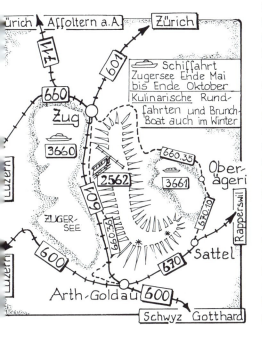

37. Hochstuckli, Mostelegg und Haggenegg

Mostelberg (1191) – Mostelegg (1266) – Haggenegg (1414) – Grossbrechenstock (1559.4) – Teuffeli (1431) – Nüssel (1317) – Rothenthurm (923) oder Haltestelle Biberegg (941).

Entsteigt man in **Sattel** der Südostbahn, so wartet in der Regel ein Bus, der einen schlanken Anschluss gewährt zur Talstation des **Sattel-Mostelberg-Sesselliftes**. Zu Fuss erreicht man die Sesselbahn in 10 Minuten. Die Fahrt auf dem sehr langen Lift ist erlebnisreich. Denn das geruhsame Hochfahren erlaubt es, vor allem den herrlichen Ausblick zum Ägerisee in vollen Zügen zu geniessen.
Kinder werden auf dem **Mostelberg**, wo's auffallend viele Ferienhäuser hat, Freude haben an der Sommer-Schlittelbahn, dem sogenannten **«Stuckli-Run»** am südöstlichen Abhang. Im Winter sind die Skilifte **Hochstuckli**, Herrenboden und Engelstock in Betrieb.
Wer über genügend Zeit und Kondition verfügt, wählt den sogenannten **Erlebnispfad rund um den Engelstock**. Dieser wird südlich des 1296 m hohen Hügels gar bald zum Panoramapfad und ist auch im Winter begehbar.

Direkter Weg zur Haggenegg
Der andere Weg aber, welcher südwestlich des Bachgrabens durch verschiedene Hangmoore angelegt worden ist, führt am schnellsten vom Mostelberg zur **Mostelegg** und bietet vor allem botanische Raritäten. Nach einem verträumten Rastplatz am Waldrand trifft man auf das geteerte Alpsträsschen, welches den Herrenboden mit der kleinen Passhöhe verbindet.

Von der Mostelegg bis zum Haggeneggsträsschen wartet zum Glück einer der schönsten Bergwege dieser Gegend. Was einem auf diesem sehr schwach ansteigenden Pfad an Aussicht in die Innerschweiz geboten wird, ist sensationell. Lauerzer- und Vierwaldstättersee leuchten um die Wette. Der Kranz der Berge aus praktisch allen Urkantonen schliesst das Panorama ab. Zum Glück findet das Motorradtreffen auf der **Haggenegg** nur einmal im Herbst statt.

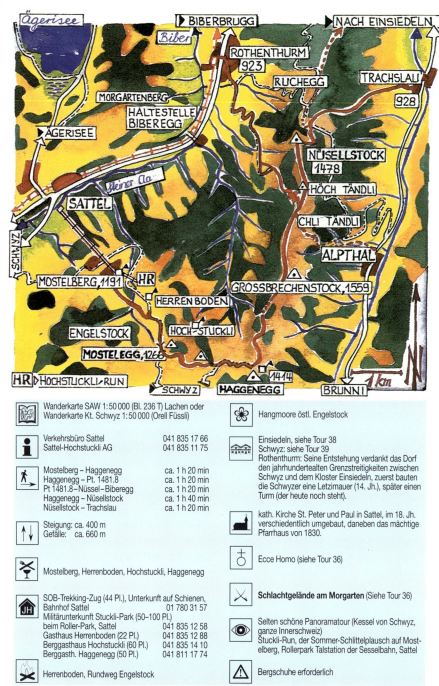

📖	Wanderkarte SAW 1:50 000 (Bl. 236 T) Lachen oder Wanderkarte Kt. Schwyz 1:50 000 (Orell Füssli)	
ℹ️	Verkehrsbüro Sattel	041 835 17 66
	Sattel-Hochstuckli AG	041 835 11 75
🚶	Mostelberg – Haggenegg	ca. 1 h 20 min
	Haggenegg – Pt. 1481.8	ca. 1 h 20 min
	Pt 1481.8–Nüssel–Biberegg	ca. 1 h 20 min
	Haggenegg – Nüsellstock	ca. 1 h 40 min
	Nüsellstock – Trachslau	ca. 1 h 20 min
↕	Steigung: ca. 400 m Gefälle: ca. 660 m	
🍴	Mostelberg, Herrenboden, Hochstuckli, Haggenegg	
🏠	SOB-Trekking-Zug (44 Pl.), Unterkunft auf Schienen, Bahnhof Sattel	01 780 31 57
	Militärunterkunft Stuckli-Park (50–100 Pl.) beim Roller-Park, Sattel	041 835 12 58
	Gasthaus Herrenboden (22 Pl.)	041 835 12 88
	Berggasthaus Hochstuckli (60 Pl.)	041 835 14 10
	Berggasth. Haggenegg (50 Pl.)	041 811 17 74
🔥	Herrenboden, Rundweg Engelstock	
✿	Hangmoore östl. Engelstock	
🏛	Einsiedeln, siehe Tour 38 Schwyz: siehe Tour 39 Rothenthurm: Seine Entstehung verdankt das Dorf den jahrhundertealten Grenzstreitigkeiten zwischen Schwyz und dem Kloster Einsiedeln, zuerst bauten die Schwyzer eine Letzimauer (14. Jh.), später einen Turm (der heute noch steht).	
⛪	kath. Kirche St. Peter und Paul in Sattel, im 18. Jh. verschiedentlich umgebaut, daneben das mächtige Pfarrhaus von 1830.	
✝	Ecce Homo (siehe Tour 36)	
⚔	Schlachtgelände am Morgarten (Siehe Tour 36)	
👁	Selten schöne Panoramatour (Kessel von Schwyz, ganze Innerschweiz) Stuckli-Run, der Sommer-Schlittelplausch auf Mostelberg, Rollerpark Talstation der Sesselbahn, Sattel	
⚠	Bergschuhe erforderlich	

Weil sonst kaum Verkehr herrscht auf der direkten Strassenverbindung von Schwyz zu diesem Pass, kann der kleine Strassenmarsch verschmerzt werden.

Kretenwanderung «mit Pfiff»

Für lange Zeit ist die Wirtschaft auf der Haggenegg das letzte gastliche Haus, will man nicht den direkten Abstieg von 1h und 10 min direkt nach **Alpthal** (Busverbindung nach Einsiedeln) wählen. Empfehlenswerter ist ein erneuter kleiner Aufstieg zur Brüschreinhöchi und zum **Grossbrechenstock**. Der bequeme Alpweg besteht nur bis zu den Alphütten, welche zu den nahegelegenen Mythen und zu den östlich gelegenen Berggipfeln neue Ausblicke offenbaren. Nach einem unerwartet ruppigen Abstieg durch Nagelfluh und Baumwurzeln wird der Gratweg immer schmaler, wartet aber bei **Punkt 1565.5** mit einem neuen, unerwartet schönen Aussichtspunkt auf seltene Wanderer.

Biberegg oder Rothenthurm?

Vor dem **Hoch Tändli** besteht die Möglichkeit, direkt nach Rothenthurm oder sogar zur Haltestelle Biberegg abzusteigen. Ist dieser Weg im obersten Abschnitt recht glitschig, so führt er in **Nüssel** zur Drittklassstrasse. Bei der ehemaligen Wirtschaft ist allerdings die Abkürzung, direkt nach

Am Panoramaweg von der Mostelegg zur Haggenegg

Westen und den Wiesenhang hinunterführend, nicht mehr bezeichnet. Im Herbst nach dem letzten Schnitt kann durch prächtige Hochmoorwiesen, in etwa dem Skilift folgend, direkt nach **Biberegg** hinab gewandert werden. Der weiche Boden erlaubt einen ausgesprochen knieschonenden Abstieg, der steile Hang Ausblicke bis ins Hochmoor Rothenthurm.

Variante für tüchtige Wanderer

Bleibt man der Krete treu, so warten Hoch Tändli und der **Nüsellstock** mit einem kleinen Wiederaufstieg von ca. hundert Metern und weiteren Aussichtspunkten. Diese Route verlängert aber den Weg nach Rothenthurm um schätzungsweise eine Stunde. Für ausdauernde Bergwanderer ist auch ein Abstieg von **Pt. 1431** direkt nach **Trachslau** (Busverbindung nach Einsiedeln) möglich.

Diese Tour, welche beliebig abgekürzt werden kann, ist sehr zu empfehlen. Den grössten Charme allerdings vermittelt sie auf der ruhigen Kuppe zwischen der Brüschreinhöchi und dem Hoch Tändli.

Und die Mountainbiker?

Sie kommen auf dieser Tour nicht auf die Rechnung. Hingegen bestehen rund um die Mythen Möglichkeiten. So sind Haggenegg, Holzegg und Ibergeregg bekannte Velopassstrassen. Von trainierten Velofahrern darf die Verbindung von der **Holzegg** zur **Ibergeregg** ebenfalls befahren werden. So lautet die Auskunft des Verkehrsvereins. Bei der Besichtigung zeigte sich allerdings, dass nicht der ganze Weg als ideale Velostrecke bezeichnet werden kann.

Die Abstiege von der Holzegg und der Haggenegg nach Alpthal sind ungeeignet für Radfahrer.

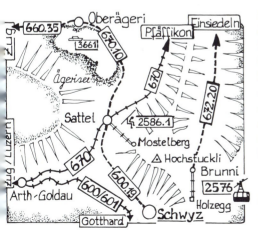

38. Voralpine Winterwanderung zum Gschwändstock

Einsiedeln (882) – Friherrenberg (1104) – Chälen (1022) – AmsIen (1398) – Stockhütte (1518) – Gschwändstock (1616) – Butzialp (1269) – Alpthal (Bushaltestelle, 996)
oder: Gschwändstock – Regenegg (1530) – Bögliegg (1551) – Hummel (1422 – 1262) – Ebenau (Bushaltestelle, 893).

Diese Wanderung führt über nebelfreie Hügelzüge ohne allzugrosse Auf- und Abstiege. Sie kann zudem so abgekürzt werden, wie sie erwandert worden ist an einem Januartag mit ca. 30 cm Schnee auf 1400 m. Ein Abstieg ohne das Besteigen des markanten Gschwändstocks ist gut möglich.

Einsiedelns Geschichte

835 beginnt sie mit Mönch **Meinrad**, der auf den Etzel zog, um als Einsiedler Gott zu dienen. 861 wurde er von zwei Landstreichern erschlagen. Zwei Raben verfolgten die Mörder bis in die Zürichseegegend und führten sie dem Richter zu. Deshalb hat Einsiedeln in seinem Wappen zwei Raben. Bereits 934 erbaute Eberhard, der Domprobst von Strassburg, anstelle der Klause ein **Benediktinerkloster**. 14 Jahre später schenkte Kaiser Otto I. dem Stift freie Abtwahl. Heinrich II. doppelte nach, indem er dem Kloster alles Land zwischen Etzel, Mythen und Drusberg vermachte. Die Ausmasse dieser Schenkung erleben wir auf der folgenden Wanderung hautnah.
Seit dem 12. Jh. führen die Mönche eine **Klosterschule**, die heute zum Gymnasium und Lyzeum geworden ist. Zwischen 1029 und 1680 wurden die **Stiftsgebäude** fünfmal durch Feuer zerstört. Die bedeutende Stellung des Klosters erlitt eine Einbusse, als die Schwyzer 1424 die Schutzherrschaft über das Kloster übernahmen. Erst zwischen 1680 und 1780 entstanden das **barocke Kloster** und die herrliche **Wallfahrtskirche** nach den Plänen von Caspar Moosbrugger. Es ist eine der grossartigsten Klosteranlagen Europas**) geworden.

Der 1748–49 nach den Plänen eines Mailänder Architekten erbaute Platz bezieht die Hauptfront des Klosters in die theatralische Wirkung der Gesamtanlage mit ein. Die Ausstattung der Kirche entspricht in ihrer Kostbarkeit dem Rang, den Einsiedeln als Wallfahrtsort seit dem 15. Jh. zu behaupten vermochte.
Bis 1798 unterstand **Einsiedeln** dem Abt als seinem Grundherrn mit eigenem Recht und Gericht, seit 1804 dem Bezirk Schwyz. 1877 entstand die Wädenswil-Einsiedeln-Bahn und 1932 bereits der **aufgestaute Sihlsee**, der 9 km lang, durchschnittlich nur 25 m tief und 1 km breit ist. **Sehenswürdigkeiten** sind nebst der Klosterkirche

 Wanderkarte SAW: LK 1:50 000 (Blatt 236 T) Lachen oder Wanderkarte Schwyz 1:50 000 (Orell Füssli) oder Velokarte VCS Nr. 5: Zug-Schwyz-Uri-Glarus für Mountainbike Tour Grosser Runs – Stock – Unter Hummel – Schräwald – Unteriberg

 Verkehrsverein Einsiedeln 055 418 44 88

 Einsiedeln – Friherrenberg 40 min
Friherrenberg – Pt 1022 30 min
Pt 1022 (Passhöhe) – Alp «Uf em Tritt» 40 min
«Uf em Tritt» – Amseln – Stockhütte 50 min
Stockhütte – Gschwändstock 40 min
Gschwändstock – Hummel – Sihlsee PTT 1h 50 min
oder Stockhütte – Butzialp – Alpthal 1h 20 min

 Steigung: 700 m (mit Gschwändstock 800 m)
Gefälle: 500 m (mit Gschwändstock 600 m)

 Einsiedeln, Alpthal. Rigelweid am Sihlsee

 Pfadihaus Einsiedeln, A. Oechslin 055 412 12 42
Pfadiheim Birchli, Einsiedeln 01 804 25 04
Jugendpavillon Einsiedeln 055 412 91 74
Gasthaus Katzenstrick, Einsiedeln 055 412 24 74
Skihaus Holzegg (SC Schwyz) Alpthal 041 811 41 65

 Sihlsee-Rundfahrten und Vermietung von Kabinen- und Motorbooten am Sihlsee 055 412 63 05

 Strandbad Roblosen am Sihlsee 055 412 23 65

 Panorama der Kreuzigung Jesu (1892), Holzrundbau, Einsiedeln, Diorama Bethlehem (Krippendarstellung) 1954) Einsiedeln, Chärnehus (Kornhaus 1736) und Rathaus (1680) Einsiedeln
Kloster Einsiedeln siehe Text

 barocke Kirche**) siehe Text

 barocke Klosteranlage Einsiedeln**): Siehe Text
Benediktinerinnenkloster Au/Trachslau

 Am Sihlsee sind Tageskarten in allen Ufer-Gasthöfen erhältlich

die **Stiftsbibliothek** (Besuch nur auf Voranmeldung) und der grosse barocke Festsaal des Klosters, der nachmittags besichtigt werden kann. Zudem zeigt eine **Tonbildschau** in der alten Mühle am Sonntagnachmittag einen guten Überblick ins Klosterleben (Gruppen auf Anmeldung, auch unter der Woche).

Das Verkehrsbüro Einsiedeln bietet während des ganzen Jahres vier verschiedene **Führungen** für Gruppen an:
A) Kultur, Kunst, Leben und Arbeit im Kloster Einsiedeln
B) Kulturhistorische Führung zu den Sehenswürdigkeiten des Klosters
C) Einblick ins Klosterleben
D) Kurzführung durch die Klosterkirche

Weitere Sehenswürdigkeiten Einsiedeln: siehe Piktogramm und Tour 28 und 29.

Dem Nebel entfliehen

Vom Bahnhof Einsiedeln zum Kloster sind es ungefähr 10 min. Dort findet man auch die entsprechenden Wegweiser. Derjenige zum Gschwändstock nennt eine Wanderzeit von 3 h 10 min, im Winter, wenn Schnee liegt, dürften es etwas mehr sein.

Ein erster Halt ist angebracht auf dem **Friherrenberg**. Man kommt sich fast wie ein Kaiser vor angesichts der Aussicht vom Bänklein bei der Feuerstelle. Ein Kranz von Gipfeln, fast alles, was Rang und Namen hat zwischen Zürichsee und Glärnisch, ist zu bestaunen, zu Füssen liegt der Sihlsee. Nach einem kleinen Abstieg folgt man dem Fahrsträsschen zur **Alp «Uf em Tritt»**. Erst dort winken gekieste Wanderwege und eine Aussicht, die unbeschreiblich ist. Man ist einfach sprachlos und sollte unbedingt eine Schweizer Karte bei sich haben, um nur die wichtigsten Gipfel des Panoramas bestimmen zu können.

Südlich der Hügelkuppe (Pt.1398.9) steht an bevorzugter Lage die

Die barocke Klosteranlage Einsiedeln ist eine der grossartigsten ganz Europas.

Hütte der **Amslenalp**. Von jetzt an geht's immer nur den Mythen, dem Gschwändstock und den dahinterliegenden Gipfeln aus dem Kanton Uri entgegen. Linkerhand glänzen die Schneegipfel der Glarner Alpen. Oberhalb der Alp **Jäntenen** lädt eine weitere Bank in der Nähe des Gipfelkreuzes (1559.2) zum Verweilen ein. Hier auch kann man den Entschluss fassen, ob der Gschwändstock noch bestiegen werden soll, ob einem die Füsse noch über **Hummel** tragen werden, oder ob über die **Butzialp** direkt abgestiegen werden soll nach **Alpthal** (Bus-Taktfahrplan zurück nach Einsiedeln).

Knapp über dem Hochnebel (Alp «Uf em Tritt»)

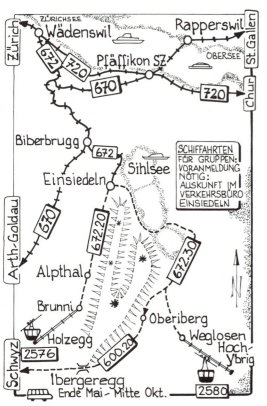

Velotouren rund um Einsiedeln?
Tatsächlich eignet sich das Hochland in der Region Einsiedeln – Sihlsee ausgezeichnet für Velo- und Mountainbike-Touren. Stichwortartig – und der Vollständigkeit halber – seien einige mögliche Routen notiert:

1. Die Grosse Runs erleben:
   Einsiedeln – Trachslau – im Eigen aufsteigen zum Chüeboden (1113, nördlicher Aussichtspunkt Amslen) – Pt. 1225 – südwärts fahrend bis Stock. Anschliessend umkurvt man den «Hummel», klettert in Unter Hummel bis auf 1262 m, in Schräwald sogar auf 1345 m. Eine kurze Abfahrt führt nach Unteriberg, die linksufrige Sihlseestrasse zurück nach Einsiedeln.
   Eine Einschränkung ist nötig. Teile der Waldstrassen sind mit allgemeinem Fahrverbot belegt. Die Waldkorporation lehnt dort jede Haftung für Mountainbike-Unfälle ab. Das Befahren erfolgt auf eigene Gefahr!

2. Über die Ibergeregg:
   Einmal mehr erlebt man den Sihlsee, wenn man von Einsiedeln aus die Einrolletappe nach Unteriberg (928) fährt. Anschliessend steigt die Strasse nach Oberiberg und zur Ibergeregg (1406) stark an. Eine lange Schussfahrt nach Schwyz (565), herrliche Ausblicke vermittelnd, ist Lohn für die Strapazen im Aufstieg.

3. Über die Haggenegg:
   Analoge Freuden, aber bedeutend weniger stark befahrene Strassen, vermittelt die Velotour über die Haggenegg (1381). Anfahrt via Trachslau und Alpthal, kurzer, «zackiger» Aufstieg zur Haggenegg und dann folgt der Genuss, identisch mit demjenigen von der Ibergeregg herunter!

4. Und die Sattelegg? Die Wildegg?
   Der guten Vorschläge hat's mehr als genug, öffnet man die Velokarte VCS Zug – Schwyz – Uri – Glarus (Blatt 5).

39. Ins Getümmel ... auf den Mythen

Oberiberg (1087) oder Ibergeregg (1406) – Müsliegg (1427) – Holzegg (1405) – Grosser Mythen (1898) – Holzegg (1405) – Zwüschet Mythen (1356 – 1438) – Schwyz (516).

Diese Tour bietet in der Regel eine ausserordentlich gute Rundsicht, gut markierte Wege, zum Teil etwas Rummel und trotz vorzüglicher Sicherung einen prickelnden, heissen Aufstieg zum Wahrzeichen von Schwyz, dem grossen Mythen. Als Schulreise ist sie wenig geeignet, als Ausflug für Wanderer mit gutem Schuhwerk ein Erlebnis.

Oberiberg oder Ibergeregg?
Die Postautos der Autokurse Schwyz fahren spärlich, aber halb gratis, auf die **Ibergeregg**. Eine Voranmeldung für Gruppen ist unerlässlich. Notfalls besteht ein Bus-Taxidienst ab **Oberiberg**.
Die Wanderung, weit weg der schmalen und von Velofahrern stark frequentierten Passstrasse zur Ibergeregg, ist eine halbe Stunde lang steil, nachher als Alpweg eine angenehme «Einlaufstrecke».
Unter diesen Begriff fällt auch das gut gepflegte Alpsträsschen Ibergeregg – **Müsliegg** – Holzegg.
Wenn auch die vielen Skilifte das Landschaftsbild kaum positiv bereichern, so freut man sich doch an den vielen Hangmooren und der bereits guten Sicht ins Muotatal und auf die dahinterliegenden Hügel und Berge (Fronalp- und Urirotstock).
Beim Skihaus Schwyz sieht man erstmals den **Vierwaldstättersee**. Auf der **Holzegg** beim gut eingerichteten Bergrestaurant kann man vor dem Aufstieg zum Mythen den Rucksack deponieren.

Alle wollen auf den Mythen
Eine wahre Völkerwanderung, friedlich und freundlich zwar, ergiesst sich an schönen Tagen auf diesen markanten Gipfel.
Bei Sonnenschein strömen die Felsen eine Glutofenhitze aus, während die Flora über Erwarten prächtig ist. Auch Gemsen weiden mit ihren Jungen ungestört auf den steilen Wiesen. Gefährlich aber können die «abgelaufenen» Steine bei Nässe oder falschem Schuhwerk werden.

Traumsicht vom Grossen Mythen

Vorsicht ist gefragt
Der Verein «Mythenfreunde Schwyz» hat in Zusammenarbeit mit einer grossen Versicherung folgende Warntafel am Einstieg in den Fels montiert:
1. Gute Schuhe erforderlich!
2. Seilhandlauf benützen!
3. Kleine Kinder ans Seil nehmen!
4. Vorsichtig kreuzen!
5. Weg nicht verlassen!
6. Gehen, nicht rennen!
7. **Bei Nässe ist der Weg nur geübten Wanderern zu empfehlen!**

Beeindruckenderweise hält sich die überwiegende Mehrheit der Mythen-«Bezwinger» an diese Regeln, die im Glarnerland an fast allen Wegen oberhalb Linthals und des Sernftals stehen dürften.
Vor dem Gipfel ist der Gratweg sogar beidseitig gesichert und vor kurzem auch entschärft worden.
Wenn sich zuoberst auf dem **grossen Mythen** auch viel Volk trifft rund um den leistungsfähigen Kiosk, dessen Betreiber sich per Helikopter mit frischer Eiscrème versorgen lassen, so ist die unübertreffliche Rundumsicht halt doch gewaltig schön.
Fast alle Gipfel und Seen der vier Urkantone können bestaunt werden, dazu aber auch die Glarner- und die Berner Alpen.

Alp Zwüschet Mythen
Zurückgekehrt zur **Holzegg**, bieten sich verschiedene Wege nach Schwyz an. Das Umrunden des soeben bestiegenen Felsklotzes ist sehr zu empfehlen. Eine romantische Alpwirtschaft auf **Zwüschet Mythen** erweist sich als Geheimtip, die Bank beim Kreuz auf dem kleinen Passübergang zwischen den Mythen erlaubt nochmals eine aussichtsreiche Rast.
Der Abstieg, anfangs mustergültig instand gestellt (Schutzhütten auf 1400 und 1050 m), wird zusehends ruppiger. Nach Regenperioden ist er längere Zeit recht glitschig, für Turnschuhe völlig ungeeignet, für ungeübte Wanderer ebenfalls. Letzteren sei der **direkte Weg** von der Holzegg nach Schwyz empfohlen.
Spannend und einmalig ist der schmale Pfad aber allweil, auch dort, wo eine Tafel vor Steinschlaggefahr warnt mit dem Untertitel «Begehen auf eigene Gefahr». Traumhaft schöne Ausblicke in die Tiefe, seltene Blumen, eine hervorragende Waldquelle (wenn eine solche empfohlen wird, heisst das jeweilen, dass das Rekognoszierungsteam mindestens einen Liter des Wassers getrunken und ohne jegliches Bauchweh überstanden hat) und einzelne Rüfen, die örtlich begrenzt sind, lassen die Westflanke des Mythen zu einem grossen Erlebnis werden. Der Bergweg, welcher die spätere Alpstrasse abkürzt, führt im Schatten des **Bann- und Tschütschiwaldes** exakt bis zur Kapelle und dem **Klösterlein St. Joseph im Loo** (1586–89), von Kapuzinern eingerichtet, seit 1895 Sitz der Töchter vom Herzen Jesu.

Sehr harmonisch und an vielen historischen Gebäuden von Schwyz vorbei führt der Weg direkt in den alten Kern von Schwyz.

Schwyz ist eine Reise wert
Schwyz, dem die Schweiz Namen und Wappen verdankt, wurde 1240 von Kaiser Friedrich II. in nicht eindeutiger Weise reichsfrei erklärt. Mit Uri und Unterwalden seit 1291 verbündet, gelang 1315 am Morgarten ein Sieg gegen die Habsburger. An der darauffolgenden Konsolidierung der Eidgenossenschaft hatte Schwyz führenden Anteil, gleichzeitig vergrösserte es seinen Besitz in der Folge durch die umliegenden Landschaften March, Einsiedeln, Höfe und Küssnacht. In der Reformation blieb Schwyz beim alten Glauben. 1798 stellte sich das Land umsonst dem französischen Einmarsch entgegen. Der Brand von 1642 vernichtete das alte Dorf weitgehend. Aus Schutt und Asche entstand eine neue, stattliche Siedlung.

Sehenswürdigkeiten und Museen:
Der Hauptplatz, von dem vier grosse Strassen ausgehen, ist beherrscht durch die **kath. Pfarrkirche St. Martin*)**, erbaut 1769–74 von den Brüdern Jakob und Johann Anton Singer (dreiachsige Hauptfassade zur Herrengasse, dreischiffige Hallenkirche, bestimmt durch leichte, spätbarocke Stukkaturen).
Der **Kerchel*)**, das zweigeschossige Beinhaus neben der Kirche, wurde 1512–18 errichtet. Über dem Unterbau erhebt sich die **St. Michaelskapelle**, deren reiche, spätgotische Gewölbemalereien bemerkenswert sind. Das **Kapuzinerkloster** (1620) steht an der Herrengasse. Das **Rathaus** (1642–45,*) am Hauptplatz besticht durch seine Fassadenmalereien von 1891. Im kleinen Ratssaal gehört das Täfer zum Eindrücklichsten, das die Spätrenaissance in der Schweiz hervorgebracht hat

Ital Reding Hofstatt Schwyz

tels- und Zunftsilber, dem reichen Kirchenschatz von St. Martin und weiteren Exponaten aus Klöstern und Pfarrkirchen (geöffnet Mitte Mai bis Mitte Okt. Mi, Fr, Sa, So).
Im **Bundesbriefarchiv 1934–36*)**, dessen Giebelfront das Wandbild «Bundesschwur» von Heinrich Danioth ziert, sind unter anderem die beiden Bundesbriefe von 1291 und 1315 ausgestellt (ausser an Karfreitag und Weihnachten immer geöffnet).

Die **Ital-Reding-Hofstatt*, 1609, 1663** ausgebaut, an welcher der Wanderweg vom Mythen praktisch vorbeiführt, gehört zu den wertvollsten Baugruppen des Kantons Schwyz. Innerhalb der Umfassungsmauer liegen das Herrenhaus, das Haus Bethlehem und das Ökonomiegebäude (heute Kantonsbibliothek). Das Herrenhaus, erbaut durch Ital Reding, ist aufs prächtigste renoviert worden, mit zahlreichen barocken Elementen versehen und weist verschiedene Prunkzimmer mit reichen Täfern und Decken auf (Mai bis Okt. Di, Mi, Do, Fr nachmittags, Sa/So vormittags geöffnet).

Huren, Henker und Nonnen
Mitten in Schwyz, beim Bus-Zentralbahnhof, lädt das neuartige Museum **«Forum der Schweizer Geschichte»** zum Besuch ein, untergebracht im ehemaligen **Kornhaus** (1711). Jedes Stockwerk ist einem andern Themenkreis gewidmet, die Schweizer Geschichte zwischen 1300 und 1800 wird mit modernster Technik vermittelt (interaktive Bildschirme, Objektdatenbank und Hörstationen, welche die Sorgen und Nöte von Bäuerinnen, Bettlern, Huren, Henkern und Nonnen vermitteln; täglich geöffnet, ausser Mo).

Kein Reisebüro in Schwyz?
Seit der 700-Jahr-Feier, als dieser Service des Verkehrsvereins pleite gegangen ist, werden Interessenten an einem separaten Schalter der neuen Post mit Informationsmaterial freundlich und kompetent bedient. Angesprochen auf den **Einsiedler im Tschütschiwald**, konnte in Erfahrung gebracht werden, dass es ihn tatsächlich gibt. Pater Pankraz liest um 7 Uhr eine Messe in seiner Kapelle, ist aber sonst oft auf langen Spaziergängen mit seinem Hund unterwegs. Schwyz, das viele weitere schöne Bauten und Kapellen aufweist (siehe Piktogramm), machte ausser dem starken «innerstädtischen» Verkehr einen ganz sympathischen Eindruck! Zum relativ weit entfernten Bahnhof kommt man am schnellsten mit dem Bus.

(Werktags 10 bis 15 Uhr, geöffnet). Der **Archivturm**, in welchem bis 1936 die wichtigsten Urkunden der Schweizer Geschichte (z.B. Bundesbrief) aufbewahrt worden sind, wurde 1996 zum «Schwyzer Schatz- und Geschichts-Turm» mit einem Münzkabinett, weltlichen Schätzen in der Form von Vier-

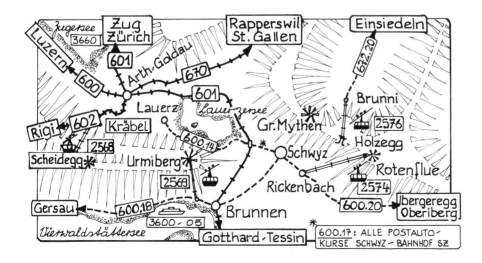

40. Ein Blick auf 1000 Gipfel!

Stoos (1275) – Mettlen (1603) – Fronalp (1703) – Fronalpstock (1922) – Furggeli (1732) – evtl. Huser Stock (1904) – Frontal – Hochmoor – Stoos (1325 – 1275).

Von **Schwyz** fährt stündlich ein rotweisser Bus der Verkehrsbetriebe ins Muotathal. Bei der Talstation **Schlattli** steigt man um in die **Stoos-Drahtseilbahn.** Die Bergfahrt auf dem immer steiler werdenden Trassee (78% im obersten Tunnel) ist bereits ein kitzliges Erlebnis.

Wer von Brunnen kommt, fährt mit dem Bus zur Talstation der **Luftseilbahn Morschach-Stoos.** Diese fährt für den gleichen Preis zur autofreien Höhenterrasse **Stoos.**

Bei der Bergstation unterhalb des «Stooshorns» zeigen rote Wegweiser zur neuen **Luftseilbahn Stoos-Fronalpstock,** die entgegen alten Karten heute bis kurz unter den Gipfel hinauffährt. Bei der Erkundung dieses beispielhaften Wandergebietes zeigte es sich, dass ausgesprochen viele Leute **den Aussichtsberg** zu Fuss erklimmen.

Es bieten sich zwei Routen an: diejenige ins eigentliche Feriendorf, vorbei an der Talstation der Luftseilbahn und dem dahinterliegenden Hochmoor ins Frontal führend. Wir empfehlen den bedeutend schöneren Aufstieg über Welesch, die **Alp Mettlen, Bödmeren, die Fronalp** und an der Oberfeldhütte vorbei. Der Pfad verläuft zeitweise parallel zur Luftseilbahn. Ein Umstand, der pubertierende Kinder echt ärgert: Hätte doch da eine bedeutend elegantere Lösung bestanden für diesen Aufstieg! Doch spätestens dann, wenn sich oberhalb von 1700 m die Aussicht öffnet und immer mehr Hügel, Bergspitzen und Seen freigibt, ist man versöhnt mit dem Entscheid.

Und schliesslich wartet ja eine schöne **Bergwirtschaft** auf dem Gipfel. Nördlich und westlich derselben bestehen Aussichtspunkte, welche einen selten tiefen Einblick in die Geografie der Innerschweiz erlauben: Was ist doch der **Vierwaldstättersee** für ein schönes Gewässer, wie erhaben leuchtet der **Urirotstock** mit fast allen Gipfeln der Urner und Schwyzer Alpen herüber. Eine Schweizer Übersichtskarte wird gute Dienste leisten, um all die vielen andern Gipfel, Dörfer und Seen zu bestimmen. Ob's wirklich 1000 Gipfel

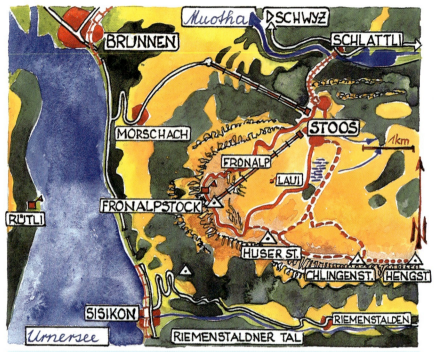

Wanderkarte SAW 1:50 000, 246 T, Klausenpass, Wanderkarte 1:50 000, Kanton Schwyz (Orell Füssli)	Alpenblick, Stoos, H. Meissen (75 Pl.) 041 811 11 24 Balmberg, Stoos, D. Lüönd (36 Pl.) 041 811 42 41 Pfadih. Flamberghuis, Blüemlisegg (59Pl.) 01 786 26 25 Glögglihütte, Stoos, P. Suter (45 Pl.) 041 811 39 06 Mythenblick Garni, Stoos, (28 Pl.) 041 811 15 48 Naturfreundehaus Stoos 041 811 50 03 und weitere Ski- und Clubhäuser gemäss Prospekt Stoos
Infostelle Verkehrsverein Stoos 041 811 11 92 Verkehrsverein Brunnen 041 825 00 40 Stoosbahn Talstation Schlattli 041 811 13 44 Luftseilbahn Stoos–Fronalpstock 041 811 60 50 Luftseilbahn Morschach–Stoos 041 811 66 22	auf Anfrage bei Sporthotel Stoos
Stoos – Fronalp – Fronalpstock 2 h 15 min Stoos – Talstation Luftseilbahn F'stock 15 min Fronalpstock – Furggeli 30 min Furggeli – Stoos 50 min Furggeli – Bergstation Stoosbahn 1 h 10 min Furggeli – Huser Stock – Stoos 1 h 50 min	bedeutende Museen in Schwyz, siehe Tour 39
Steigung: 700 m (900 m inkl. Huser Stock) Gefälle: 700 m (900 m inkl. Huser Stock)	Sehenswürdigkeiten und hist. Bauten Schwyz (Tour 39)
Stoos (diverse), Alpwirtschaft Laui, Fronalpstock	bei Kindern wegen abschüssiger Halden ausserhalb der Weidezäune auf dem Fronalpstock Wanderschuhe mit hohem Schaft erforderlich
Alpines Schwimmbad Stoos AG (geheizt, günstige Kombibillette mit Stoosbahn)	Der Verkehrsverein Morschach-Stoos überzeugt durch besonders aussagekräftige Prospekte

sind, wie's im schönen Prospekt des Kurortes steht, bleibe dahingestellt. Fotografen werden besondere Freude haben an dieser Sicht, wenn im Herbst das karge Gras entlang der bereits abgebrochenen Weidezäune einen ockerfarbenen Vordergrund bildet, der Urnersee von tiefblauen zu meergrünen Tönen wechselt und in der Höhe schon Schnee liegt.

Die **Gratwanderung** Richtung Furggeli eröffnet neue Ausblicke, vor allem ins **Riemenstaldner Tal** und zu Hunds-, Gäms- und Rossstock hinüber.

Bei der Alphütte im Furggeli reizt der **Huser Stock**. Er kann in 40 Minuten erstiegen werden. Der Weg ist gut instand gestellt und gekennzeichnet. Obwohl mit Seilen (Handlauf) und sogar eisernen Treppen gesichert, sei er bei trockenem Wetter nur trittfesten Leuten empfohlen. Auch wenn die Bergspitze etwas weiter vom Urnersee entfernt ist, bietet sie doch fast ebenso erhabene Einblicke in die Bergwelt der Zentralschweiz wie der Fronalpstock. (Die Grat-

Urnersee und Rütli tief unten, Rigi und Pilatus vis à vis!

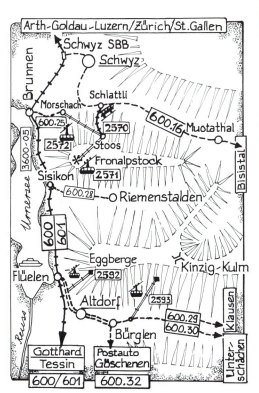

wanderung kann fortgesetzt werden bis zum Chlingenstock).

Der Abstieg vom Huser Stock über die **Alp Underbäch** ist ebenfalls steil, aber doch weniger glitschig als derjenige durchs obere Frontal.

Wer zeitlich knapp dran ist oder sich den Bergweg über den Huser Stock nicht zutraut, geht den obersten Teil des Weges vom **Furggeli ins Frontal** vorsichtig an. Denn vor allem nach starken Regenfällen oder nach der Schneeschmelze gleicht dieser eher einer glitschigen «Schmierseifenspur». Sobald der Wanderer auf den gut gepflegten Alpweg trifft, kann er sich wieder der enger begrenzten Aussicht talauswärts (Mythenblick) widmen. An den Frontal-Alphütten vorbei gelangt man zu einem recht ausgedehnten Hochmoor und erstaunlich rasch in den obern Dorfteil.

Für einmal auch sei der Gaumenfreude ein Wort verloren: Von der Pizzeria Batscho bis zum Hotel Fronalp, Sporthotel und vielen weiteren Gaststätten warten Köche, um müde Wanderer verwöhnen zu können.

41. Spannender Weg der Schweiz am Urnersee

Flüelen (435) – Rüti (461) – Tellskapelle (435) – Sisikon (446) – Dornibach (740) – Tannen (803) – Morschach (646) – Ingenbohler Wald – Brunnen (435).

Wer einen Föhntag wählt, wird unglaublich Spass haben an diesem gut ausgebauten Weg der Schweiz entlang und oberhalb des Urnersees. Wer damit pokert, mehr oder weniger führe der Pfad dem Wasser entlang, wird kurz nach **Flüelen** bald eines Besseren belehrt. Relativ rasch wird einem nach dem Dorf klar, wieso der Wegweiser satte zwei Stunden angibt bis Sisikon.

Mal rauf, mal runter!
Zuerst führt ein geteertes Strässchen vom Hafen Flüelen nach Norden, vorbei an Kiesschiffen und am Strandbad, während die dominant auf einem Felsen stehende Kirche sich erhaben über den Lärm der Gotthardstrasse zeigt. Der Waldweg nach dem Dorf ist gut gesichert. Bis **Sisikon** führt er insgesamt achtmal in die Höhe, je ca. 30 m, einigemal bis an die Axenstrasse. Ausser beim Thurgauer Stück ist die Sicherung gegen den Autoverkehr ausreichend. Zum Glück wird jedesmal nur während eines kurzen Wegstückes die moderne Art der Fortbewegung demonstriert. Und vor allem dann, wenn die Vehikel im Tunnel drin sind, erholt man sich vom Lärm beim Geplätscher der Wellen, bei Vogelgezwitscher und bei der Begegnung mit vielen Mitwanderern.

Grüezi mitenand!
Die Idee des Weges zeigt nachhaltige Wirkung. Das stellt man unschwer fest, wenn Tessiner und Welsche, aber auch Schweizer aus Kantonen, in denen man einander nicht mehr grüsst, sich begegnen. Fröhliche Gesichter und lustige Grussworte sind ein weiterer Aufsteller. Die Begegnungsstätten unterwegs tragen dazu bei: Viele Aussichtspunkte mit Sitzgelegen-

Wanderkarte 1:40 000
Schwyzerland (Kümmerly + Frey)
«Weg der Schweiz», erhältlich beim Verkehrsverein Brunnen, Broschüre mit Übersichtskroki

Verkehrsverein Brunnen VVB 041 825 00 40
(Buchungsstelle für die historische Reisepost mit 5 Pferden und Kutsche über den Gotthard)
Verkehrsverein Flüelen 041 870 42 23
Schiffahrt Vierwaldstättersee 041 367 67 67

Flüelen – Tellsplatte 1 h 15 min
Tellsplatte – Sisikon 45 min
Sisikon – Morschach 1 h 40 min
Morschach – Brunnen 1 h

Steigung: Flüelen – Sisikon, ungefähr (!) 250 m
Steigung: Sisikon – Höhe Morschach, ca. 380 m
Gefälle: Flüelen – Sisikon, ungefähr 230 m
Gefälle: Morschach – Brunnen, ca. 400 m

in Flüelen, Rest. Tellsplatte, Sisikon, Morschach und Brunnen

Fam. Oswald Fähndrich, Flüelen (20 Pl.) 041 870 21 54
Haus Carmen, Seedorf (30 bis 35 Pl.) 041 870 46 02
Morschach, Pallotinerheim (38 Pl.) 041 820 10 85
Morschach, Kempfhütte (46 Pl.) 01 740 05 40
Brunnen, Militärunterkunft (100 Pl.) 041 820 01 55

Sonderfahrten bis 50 Pl. F. Kaufmann, Flüelen
2 Pedalo, 2 Ruderboote, 041 870 72 54
Boots-Taxi Tag und Nacht, Brunnen, 041 820 22 49
Föhnhafen
Vierwaldstätterseeschiffahrt 041 367 67 67

verteilt auf die ganze Strecke

Hallenbad Swiss Holiday Park, Morschach
Hallenbad, komb. mit Seebad Brunnen

diverse zwischen Flüelen und Sisikon, aber nur für geübte Schwimmer, Kinderstrandbad Brunnen

Mineralien-Museum Seedorf bei Flüelen
Historischer Rundgang Brunnen

barocke Bundeskapelle (1632) in Brunnen
Tellskapelle auf Tellsplatte (1879/80)

Rudenz Flüelen, ein mittelalterlicher Wohnturm, im 19. Jh. zum Wohnhaus umgebaut, ursprüngl. Zollhof

Alte Pfarrkirche St. Georg und Nikolaus (1665) in Flüelen

Oberhalb senkrechter Felsen, unterhalb oder parallel der Axenstrasse, Weg nicht verlassen. Gute Bergschuhe empfehlenswert.

Flugschule Pilatus in Brunnen 041 820 54 31
Passagierflüge Gleitschirmfliegen bei touch and go...
Fischerpatente Polizei Brunnen 041 820 11 17

Im Reussdelta zwischen Flüelen und Seedorf

heiten, vorbildlich ausgerüstete Picknickplätze, Feuerstellen mit Holz, Schutzhütten und Badeplätze (nur für gute Schwimmer) laden zum Verweilen ein.

Ein Fitnesstest?
Der zurückgelegte Weg entspricht einem echten Fitnesstest. Das romantischste Stück führt von der **Tellskapelle** (Restaurant und Schiffsanlegestelle) bis nach **Sisikon**. Am besten gefallen haben uns das schöne Panorama der Bündner, die grosse Pilgerweggrafik der Thurgauer unterhalb der Axenstrasse und die mustergültig eingerichteten Picknickplätze unterwegs.

Panorama der Bündner am Weg der Schweiz

Noch höher hinauf
Der satte Aufstieg folgt nach Sisikon. Zuerst Richtung Binzenegg führend, macht eine Tafel darauf aufmerksam, dass während der Schneeschmelze eine Ausweichroute besteht. Im Sommer und Herbst hält man aber mit Vorteil rechts, denn dort öffnet sich das Panorama des hintern **Riemenstaldner Tals**. «Schau vorwärts Walter, und nicht hinter dich!» Dieser Satz aus Wilhelm Tell gilt nicht für diesen Aufstieg, denn im Rücken grüssen Urirotstock und die Urner Alpen, unten glänzt der Urnersee, linkerhand zeigen sich Oberbauenstock und Seelisberg. Besonders zauberhaft ist diese Aussicht im Spätherbst, wenn der erste Schnee die Gipfel bereits verzuckert hat. Im Frühling würde man dafür Zyklamen finden, ein Hinweis darauf, dass an dieser Bergflanke (der Föhn lässt grüssen) fast ein Tessiner Klima vorherrscht.

Achtung Steinschlag!
Der **Dornibach** unterhalb des Fronalpstockes ist während Gewittern und der Schneeschmelze ein gefährlicher Geselle. Sein Couloir soll rasch durchschritten werden. Nach dem Wald erreicht man bald den höchsten Punkt. Die Leute aus dem Kanton Waadt haben eine raffinierte Aussichtsplattform gebaut, dort, wo die Hochspannungsleitungen nicht mehr stören. Auf Teerbelag und an der Franziskuskapelle vorbei gelangt man nach **Morschach** hinunter.

Gastliche Häuser laden ein zu einem Trunk. Nach **Brunnen** verkehrt ein Bus. Andererseits zeigen sich neue, unerwartete Ausblicke über den ganzen Vierwaldstättersee nach Westen, vor allem beim **Axenstein** und später beim «Känzeli», während der Waldweg durch den Ingenbohler Wald, glitschig nach Regenperioden, nach Brunnen hinunter führt. Zum Teil ist dieser historische Hohlweg mit den dunkelgrün bemoosten Steinen etwas ruppig. Es lohnt sich also auch, für den Weg der Schweiz die Wanderschuhe anzuziehen. Und das Mountain-Bike ist a) verpönt und b) völlig ungeeignet wegen der vielen hundert Treppenstufen.

Wer schnell zum Bahnhof gelangen will, hält im Dorf unten rechts. Für diejenigen, die als harmonischen Abschluss eine Schiffahrt unternehmen wollen, führen die Wegzeichen (das Schweizer Kreuz mit Pfeil und roten Fussspuren) direkt zur **Schiffsanlegestelle Brunnen**.

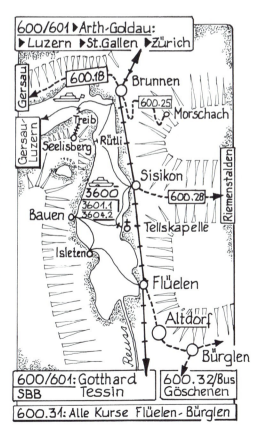

42. Über den Pragelpass

Netstal (458) – Klöntalersee (851) – Richisau (1103) – Pragelpass (1569) – Muotathal (624) – Schwyz (516).

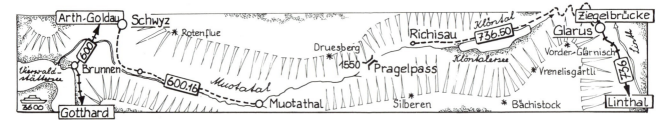

Die **Velotour** über den Pragelpass bietet eine Knacknuss folgender Art: Vom Befahren der **Klöntalerstrasse** am Wochenende wird abgeraten wegen des motorisierten Ausflugsverkehrs. Aber ausgerechnet am Samstag und Sonntag darf die schmale, geteerte **Pragelpassstrasse** von Autos und Motorrädern nicht befahren werden. Während eines strahlend schönen Sommerferientages machten wir die Erfahrung, dass sich der motorisierte Verkehr über den Pragelpass in Grenzen hält. Zudem fahren Motorräder und Autos wohlweislich (!) vorsichtig und freundlicherweise rücksichtsvoll. Der Passstrasse kann wenigstens im ersten Aufstieg ausgewichen werden. Deshalb schlagen wir eine Anfahrt von **Netstal** aus vor. An ausgesucht schönen Dorfbrunnen vorbei führt die Nebenstrasse zum Kraftwerk, erklimmt dann stark steigend, aber verkehrsfrei, die Bergflanke und trifft erst beim Restaurant Stadlerhof auf die Klöntalerstrasse.

Wenn man in der Folge in der **Löntschschlucht** zum Schwitzen kommt, so hat man trotzdem Zeit, die unerwartet prächtige Strassenrandflora (Knabenkräuter, das kleine Waldvögelein, Glockenblumen und Fingerhut) zu bestaunen. Bei der Staumauer begreift man Carl Spitteler, denn das Klöntal mit dem herrlichen See wurde schon von ihm besungen: «Grindelwald und Engelberg zum Beispiel gelten mir als minderwertig im Vergleich zum Klöntal nach dem Stimmungsgehalt beurteilt». Sind es die hohen Felswände links und rechts? Sind es die herrlichen Spiegelbilder der umliegenden Berge im See? Auf alle Fälle sollte man sich den Wanderweg auf der rechten Seite des Sees später auch einmal zu Gemüte führen.

Am Ende des Sees, in **Klöntal-Vorauen,** warten ein Badeplatz, zwei Wirtschaften und eine moderne Kapelle auf eine Besichtigung (1965/66 erbaut, sehenswerter Fensterzyklus).

Der Chlön entlang

Nomen est omen: Das Rauschen

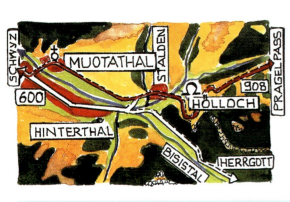

 Velokarte Nr. 5 VCS: Zug – Schwyz – Uri – Glarus oder Wanderkarte 1:50 000 Glarnerland

 Verkehrsbüro Kanton Schwyz 041 825 00 40
Tourist-Info Post Schwyz 041 811 27 10
Glarnerland Tourismus Niderurnen 055 610 21 25

für Tourenvelofahrer (nicht für «Rennfahrer»)
Netstal – Staumauer 40 min bis 1 h
Staumauer – Richisau 40 min bis 1 h
Richisau – Pragelpass 1 h 20 min bis 2 h
Pragelpass – Schwyz 1 h bis 1 h 30 min

Steigung: ca. 1100 m
Gefälle: ca. 1000 m

 Netstal, Vorauen, Klöntal, Richisau, Pragelpasshöhe, Muotathal und Schwyz

Hölloch-Führungen, Wärterhaus
Hinterthal 041 830 27 40
Auskunft, Reservationen, Trekking AG 01 950 33 88

 Näfels (SGU), Lehrschwimmbecken Muotathal

des Bergbaches Chlön übertönt das innerliche Stöhnen über die steile Passstrasse. Die Rampe nach **Richisau** (Postauto-Endstation, Wirtschaft), meist der Sonne ausgesetzt, zehrt am Nerv. Besser wird's dann, wenn der Wald hinauf zur Alp Chlön teilweise Schatten spendet.

Die Rast ganz oben, das Gespräch mit Leidensgenossen und die Aussicht auf eine schnelle Abfahrt entschädigen rasch für die Strapazen. Vorbei an der Naturstein-Kapelle und einer Alpwirtschaft erreicht man den eigentlichen Kulminationspunkt. Der Rest ist rasch erzählt:

Auch wenn man vor der Abfahrt den Dynamo als zusätzliche Bremse einschaltet (und dadurch von den entgegenkommenden Motorfahrzeugen besser gesehen wird), schmerzen einem bald die Hände vom vielen Bremsen.

Hölloch-Trekking?

Kurz vor dem Dorf Hinterthal im Muotatal steht rechts am Strassenrand das «Wärterhaus» der «Hölloch-Trekking-Companie».

Führungen in **Europas längstem Höhlensystem** werden von Juni bis September, von Mittwoch bis Freitag und am Wochenende angeboten (im Mai und Oktober auf Anfrage). Neu besteht auch ein Lehrpfad für Schulen. Vom ganzen Höhlensystem, es sei das drittgrösste der ganzen Welt, sind 170 km erforscht.

Die 13 km lange Abfahrt durchs Muotatal führt an der Talstation der Stoss-Standseilbahn vorbei direkt nach Schwyz (siehe Tour 39) und am Schluss noch ca. 2,5 km bis zum Bahnhof Seewen – Schwyz, wo das Fahrrad wieder auf die Bahn verladen werden kann.

Bergheuet auf der Pragel-Passhöhe

| | Pfadiheim Netstal (30 Pl.) Gertsch A. 055 640 01 75
Rest. Vorauen (Herberge, 22 Pl.)   055 640 13 83
Rest. Richisau (Herberge 30 Pl.)   055 640 10 85
Rest. Pragelpasshöhe (20 Pl.)   041 830 12 25
Pragelblickhütte Muotathal (20 Pl.)
P. Rüeger, Stabweg 3, 8193 Eglisau   01 867 31 84
Rest. Lipplisbüöl (15 Pl.) Muotathal 041 830 11 52
Ferienl. Hölloch (80 Pl.) Muotathal   041 830 15 76 | Ref. Kirche (1811) mit Kuppelturm und katholische Kirche (1933) mit Glasfenstern in Netstal
kath. Kirche St. Sigismund und Walburga*), Barock (1786–93) in Muotathal

 Franziskanerinnenkloster St. Joseph*), (1684 - 93) in Muotathal | Reiche Sehenswürdigkeiten Schwyz: siehe Tour 39

 Abfahrt auf der schmalen und sehr steilen Pragelpassstrasse (Kt. Schwyz) dosiert angehen!
Velohelm für Abfahrt empfohlen |

43. Kleines Matterhorn zwischen zwei Seen?

Willerzell am Sihlsee (890) – Geissweidli (1002) – Alpfärtli (1306) – Büel (1331) – Egg (1382) – Wildegg (1504) – Chli Aubrig (1642) – Eggstofel (1392) - Rohr (1209) – Brandhaltli (906) – Wägitalersee (Postautohaltestelle Staumauer-Ost).

Kein Sonntagsspaziergang!

Wer an einen «Sonntagsspaziergang» denkt, liegt falsch. Wer aber einen der schönsten Aussichtspunkte kennenlernen will, der mache sich sobald als möglich auf die Füsse.

In **Einsiedeln** steigt man um aufs Postauto nach Willerzell – Egg oder in dasjenige nach Unteriberg. Zeitlich ergeben sich keine Einsparungen, ob man nun den Ausgangspunkt **Willerzell** oder denjenigen am Ende der südlichen Sihlseebrücke, in **Ruestel** vor **Euthal**, wählt.

Ruppiger Aufstieg, herrlicher Lohn!

Die Ausblicke auf den ganzen Sihlsee verkürzen den Aufstieg über Geissweidli zur Alpfärtli. Anfangs ist die Alpstrasse geteert, später wird der Pfad durch die Weiden recht sumpfig. Man betrete weder links- noch rechtsliegende Wälder und trifft auf einer Höhe von etwa 1000 m wieder auf eine markante Wegspur, die zusehends schöner wird.

Ab Punkt 1306, wo der Weg von Euthal auf unsere Route trifft, folgt ein mehr oder weniger flacher, bequemer Alpweg. Er erlaubt es, die Rundumsicht in vollen Zügen zu geniessen. War der Aufstieg bisher eher einsam, trifft man auf der Höhe nun mehr Leute. Die meisten

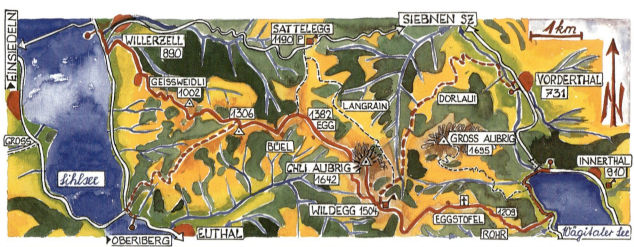

 Wanderkarte SAW: 1:50 000 (Blatt 236 T), Lachen oder Wanderkarte Schwyz 1:50 000 (Orell Füssli)

 Verkehrsverein Einsiedeln 055 418 44 88

 Willerzell am
Sihlsee – Geissweidli 30 min
Geissweidli – Stöfeli 1 h
Stöfeli – Berggasthaus Wildegg 1 h
Wildegg – Chli Aubrig – Wildegg 50 min
Wildegg – Wägitalersee (Staumauer) 1 h 50 min

Steigung: ca. 800 m
Gefälle: ca. 800 m

 Willerzell, Wildegg, Innerthal

 Pfadihaus Einsiedeln,
Arnold Oechslin 055 412 12 42
Pfadiheim Birchli, Einsiedeln 01 804 25 04
Jugendpavillon Einsiedeln 055 412 91 74
SJH Fuederegg, Hoch Ybrig 055 414 17 66
Campingplatz Willerzell «Grüene Aff» 055 412 41 31

Skihaus des Skiclubs Wägital auf der Sattelegg
Beat Züger, Vorderthal (25 Pl.) 055 446 17 25
Berggasthaus Wildegg (1504 m, 10 Pl.)
leider keine Gruppenunterkünfte am Wägitalersee

 Sihlsee – Rundfahrten und Vermietung von Motor-
und Kabinenbooten am Sihlsee 055 412 63 05
Hotel Post, Euthal 055 412 27 18
Fischerei, Rund- und Taxifahrten und
Bootsvermietung am Wägitalersee,
Beat Holdenrieder 055 446 13 44

 Strandbad Roblosen am Sihlsee 055 412 23 65
am SW-Ufer des Wägitalersees

 Hallenbad Minster, Unteriberg 055 414 62 40

Panorama der Kreuzigung Jesu (1892), Holzrundbau, im Frühling bis Herbst tägl. 10–17 Uhr, Einsiedeln
Diorama Bethlehem (Krippendarstellung 1954), Einsiedeln, täglich 10–17 Uhr (Mai–Oktober)
Chärnehus (Kornhaus 1736) und Rathaus (1680) Einsiedeln
Marchmuseum Rempen, Vorderthal

 Kloster Einsiedeln, grösster und geschlossenster Barockbau der Schweiz ** mit Stiftsbibliothek und barockem Festsaal
Klosterführungen via Verkehrsbüro anmelden, die Tonbildschau in der alten Mühle von Mai bis Oktober um 14 Uhr ist empfehlenswert

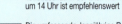 Die umfassende, langjährige Renovation der barocken Klosterkirche Einsiedeln (1719 – 35)** wurde 1996 abgeschlossen

 im Sihlsee bedeutend billiger als im Wägitalersee, Tageskarten: erhältlich in den Gasthöfen am Ufer.

 Gute Wanderschuhe nötig

kommen in der Regel vom Parkplatz auf der **Sattelegg**. So findet denn an schönen Sonntagen ein fröhliches Picknicken auf der Egg statt. Ein spannender Aufstieg mit kurzem, gesichertem Felspfad führt zur wohl romantischsten Alpwirtschaft, die wir im ganzen Wandergebiet getroffen haben. Die Gartenwirtschaft Wildegg erlaubt ausserordentlich schöne Ausblicke (siehe Buchumschlag).

Ein kleines Matterhorn?

Trotzdem werden sie übertroffen von dem, was einem geboten wird beim Gipfelkreuz auf dem **Chli Aubrig** oben. Der lustige Nagelfluhkopf, der nördlich fast überhängend abfällt, kann wirklich mit einem kleinen Matterhorn verglichen werden. Einmal mehr zeigt sich, dass die Rundsicht von einem relativ niederen Voralpenhügel bedeutend schöner sein kann als diejenige auf einem Viertausender, wo alles andere viel zu weit unten liegt. Bis zum Zürichsee sieht man, weit in die Glarner, Schwyzer und Urner Alpen hinein, aber auch zum Jura. Der Wägitalersee versteckt sich tief unten, der Eintrag ins Gipfelbuch sollte nicht vergessen werden. Das Team, welches diese Tour anschaute, entschloss sich spontan, diesen schönen Fleck baldmöglichst wieder aufzusuchen.

Am liebsten würde man auf dem «Chli Aubrig» sitzenbleiben

Ein nationaler Wanderweg?

Gemäss der Wanderkarte Lachen kann in der Folge von der **Wirtschaft Wildegg** zum Wägitalersee auf einem «nationalen Wanderweg» abgestiegen werden. Für dieses Prädikat ist er sehr karg gezeichnet, obwohl er hervorragende Qualitäten aufweist.

In guter Erinnerung ist uns das Hochmoor am Nüssen geblieben, die Bank oberhalb der Alp Eggstafel, das Wegkreuz nach dieser Alp.

Kartenlesekünste gefragt:

Nachher verliert sich der Weg, bevor man ganz kurz den Rohrwald durchquert. Als Orientierungshilfe diene in etwa das lose aufgehängte Stromkabel, das schliesslich zur Alp Rohr hinunterführt, oder der Grat, der sich ziemlich genau ostwärts Richtung Wägitalersee hinunterzieht. Sündhaft steil, aber gut auffindbar, ist in der Folge der Weg hinunter zum Hof Brandhaltli am See.

Der **Wägitalerseestrasse** nach Norden folgend, erreicht man die Postautohaltestelle ennet der Staumauer. Wer fischen oder Boote mieten möchte, findet in **Innerthal** die nötigen Auskünfte und auch eine Wirtschaft. Die Postautokurse verkehren so, dass man in **Siebnen** Anschluss an die S-Bahn-Züge in beide Richtungen hat.

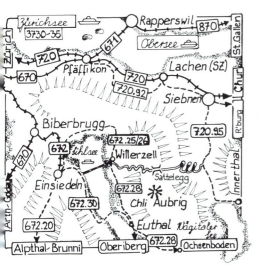

44. Vom Klöntaler- an den Wägitalersee

Vorder-Richisau (1103) – Hinter-Richisau (1132) – Alphütte ob Richisauer Wald (1400) – Brüschalp (1577) – Geröllhalde (1400) – Ober Boden, Aberenalp (1000) – Au am Wägitaler-See (908) – Postautohaltestelle nach Staumauer (902.3).

Manchmal beginnt eine Tour auch mit der interessanten Hinfahrt. In guter Erinnerung ist uns bei dieser Tour die Postautofahrt auf der schmalen Strasse von **Glarus** durchs **Löntschtobel** und später entlang des zauberhaften **Klöntalersees** geblieben. Dabei kamen uns die Hinweistafeln für Töfffahrer entlang der Klausenpassstrasse in den Sinn: «Gib deinem Schutzengel auch eine Chance!» Hier müssten sie sich eher an die talwärts rasenden Radfahrer richten.

Auf dem Klöntalersee verkehrte vor Jahren einmal ein Kursschiff. Mangels Kunden musste es aber den Betrieb längst einstellen. Boote können auch keine gemietet werden. Hingegen geben wir den Wunsch der Einheimischen gerne weiter: Man möge bitte mit den öffentlichen Verkehrsmitteln anreisen.

Am Wochenende ist die Pragelpassstrasse ab **Vorder-Richisau** verkehrsfrei. Fast verkehrsfrei, mussten wir feststellen, Einheimische erhalten da offenbar Spezialbewilligungen.

Dieser Strasse folgt man bis zur markanten Linkskurve in **Hinter-Richisau** (vor der Brücke).

Durch den abgeholzten Schutzwald mit Rippenfarn und Borkenkäferfallen erklimmt man nun auf schmaler Spur, die schlecht gezeichnet, aber mit Him-, Brom- und Heidelbeerstauden umsäumt ist, praktisch in der Fallinie die Höhe. Die Alphütte oberhalb des Waldes zeigt mit viel Farbe, dass wir auf der richtigen Spur sind. Der Weg, welcher nach links abzweigt, führt zur **Schwialp**. Nochmals durchquert man ein Waldstück in der Fallinie und folgt parallel dem Stromkabel und dem Waldrand. Viel schneller als errechnet erreicht man so die Höhe von ca. 1560 m (entspricht derjenigen des **Pragelpasses**). Einen Halt unterhalb des **Brüschbüchels** diktieren Puls und Panorama! Auf Du und Du mit Glärnisch, mit dem geologisch interessanten Gebiet der Silberen, mit dem herrlichen **Chlöntal** zur Pragelpasshöhe hinauf, den Felsköpfen zwischen Fläschenspitz und Höch Hund.

Während der Weidezeit kann Milch gekauft werden auf der **Brüschalp**. Der Abstieg zum Wägitalersee, bedeutend besser bezeichnet, beginnt sanft, wird aber dann gar bald ruppig. Mit Spannung erwartet man den Blick zum

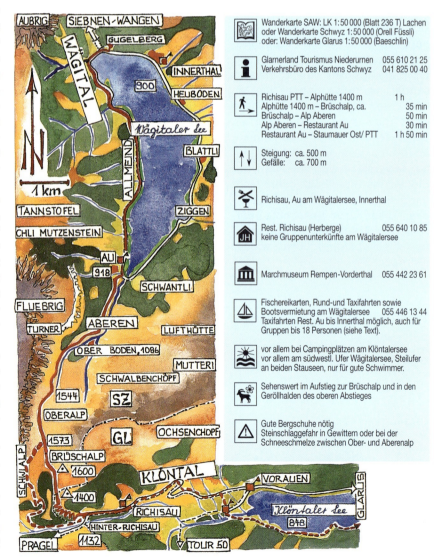

See hinunter und staunt im Bereich der mächtigen Geröllhalden unterhalb der Fireten, **Gantspitz bis Turner,** über die Erosionskräfte in diesem Gebiet. Der eine oder andere Stein dürfte erst kürzlich zum Weg hinunter gesaust sein. Eine rasche Traversierung sei empfohlen.

Im Bereich der **Aberenalp** betritt man den Wald, ein Fahrweg führt hinunter an den **Wägitalersee,** zum **Restaurant Au**. Die Hangmoore westlich des Sees, zum Teil seelenlos entwässert durch Betonrinnen, begleiten einen nun. Schade ist es, dass das Strässchen von Au bis zur Staumauer mit Hartbelag versehen ist und an schönen Sonntagen rege, aber sehr anständig, von Autos befahren wird.

Romantische Picknick- und Badeplätze laden zum Verweilen ein, in einem Kiosk unterwegs werden Erfrischungen angeboten.

Recherchen haben ergeben, dass der Bootsvermietungsbetrieb in Innerthal in der Lage ist, **Taxifahrten ab Restaurant Au** nach Innerthal durchzuführen (18 Personen aufs Mal mit zwei Booten. Möglich ist dieser Service auch für kleinere Gruppen, Reservation: siehe Telefonnummer im Piktogramm).

Denn zwei Stunden Strassenmarsch sind happig nach einer Bergtour. Die vielen schönen Ausblicke, der liebliche See, Fischer und Familien am Ufer und die rauschenden Seitenbäche machen zwar vieles wett. Auf der östlichen Seite der Staumauer (oder in Innerthal) liegt die **Postautohalte-**

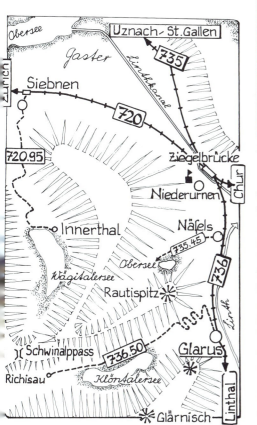

Abstieg von der Brüschalp zum Wägitalersee

stelle, aber kein Restaurant. Wer einkehren will, wählt in Au mit Vorteil die rechte Seeuferstrasse und marschiert direkt nach **Innerthal**, wo auch Fischerpatente gelöst werden können.

Im Stundentakt führt der Postautochauffeur die Wanderer zur Bahnstation **Siebnen**, wo die S-Bahn schlanke Anschlüsse an die Schnellzüge in Ziegelbrücke und Pfäffikon SZ garantiert.

45. Das Hirzli, ein begnadeter Aussichtspunkt!

Morgenholz (980) – Schwinfärch (1180) – Forsthütte (1450) – Hirzli (1640) – Planggenstock (1675) – Planggenboden (1264) – Mettmen (1181) – Bodenberg (1060) – Morgenholz (980) – evtl. Sol (1061) – Stock (885) – Gfell – Schloss Niederurnen – Niederurnen (435).

Kenner dieses Aussichtspunktes hoch über Linthebene und Walensee sind sich einig: Wer einmal auf diesem charmanten Hügel war, der kommt wieder.

Aufstieg per Luftseilbahn?
Eine Anreise per Bahn nach **Niederurnen** ist empfehlenswert, denn bei der Talstation der Luftseilbahn bestehen nur wenige Parkplätze. Zudem ist ein Abstieg via Schloss Niederurnen, fern des Parkplatzes, ratsam. Dabei kommt man nicht an den Ausgangsort zurück. Im Dorf Niederurnen bestehen gute Einkaufsmöglichkeiten. Bei schönem Wetter hat die Luftseilbahn Niederurnen – **Morgenholz** Dauerbetrieb, die nigelnagelneue, rote Kabine fasst maximal 8 Personen. Von der Bergstation führt ein steiler, guter Zickzack-Alpweg direkt zur Alp **Schwinfärch**. Dort öffnet sich der Blick ins Niederurnertal und an die Felswände östlich des Chöpfenberges.

Anschliessend führt ein ausgesprochen gut unterhaltener Bergweg teils durch Waldpartien, teils über Weiden mit schöner Flora harmonisch in die Höhe. Die ersten Ausblicke nach Osten, zum **Walensee**, den Churfirsten und Nüenchamm deuten an, was einen in der Höhe erwartet. Auf halber Höhe gabelt sich der Weg. Wenn man sich nach Osten hält, gelangt man zur **Forsthütte**. Eine

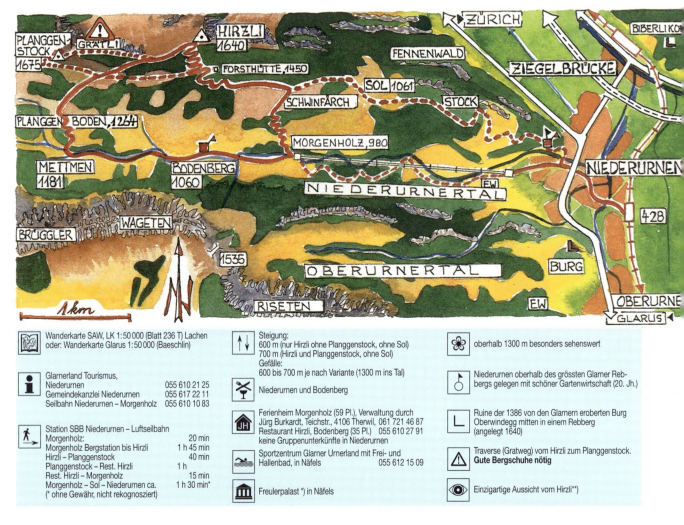

112

Feuerstelle, Sitzgelegenheiten und ein mächtig schöner Ausblick, nun auch ins St. Galler Oberland, zum Mürtschen – und Fronalpstock lassen einen die richtige Wahl treffen. Immerhin hat man bereits ca. 500 Höhenmeter zurückgelegt.

Das Hirzli lockt
Durch atypischen Rottannenwald, der sich bis fast auf den Gipfel hinaufzieht, vorbei an verschiedenen Enzianarten, steigt man im Schatten weiter. Unterwegs haben wir im Herbst sogar weissen Stengelenzian entdeckt. Gerade weil die Aussicht durch das Jungholz oft verdeckt ist, kommt man beim Gipfelkreuz nicht mehr aus dem Staunen heraus. Und es geht allen so, die's geschafft haben. Die Welt liegt einem buchstäblich zu Füssen. Hier oben kann man erahnen, wie Conrad Escher von der Linth es geschafft hat, so genaue Pläne seiner **Linthkorrektion** zu zeichnen. Im Schloss Niederurnen ist man zwar der Überzeugung, dort sei sein Zeichnungsstandort gewesen. Vier Seen, Dutzende von Hügeln, Bergen und Tälern entdeckt man. Der Prospekt der Luftseilbahn verspricht nicht zu viel. Den Walensee in seiner ganzen Länge und die **Linthebene** haben wir noch nie so «hautnah» erlebt. Schön, dass auch das Gipfelbuch nicht fehlt. Leute, die nicht trittsicher sind, vor allem aber auch Schüler, kehren auf dem gleichen Weg zurück und wählen auf Alp Schwinfärch den Weg, der via **Sol** zum Schloss Niederurnen führt.

Erlebnis Planggenstock
Ein sehr schmaler, aber guter Bergweg führt westwärts zum Planggenstock, einmal links, einmal rechts der Krete, zum Teil auch direkt auf dem Grat. Einige Male geht's dann senkrecht in die Linthebene oder ins Niederurnertal hinunter. Nicht auszudenken, was passieren würde, wenn bei glitschiger Spur oder nassem Gras jemand einen Fehltritt täte!
An sich kann der Planggenstock aus westlicher Richtung über eine Grashalde bequem erstiegen werden. Spannender aber ist die «Direttissima» durch die Nagelfluhwand östlich des Gipfelkreuzes, gut bestückt mit Wegzeichen. Auch hier oben liegt ein Gipfelbuch, aber mit deutlich weniger Einträgen.

Steiler Abstieg
Der Weg ins Niederurnertal hinunter ist nicht nur steil, sondern teilweise auch in Bewegung geraten (Rutschgebiet). In Mettmen aber trifft man dann auf einen bequemen Fahrweg und einen zauberhaften Bach. Unterwegs hat's Feuerstellen, in **Bodenberg** eine leistungsfähige Bergwirtschaft namens «Hirzli».
Ob man im Morgenholz doch die Luftseilbahn zum Heimkehren nimmt oder den kleinen Aufstieg direkt zur Alp **Sol** wagt, das werden Zeit, Wetter und körperliche Verfassung mitbestimmen. Aber die Aussicht über den Walensee und hinein ins St. Galler Oberland ist dermassen schön, dass der Abstieg auf dem Grat via **Stock** und **Gfell** bestimmt seinen Reiz hat. Genauso, wie die romantische Gartenwirtschaft im Schloss Niederurnen, wo's unglaublich feine Coupes gibt (Mo/ Di Ruhetag).
Weitere Sehenswürdigkeiten: siehe Piktogramm

Selten schöne Aussicht vom Hirzli zum Walensee (Aufstieg)

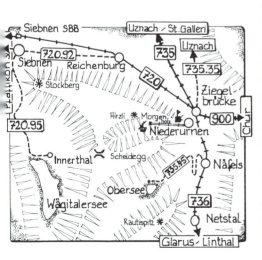

46. Velotour am ... und oberhalb des Walensees

Näfels (436) – Campingplatz Gäsi (422) – Höhenweg (460) – Mühlehorn (426) – Obstalden (681) – Filzbach (706) – Habergschwänd (1282) – Talsee (1119) – Filzbach – Britterentäli (860) – Mollis (438) – Näfels.

Wer diese Velotour als «kleinen Happen» abtut, tut ihr unrecht. Sicher ist sie unkonventionell, sicher setzt sie etwas Kondition voraus, ganz sicher aber macht sie all jenen Freude, welche den **Walensee** auf verschiedene Art und Weise erleben möchten. Ein robustes Mountainbike ist Voraussetzung für dieses Vergnügen. In **Näfels** der Bahn entstiegen, überquert man die nördliche Brücke über die Linth und folgt anschliessend dem gekiesten Weg östlich des **Escherkanals**. Die erhöhte Fahrbahn erlaubt eine gute Sicht über die Ebene. Vor dem Walensee unterquert man Autobahn und Bahnlinie (Achtung: werktags Werkverkehr) und taucht in den Schatten des **Gäsiwaldes**. Rechter Hand am Felsen befindet sich eine Tafel mit den Hochwassermarken aus der Zeit vor 1811, als der Escherkanal noch nicht bestand. Die Badestrände des Campingplatzes und ein Kiosk liegen westlich unserer Route.

Anschliessend folgt der raffinierteste Radweg der Schweiz, an senkrechten Felswänden vorbei, durch gut beleuchtete, lange Tunnels, zum Teil parallel der Autobahn, zum Teil hoch über deren Trassee führend, stets eine schöne Sicht über den See gewährend. Unterwegs trifft man auf eine nachkonstruierte Lehnenbrücke aus Eichenholz. Diese soll an die erste, von 1603 bis 1607 erbaute Walenseestrasse erinnern.

Vor einem überaus steilen Aufstieg (25%) trifft man auf die **Autobahnraststätte,** deren Plakat bei den Benützern des Radweges gezielt Kunden wirbt. Das abgeschiedene Mülital hat seinen eigenen

Velokarte VCS 1:60 000 Nr. 5: Zug – Schwyz – Uri – Glarus oder Wanderkarte Glarnerland (Verlag Baeschlin, Glarus) 1:50 000

Glarnerland Tourismus, Niederurnen 055 610 21 25
Verkehrsverein Kerenzerberg, Filzbach 055 614 16 12
Sommerrodelbahn, Sessellift Filzbach 055 614 11 68

Näfels – Campingplatz Gäsi 20 min
Campingplatz Gäsi – Mühlehorn 25 min
Mühlehorn – Filzbach 35 min
Filzbach – Britteren – Näfels 35 min

Steigung: ca. 450 m
Gefälle: ca. 450 m (mit Habergschwänd 1050 m)

Kiosk Gäsi, Mühlehorn, Obstalden, Filzbach, Habergschwänd und Talalpsee

Habergschwänd (1282 m, 30 Pl.) 055 614 12 17
Clubhaus TV Dübendorf, Filzbach (30 Pl.) 01 940 28 94
Rest. Talalpsee (12 Pl.) 077 91 02 21
Clubhaus Rüsler, westl. Filzbach 055 406 10 74
Jugendherberge Filzbach SJH (120 Pl.) 055 614 13 42
Ferienhaus Walenguflen, Mühlehorn (34 Pl.) 01 940 12 14
Campingplatz Gäsi 055 610 13 57

Walenseeschifffahrt ab Mühlehorn 081 738 12 08

Kleine Löcher am südlichen Ende des Talsees, westl. Felswand

Campingplatz Gäsi, Mühlehorn, Habergschwänd, Talsee

Hallenbad beim Sportzentrum Kerenzerberg 055 614 19 35
Sportzentrum Glarner Unterland (SGU) Näfels 055 612 15 09

Badepl. am Walensee im Gäsi und in Mühlehorn

Museum des Landes Glarus im Freulerpalast Näfels ** erbaut 1645 – 47 von Hans Fries für den in franz. Diensten zu Reichtum gelangten Oberst Caspar Freuler, zahlreiche Renaissance-Elemente und frühbarocke Innenausstattung (Di bis So, April bis Nov.)

Letzimauer, z.T. erhalten und Denkmal (1888) der Schlacht bei Näfels (1388) mit teilweise alten Gedenksteinen in Näfels, Mollis siehe Tour 48

Schlachtkapelle in Näfels

Kapuzinerkloster Maria-Burg (1675–79) Näfels, erbaut an Stelle der zerstörten Burg der österreich. Vögte

Kath. Pfarrkirche St. Fridolin und Hilarius, Näfels, erbaut 1778–81 von Jak. Singer
Ref. Kirche Obstalden, mittelalterl. Bau, erweitert 1836, Freskenzyklus im Innern aus dem 14. Jh.

Hammerschmiede in der Meerenbachschlucht in Mühlehorn. Sie bietet einen interessanten Einblick in die Eisenverarbeitung der 2. Hälfte des 18. Jh. Anmeldung unbedingt nötig 055 614 10 01

1300 m lange Sommerrodelbahn ab Habergschwänd

Reiz, bald trifft man in **Mühlehorn** ein. Wir biegen rechts ab (Wegweiser Kerenzerberg) und finden bald ein zweites Schild, das uns zur **Hammerschmiede** weist. Der Besuch derselben (Galerie und imposante Werkstatt) sei vor allem älteren Schülern, die vor der Berufswahl stehen, und Erwachsenen empfohlen. Das Gedicht über den letzten Schmied von Mühlehorn ziert den düsteren Werkraum:

«Verklungen sind Stimme und Ambossklang,

erloschen das Feuer, verstummt der Sang.

Das Dröhnen der Hämmer, man hört es nicht mehr,

das Wasser läuft stille vom Meerenbach her.

Das Wasserrad ruht, es dreht sich nicht mehr

die Werkzeuge liegen arbeitslos umher».

(Dem letzten Hammerschmied von Mühlehorn, 1945)

Aufstieg von Mühlehorn nach Obstalden (Kerenzerberg)

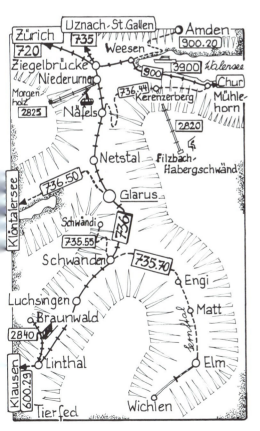

Christian Zimmermann betreibt nun diese Hammerschmiede wieder, Eisenplastiken zeugen von seiner künstlerischen Ader.

Ein Aufstieg auf der **alten Kerenzerbergstrasse** beschert einem wenigstens bis Stocken Ruhe vor dem Verkehr. Nachher aber ist man angewiesen auf die neue Strasse, die uns via **Obstalden**, stets schöner werdende Ausblicke gewährend, nach **Filzbach** führt.

Mögen Sie lustige Abstecher und spontane Eingebungen? Ein kleiner Aufstieg führt zur Talstation des **Sesselliftes Habergschwänd**. Gute Worte und ein Trinkgeld erlauben eine Bergfahrt mit angehängtem Velo an der Rückenlehne des Sessels. Im Bergrestaurant auf 1282 m wird man gut bedient, bevor eine rassige Abfahrt auf einer gut gepflegten Alpstrasse zum überaus reizvollen **Talsee** weitere landschaftliche Reize erschliesst.

Vom Parkplatz des Talsees führt eine schmale, geteerte Strasse in Serpentinen nach Filzbach hinunter. Stets hat man auch bei dieser Abfahrt ein Panorama bester Güte vor Augen.

Nach dieser «faulen Tour» kann man sich einen weiteren, kleinen Aufstieg leisten. Ein schmales Alpsträsschen mit Hartbelag führt durch stille Weiden und Waldpartien zum **Britterentäli** und schliesslich erst kurz vor Mollis zurück in die Kerenzerbergstrasse, die früher den ganzen Autoverkehr aus dem Raum Zürich ins Bündnerland bewältigen musste. Sofern Zeit bleibt, bieten das reiche Kulturangebot in Näfels und Mollis (siehe Piktogramm) oder die moderne Badeanlage im Sportzentrum Glarner Unterland (SGU) einen schönen Abschluss dieser unkonventionellen Velotour an.

«**Nüenchamm,** Rigi der Kerenzerberge», siehe Tour 47.

47. Nüenchamm, «Rigi der Kerenzerberge»

Habergschwänd (1282) – Chammhüttli (1829) – Nüenchamm (1909) – Mullerenberg (1183) – Mollis (457) – Näfels (436).

Getrost darf der **Nüenchamm** als Rigi dieser Gegend bezeichnet werden. Wer seine Tour an einem Föhntag mit guter Sicht plant, wird bass erstaunt sein, was ihn beim klapprigen Gipfelkreuz auf diesem einsamen Hügel erwartet. Ausnahmsweise plädieren wir auch dafür, dass Auf- und Abstieg mit gutem Gewissen identisch sein dürfen.

Der preisgünstige Sessellift bringt einen von **Filzbach** rasch auf die Höhe von fast 1300 m. Da die Alp rund ums Bergrestaurant **Habergschwänd** oft zum Picknicken «herhalten» muss, führen verschiedene Spuren auf den gut gezeichneten Alpweg Richtung Nüenchamm. Nach einer Wegstunde folgt eine interessante Quertraverse oberhalb Punkt 1704 und oberhalb der Alpweiden. Von diesem Punkt an kann die Flora mit Fug und Recht als ausserordentlich bezeichnet werden.

Vor dem Schlussaufstieg lädt eine **Quelle** mit einem bereitstehenden weissen Kessel zu einem Trunk ein. Je höher man steigt, umso spannender wird der Weg. Das **Chammhüttli** mit grossem Tisch, einer Eckbank, einem Bett und Holz zum Feuern ist eine liebenswürdige Erinnerung an die 700-Jahr-Feier der Eidgenossenschaft 1991. Die Leute aus Filzbach, welche diese schöne Schutzhütte gebaut haben, notierten folgenden Text im Hüttenbuch:

«Mögest du viele Jahre Sonne, Wind, Regen und Schnee standhalten, mögest du die Geheimnisse bewahren, die unter deinem Dach besprochen und gelebt worden sind, mögest du den Wanderer, den du beherbergt hast, daran erinnern, dass wir nur Gäste dieser Erde sind, mögest du manchem Wanderer Schutz und Schirm sein... und mögest du noch stehen, auch wenn wir alle schon gegangen sind».

Bis zum **Gipfelkreuz** steigt man wieder über eine Alpweide auf. Der begnadete Aussichtspunkt wird seinem Prädikat vollauf gerecht. Klöntalersee, Zürichsee und Walensee blinken herauf, die Linthebene liegt einem zu Füssen, während Mürtschen- und Fronalpstock, der Glärnisch, das Hirzli, der Speer und die Churfirsten das nahe Panorama vervollständigen.

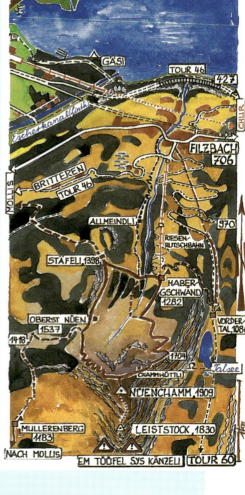

Achtung, falsche Wegspur!
Vor lauter schöner Aussicht gerät man in Versuchung, die Karte nicht genügend zu studieren. Ein mit roten Punkten bezeichneter Pfad führt unübersehbar Richtung Süden zum **Leiststock**. Dort wiederum ist ein Felsblock deutlich bemalt mit einem roten Pfeil und dem Hinweis «**Seil**». Spätestens bei diesem Seil sollte man umkehren. Erstens artet dieser Abstieg in eine gefährliche Kletterei aus, zweitens verliert sich nachher der Weg beim Felsköpflein, das von Einheimischen richtigerweise als «**Tüüfels Känzeli**» bezeichnet wird. Da wir die Tour zweimal rekognosziert haben, konnten wir verschiedene Gespräche mit Einheimischen (Schafhirten und Jäger) führen: Offenbar verlaufen sich relativ viele Leute bei dieser falschen Wegspur.

Die Verantwortlichen des Verkehrsvereins Kerenzerberg haben Abhilfe versprochen. Denn der Weg zum Mullerenberg zweigt deutlich **unterhalb des Nüen-**

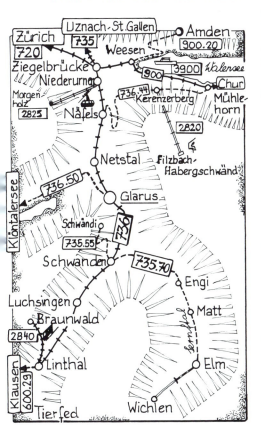

Aufstieg zum Chammhüttli hoch über dem Walensee

chammgipfels ab. Dort soll ein Wegweiser installiert werden. Nachher findet man den rotweiss bezeichneten Wanderweg hinunter zum Mullerenberg besser. Allerdings darf auch er unter keinen Umständen verlassen werden, denn sowohl links als auch rechts folgen nach steilen Grashalden senkrechte Felswände! Bei starkem Regen, Schneetreiben oder Nebel empfiehlt es sich deshalb, wieder via Chammhüttli zur Bergstation Habergschwänd abzusteigen!

Andererseits hat die Höhenterrasse **Mullerenberg** (Mullern) absolut ihren Reiz, eröffnet neue Ausblicke ins Glarnerland und erwartet einen mit der gut geführten Alpwirtschaft Alpenrösli. Der Weg vom Mullerenberg nach **Mollis** führt nur kurz der geteerten Strasse entlang. In steilem Gelände führt er talwärts, meist im Wald. Das Gefälle wird älteren Gelenken unter Umständen zu schaffen machen. Ein Niederurner **Taxiunternehmen** springt bei Bedarf ein, die Telefonnummer ist sowohl in unserem Piktogramm als auch im Alpenrösli zu finden.

48. Eine Velotour im Glarnerland

Niederurnen (428) – Glarus (523) – Schwanden (527) – Linthal (653) – Tierfed (805) – Linthal – Haslen (586) – Schwanden (527) – Schwändi (701) – Niederurnen.

Ein Start in **Niederurnen** erlaubt zu Beginn dieser Tour einen kleinen Fussmarsch hinauf auf den **Schlösslisporn**. Am Abhang dieses Hügels wächst der einzige Glarner Wein, der «Burgwegler». Das Schloss ist erst vor dem 1. Weltkrieg erbaut worden. Der Blick von der Schlossterrasse über die **Linthebene** ist beachtlich. So soll Hans Conrad Escher 1804 von hier aus das überschwemmte Land gezeichnet und seine Ideen für die Trockenlegung der grossen Sumpfebene skizziert haben. Nach der Besteigung des **Hirzli** vermuten wir zwar eher, dass er beim Gipfelkreuz dieses einzigartigen Aussichtspunktes gewirkt hat (siehe Tour 45).

Guter Radweg
In der Folge ist der Radweg recht gut mit weissen Wegweisern und dem blauen Radwegquadrat bezeichnet. Als Ortsunkundiger tut man gut daran, bei Richtungsänderungen zusätzlich die gelb markierten Radwegpfeile auf der Strasse zu beachten. Der Radweg, welcher zum Teil fein gekiest ist, folgt oft der Linth, der Bahnlinie oder einem Bach. Vielfach führt er im Schatten der bewaldeten östlichen Steilhänge talaufwärts, meist ausserhalb der Dorfzentren.

In **Näfels** erhebt sich auf einem Bergsturzhügel das Kapuzinerkloster **Maria-Burg** (1675–79). Dieser markante Hügel ist der letzte Ausläufer des **Rautibergsturzes**. Die katholische Pfarrkirche St. Fridolin und Hilarius ist das schönste Beispiel einer barocken Kirche im Glarnerland (1778–81).

Das Gefreuteste in Näfels aber ist der **Freulerpalast** (1642–1647). Caspar Freuler hatte als Gardeoberst viel Geld verdient und sich beim Bau seines Palastes von französischen Prunkbauten inspirieren lassen. Der von 1975–1990 reno-

 Velokarte VCS 1:60 000 Nr. 5: Zug – Schwyz – Uri – Glarus

Glarnerland Tourismus, Niederurnen 055 610 21 25
Verkehrsbüro Glarus-Riedern 055 640 15 06
Verkehrsbüro Schwanden 055 614 14 21
Kraftwerke Linth-Limmern, Tierfed 055 643 31 67

Niederurnen – Schwanden (Radweg) ca. 1 h 15 min
Schwanden – Linthal ca. 50 min
Linthal – Tierfed ca. 40 min
Tierfed – Haslen – Schwanden ca. 1 h
Schwanden – Schwändi – Glarus – Näfels ca. 1 h

Steigung: ca. 750 m (mit Abstecher Haslen und Schwändi)
Gefälle: ca. 750 m

 in allen Dörfern entlang der Strecke, auch Tierfed

Pfadiheim Netstal (29 Pl.) 055 640 01 75
Sportzentrum SGU, Näfels (70 Pl.) 055 612 15 09
J+H Mühlebächli Schwanden (27 Pl.) 01 202 22 61
Villa Kunterbunt (50 Pl.) Schwanden 01 946 04 40
Gemeindehaus Linthal (90 Pl.) 055 643 32 87
Hotel Adler, Linthal (14 Pl.) 055 643 15 15
Pfadiheim Planura, Linthal (38 Pl.) 055 643 32 30
Hotel Tödi, Tierfed (30 Pl.) 055 643 16 27
Skihaus Auenalp, Haslen (36 Pl.) 01 431 99 86

Sportzentrum SGU, Näfels, Netstal, Glarus und Schwanden – Nidfurn
Hallenbad: Sportzentrum Näfels

Museum des Landes Glarus im Freulerpalast Näfels (Tour 46)
Kunsthaus im Volksgarten, Glarus (Di – So)
Suworow-Museum in Glarus (Sa und Mo geschlossen) Besichtigung nach Vereinbarung 055 640 62 33
Landesarchiv Glarus (Mo – Fr) 055 646 65 61
Kirchenschatz St. Fridolinskirche in Glarus
Museum für Ingenieurkunst im Hänggiturm Ennenda
Ortsmuseum Schwanden (siehe Tour 51)

Mollis (schmucke, alte Herrschaftshäuser, behäbige Brunnen, durch den Europarat für beispielhafte Ortsbildpflege ausgezeichnet)
Barocke Herrenhäuser, z.B. «Haltli» (Sonderschulheim), Haus Hof und Höfli (1786, Alterswohnheim), Zwickyhaus (1621) und Fabrikhof (1760).
Linthal: Turmruine der alten kath. Kirche (1283) am Fusse des Chilchenstockes, kleines Museum im Landvogt Schiesser-Haus.
Näfels: siehe Tour 46
Glarus, 1861 abgebrannt, im nördl. Teil vollständig neu aufgebaut, siehe Text
Schwanden: siehe Tour 51 und Text

 Kath. Pfarrkirche St. Fridolin und Hilarius, Näfels
Reformierte Kirche Linthal (1728)

 Besichtigung der Kraftwerke Linth-Limmern in Tierfed und am Linth-Limmern-Stausee

Prächtiges Portal am Freulerpalast

vierte Palast dient heute als **historisches Museum** des Landes Glarus. Der Profanbau besticht mit zahlreichen Renaissance-Elementen an seinem Äusseren und frühbarocker Ausstattung im Innern sowie durch sein Prunkportal. Im Dachgeschoss befindet sich ein Textilmuseum.

Schlacht bei Näfels

An der **ehemaligen Letzi,** die noch zum Teil erhalten ist, steht das **Denkmal der Schlacht von Näfels** (1388). Ennet der Linth liegt **Mollis.** Im Chor der 1761 von Johann Ulrich Grubenmann erbauten reformierten Kirche steht ein klassizistisches **Denkmal für die Gefallenen von Näfels (1830).** Abseits des Dorfkerns findet man barocke Herrenhäuser (siehe Piktogramm).

Auch **Netstal** ist auf dem Schwemmkegel eines Seitenbaches der Linth, der Löntsch, gebaut. So waren die Bewohner früher geschützt vor Überschwemmungen. Der «untere» und der «obere Büel», die Bürglen und der Forrenbüel sind wieder Zeugen eines **prähistorischen Bergsturzes** vom Vorderglärnisch herunter. Hingegen stammt der mächtige **erratische Block (Schlattstein)** jenseits der Linth vom Bifertengrat am Tödi (siehe Tour 54). Noch imponierender ist allerdings bei der Weiterfahrt der **gewaltige Steinbruch** zwischen Netstal und Glarus. Er gehört zur Kalkfabrik Netstal und soll einer der grössten der Schweiz sein.

An der historischen Badi vorbei erreicht man erstaunlich rasch **Glarus.** Die alte Bausubstanz des Kantonshauptortes ist kaum mehr erhalten, denn 1861 hat eine Brandkatastrophe fast das ganze Städtchen zerstört. So ist vor allem der nördliche Teil vollständig neu gebaut worden. Schwerpunkt ist der **Spielhofplatz,** um den sich die Kantonsschule (1872), das Gerichtshaus (1864) und das für den Glarner Bundesrat Heer erbaute Wohnhaus (1862) gruppieren. Die reformierte Stadtkirche, 1996/97 renoviert, stammt aus der Zeit der Romantik 1864–66. In der Ortsmitte dominiert das **Rathaus** (1862–1865) den Platz. Der Bahnhof wurde 1903 im neugotischen Burgenstil erbaut.

Um den **Landsgemeindeplatz*)** gruppieren sich dann doch noch einige ältere Häuser, z.B. Haus Brunner im Sand (1770), Haus Leuzinger Paravicini (1560), Haus in der Wies (1746–48) und das Iselihaus (1800). Im alten «Schwert» an der SW-Ecke findet man das **Suworow-Museum.** Vom Brand verschont geblieben ist auch die katholische Burgkapelle St. Michael (1762). Neben dem 1874–78 geschaffenen Stadtpark, dem «Volksgarten», befindet sich das **Glarner Kunsthaus** mit der naturwissenschaftlichen Sammlung.

Wasserkraftnutzung

Dank der im Glarnerland reichlich vorhandenen Wasserkraft fand im 18. Jh. bereits eine gewisse Industrialisierung, die im 19. Jh. dann rasch zunahm, statt. Während der Fahrt talaufwärts kann man die verschiedenen Systeme der Wasserkraftnutzung gut beobachten. Auch alte, zum Teil bereits historische Fabrikgebäude haben durchaus ihren Charme. Wichtigster Industriezweig im Glarnerland waren die Tuchfärbereien, deren Produkte weltweit Absatz fanden. «Glarner Tüechli» kann man heute noch als Souvenir mit nach Hause nehmen.

Vor der Dorfeinfahrt nach Schwanden überquert man die stark befahrene Umfahrungsstrasse nach Elm. Nach Schwanden – **Nidfurn** fährt man in der Regel dem Tödi entgegen, sehr sanft, fast unmerklich ansteigend.

Im Weiler Adlenbach bei **Luchsingen** stehen immer noch einige alte Glarner Holzhäuser. Der Dorfkern steht deshalb unter Denkmal-

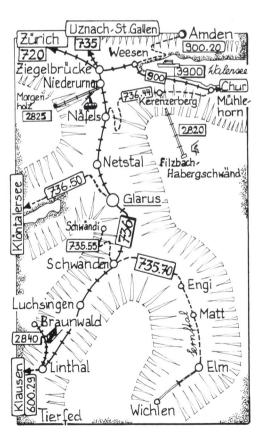

schutz. Im **Luchsinger Tobel,** etwa eine halbe Stunde oberhalb des Dorfes, quillt auf der linken Talseite Schwefelwasser aus dem Fels. Die Quelle befindet sich in einer kleinen **Höhle,** die leicht zugänglich sein soll. Etwas weiter unten stand früher das Luchsinger Heilbad.

Nach Luchsingen überqueren wir die Bahnlinie, die Hauptstrasse und die **Linth.** Bald staunt man darüber, welch herrliche Wohnstrasse das schmucke Dorf **Rüti GL** aufweist. Früher oftmals von Wildbächen bedroht und beschädigt, waren im Durnachtal sehr kostspielige Sicherungsbauten nötig. Die neue Umfahrungsstrasse kam dank dieses Wildbaches zu einem Tunnel, die Einwohner von Rüti dank dieses Tunnels zu wohltuender Ruhe.

Seit 1836 leben viele Leute in **Linthal** von der Textilindustrie, der Baumwollspinnerei, Färberei und Bleicherei, später der Woll- und Kammgarnspinnerei. Zusätzliche Arbeitsplätze schaffte der Bau der Kraftwerke Linth-Limmern.

1830 wurde das berühmte Schwefelbad **Stachelberg** in der Nähe der heutigen Talstation der Braunwaldbahn durch den Glarner Ratsherrn Legler gebaut. Im Gästebuch dieses Bades stehen klingende Namen wie Napoleon III, General Dufour, Graf Zeppelin und Feldmarschall Graf Moltke. Nach dem Aufschwung der Höhenkurorte sank der Stern des Schwefelbades. 1915 wurde es abgebrochen. Ortsbild Linthal: siehe Piktogramm.

Der Aufstieg nach **Tierfed** ist steil, aber er kann unterbrochen werden dank gastlicher Häuser am Wege, dem Freihof und dem Rest. Hütten. Am Schluss geht's sogar bergab. In der schattigen Gartenwirtschaft des unter Heimatschutz stehenden **Hotel Tödi** lässt sich gut sein. Machte man hier früher Molkenkuren, so werden heute Besichtigungen des **Linth-Limmern-Kraftwerkes** angeboten. Für den Rundgang durch Maschinenkaverne, Linthschlucht und Kommandoraum stellen die Kraftwerke einen kundigen Führer zur Verfügung. Allerdings ist eine Voranmeldung nötig. Dank der leistungsfähigen **Luftseilbahn** können der obere Kraftwerkstollen und die Staumauer besichtigt werden. **Achtung: Der Kalktrittliweg und der direkte Aufstieg zur Muttseehütte sind unter keinen Umständen mit Turnschuhen oder mit Leuten, die nicht trittsicher sind, zu begehen (siehe Tour 55).**

Rückfahrt im Schuss

Bis **Hätzingen** wählt man wegen des ansprechenden Tempos die während des Tages schwach befahrene Hauptstrasse das Tal hinunter. Nur wenig steigt die Strasse an zum Dorf **Haslen.** Im nördlichen Dorfteil Zussigen soll das Geburtshaus des Zürcher Bürgermeisters Rudolf Stüssi, der 1443 als Führer in der Schlacht von St. Jakob an der Sihl gefallen war, stehen.

Uns haben die modernen Eisenplastiken in der Galerie Knobel und die herrliche Aussicht von dieser Panoramastrasse aus gefallen. Im Schuss gelangt man nach **Schwanden** hinunter. Auch hier steht eine **Grubenmannkirche** (1753) mit spätromanischem Turm. Zwischen 1623 und 1837 hatten die beiden Konfessionen im Kanton Glarus nebst der ordentlichen noch eine eigene Landsgemeinde, eine evangelische in Schwanden, eine katholische in Näfels. So bauten die Reformierten 1756 einen eigenen **Pulverturm** (beim Buchenschulhaus), in welchem heute ein kleines Ortsmuseum untergebracht ist. Den Schlüssel kann man im Gemeindehaus beziehen. An diese Landsgemeinden erinnert auch der Brunnen in der «Landsgemeindechoschet».

Schade ist es, dass die elektrische **Sernftalbahn,** erbaut 1905, bereits 1969 dem Autobus weichen musste. Der schönste Dorfteil von Schwanden befindet sich westlich

Dem Tödi entgegen

der Linth im Aufstieg nach **Thon** und **Schwändi.** So sind das obere Pfarrhaus und die Wirtschaft zur Sonne spätbarocke Bauten. Es sind aber unschwer weitere grosse Bürgerhäuser aus der Biedermeierzeit und der Neurenaissance zu entdecken.

Das Panorama talaufwärts entschädigt für die erneute Höhendifferenz von 180 m. Eine flotte Talfahrt auf der neuen Strasse nach Glarus ist der Lohn für den kleinen Aufstieg.

Die gemütliche Fahrt auf dem bekannten Tal-Radweg zurück nach Näfels oder Niederurnen eröffnet den Blick talauswärts und erlaubt ein gemütliches Durchatmen nach dieser ziemlich strengen, aber schönen Tour.

49. Der Panorama-Alpenweg im Klöntal

Haltestelle Schwändeli PTT (1020) – Ratlis (1240) – Chängel (1470) – Unter-Längenegg (1560) – Dejenalp (1740) – Schijengrat (2023) – Gumen (1921) – Aueren Mittelstafel (1740) – Aueren Unterstafel (1507) – Schutzhütte im Wald (1178) – Station Netstal (458).

Dieser unglaublich schöne **Panoramaweg,** der über **neun verschiedene Alpen** führt, eignet sich weder für Schulreisen noch für Vereinsausflüge. Für sportliche Gruppen oder Familien wird er aber zum eindrücklichen Erlebnis werden, sicheres und «sichtiges» Wetter vorausgesetzt.
Zugegeben, es fehlen Restaurants unterwegs. Deshalb ist es empfehlenswert, die Tour dann zu unternehmen, wenn die Alpen «bestossen» sind. Und wenn ich nun noch einen Jäger- und Hirtentip der Einheimischen weitergebe, steht diesem Erlebnis eigentlich nichts mehr im Wege: Die einzige gefährliche Stelle ist das Überqueren des **Schijengrates** wegen der südlich abfallenden Felswand. Je höher man diesen Grat überquert, desto sicherer wird das Unterfangen. Zudem wird von dieser Traverse **dringend abgeraten** bei Nebel, Schneetreiben oder Gewittern!
In **Glarus** besteigt man das Postauto, das via **Klöntalersee** bis **Richisau** fährt. Bei der vorletzten Haltestelle **Schwändeli** verlässt man den Bus und findet einen sehr gut ausgebauten Alpweg von Alp zu Alp, von Ralli zu Ratlis und Chängel. Unterwegs begleiten

 Wanderkarte 1:50 000 Glarnerland, (Verlag Baeschlin), besser LK 1:25 000, Blatt 1153, Klöntal

 Glarnerland Tourismus, Niederurnen 055 610 21 25
Verkehrsbüro Glarus – Riedern 055 640 15 06
Obersee-Taxi: A. Fischli, Näfels 055 612 10 72

 Schwändeli PTT – Alp Chängel 1 h 20 min
Alp Chängel – Alp Dejen 1 h 15 min
Alp Dejen – Schijengrat (2023.0 m) 50 min
Schijengrat – Alp Unter Aueren 1 h
Unter Aueren – Bahnhof Netstal 1 h 40 min

Steigung: 1000 m
Gefälle: 1600 m

 Richisau (abseits der Route) und Netstal

 Herberge Richisau (20 Pl.) 055 640 10 85
Pfadiheim Netstal (29 Pl.) 055 640 01 75
Berghotel Obersee (20 Pl.), Näfels 055 612 10 73
(Mountainbike-Paradies und Klettergarten!)
Militär-Ukft Burgmaschine
Näfels (60 Pl.) 055 612 22 70
Einzelne Notlager in den Alphütten

 Sportzentrum Glarner-Unterland (SGU), Näfels

 Sportzentrum SGU, Näfels 055 612 15 09

 am Klöntalersee (und Obersee)

 Ref. Kirche in Netstal (1811) mit Kuppelturm

 Flora in der Höhe, stets wechselndes Panorama landschaftlich ein echt «starkes Stück»!

 Bei Nebel, Schneetreiben oder Gewittern sollte diese Tour unter keinen Umständen unternommen werden (selbst für einheimische Jäger gefährlich wegen der Felswand südlich des Punkt 2023.0 Schijengrat)
Keine Schulreise oder Vereinsausflug!

Ausweichmöglichkeit: über Lachengrat und Lachenalp zum **Obersee** (Restaurant und Möglichkeit, mit dem Taxi ins Tal zurückzukehren; siehe dritte Seite diesen Tourenbeschriebs

Gute Bergschuhe nötig

Tausend Meter über dem Klöntalersee (Alp Gumen)

einen herrliche Ausblicke Richtung Glärnisch, Silberen, Pragelpass, aber auch auf den Klöntalersee hinunter.

Ausweichroute zum Obersee

Auf einer Höhe von ca. 1540 m zweigt der Weg zur Oberlängenegg, zum **Lachengrat (1814)** und **Obersee** nach Nordosten ab. Er böte sich als Schlechtwettervariante an, um so mehr, als im **Berggasthaus Obersee** Unterkünfte bestehen und ein Taxi nach Näfels bestellt werden kann.

Unser Weg führt nun durch ein wildromantisches Hochtal, zwischen Lachengrat und den Felstürmen von Twiren bis zum Mättlistock (Echowand!) hindurch, als Alpsträsschen bis zur **Unter-Längenegg**, nachher als Bergweg an einem Hochmoor vorbei auf Punkt 1755. Der imposante Dejenstock weiss besonders zu gefallen, er wird zusehends zum Markenzeichen dieser Tour. Bestaunt man ihn hier von unten, ist man schliesslich beim Schijengrat unmerklich höher als dessen Spitze. Auf Alp Dejen kann man Wanderern begegnen, die den sehr steilen Aufstieg von **Klöntal-Vorauen (851)** herauf bewältigt haben.

Zum Schijengrat hinauf

Auch wir haben uns auf **Alp Dejen** nach dem richtigen Weg erkundigt. Bis zum kleinen Seeli und dem «Milchhüttli» auf ca. 1950 m ist er leicht zu finden. Nachher folgt die kritische Überquerung des **Schijengrates** mit den sehr zaghaft vorhandenen Wegzeichen. Auf dem Grat verrät ein weiss-rot-weiss markierter Holzpfahl, dass man sich in der abschüssigen Grashalde auf dem richtigen Weg befindet.

«Trinkt oh Augen, was die Wimper hält!» ist man versucht, hier auszurufen. Denn das Panorama ist unübertrefflich schön.

Vom **Wiggis** (Aufstieg ab Auerenalp möglich) ist über den Talkessel von Netstal und Glarus alles zu sehen: der Nüenchamm, Mürtschenstock, Schilt, Kärpf, Piz Sardona, Tschingelhörner, Vorab, Hausstock, Vorderglärnisch und **Glärnisch**. Man ist versucht, viel länger zu verweilen als geplant. Zu gerne vergisst man, dass noch ein mehrstündiger Abstieg von 1600 Höhenmetern vor einem liegt! Zudem wandert man jetzt der Aussicht entgegen. Auf der Alp **Gumen** kann man sich ruhig rechts des Weges auf den Hügelrücken, die noch zur Weide gehören, abwärts bewegen. Dort nämlich ist die Sicht zum **Klöntalersee** besonders eindrucksvoll. Auch ist der Weg jetzt wieder gut gezeichnet, ab 1700 m wird er zusehends gepflegter und bequemer. Grandios ist die Traverse am Fuss der Wiggiswand, speziell imponierend die Wegführung von Mittel- zu Unterstafel parallel zu den abschüssigen Felswänden.

Geradezu vorbildlich gesichert und unterhalten ist der Abstieg durch Felswände und den Wald Richtung Netstal. Die Eisenzäune werden allerdings nach dem Alpabtrieb (Anfang Oktober) abmontiert. So ist die Traverse der letzten Felswand in der Region der Kraftwerkseilbahn in den Herbstferien vorsichtig anzugehen. Im Talboden angelangt, gilt es zu bedenken, dass ab Rüfi noch fast zwei Kilometer bis zur Bahnstation **Netstal** zurückzulegen sind.

Die Eigernordwand erleben!

Das Oberseetal, den Wiggis und den Rautispitz vergessen, hiesse, drei der sympathischsten Punkte des Glarnerlandes vernachlässigen. Deshalb stellen wir auf der folgenden Seite eine Mountainbiketour und eine sensationelle Bergwanderung im **Oberseetal** vor. Die näheren Angaben verdanken wir «CarpeDiem» in Glarus (10 pfiffige Wandervorschläge im Glarnerland).

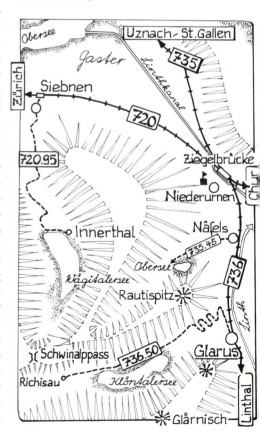

Abstieg von Mittel- nach Unter-Aueren-Alp

**Für trainierte Mountainbiker
Näfels (445) – Hotel Obersee (992)
– Sulzalp (1372) – Rautihütten
(1647) – und zurück nach Näfels.**
In wackeren Kehren führt die Alpstrasse von **Näfels** an den kleinen **Haslensee**. Im Schatten des Waldes erklimmt man die Niederseealp und das Hotel am gleichnamigen, sehr schönen **Obersee**. Für Wanderer fährt ein Taxi hier hinauf, die Preise sind vor allem für Gruppen interessant. Tüchtige Mountainbiker atmen in der Folge tief durch beim zusätzlichen Aufstieg auf die Sulzalp, eventuell sogar zu den Rautihütten. Das Sulzbachtal besticht durch vollkommene Abgeschiedenheit und Ruhe, so dass die Rückfahrt auf gleicher Route ebenfalls Spass macht. Insbesondere deshalb, weil man sie beim Aufstieg bereits kennengelernt hat.
Trockene Kleider als Ersatz für die verschwitzten und ein Helm für die Abfahrt sind von grossem Vorteil.

**Den Rautispitz erklimmen?
Obersee (992) – Grappliwald – Pt. 1803 – Pt. 2085.5 – Rautispitz (2283) – Wiggis (2163) – Rautihütten (1647) – Obersee (992).**
Ohne komplette Kletterausrüstung, wohl aber mit **guten Bergschuhen** und einer Portion Trittsicherheit, wandert man vom Obersee durch den **Grappliwald** und findet an dessen Ende, in einer Lichtung, den Wegweiser «Rautispitz, Geisskappelen». Die rotweiss markierte Spur führt zu einem Felsband. Durch dieses ist der Weg teilweise mit Drahtseilen gesichert. An einem markanten Felsturm vorbei geht's ruppig hoch zu einem grasbestandenen Gratrücken. Der gut sichtbare Pfad führt durch sanftes Wiesengelände bis zum höchsten Punkt des **Rautispitz (ca. 3 h)**. Der Gipfel lädt zum Verweilen ein: Was gibt es doch für schöne Orte! Denn hier blickt man ins 1800 Meter tiefer liegende Tal hinunter, und diese Höhe entspricht exakt der Eigernordwand.
Gegenüber, ziemlich nah, thront der **Wiggis**. Der Pfad führt zuerst in den Sattel zwischen den beiden Bergen, nachher wird's «spitzig». Denn der Weg verläuft der abschüssigen Ostflanke des Wiggis entlang, erst abwärts, dann steil aufwärts. Einige Stellen sind wiederum mit Drahtseilen gesichert. Auf der **Höchnase** fühlt man sich beinahe schwerelos. Im letzten Aufstieg zum Gipfel des **Wiggis (40 min)** wird nochmals der imposante Tiefblick beeindrucken.
Als knieschonend wird der Abstieg zurück zum **Sattel**, anschliessend westwärts zu den **Rautihütten** führend, bezeichnet. Ein guter Alpweg führt über **Grapplistafel** durch den Grappliwald zurück zum **Obersee (ca 2 h 15 min)**.

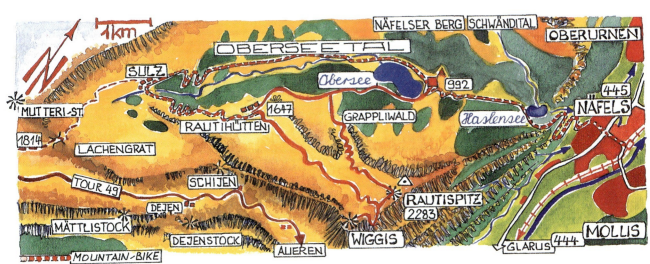

50. Über die grössten Karrenfelder der Schweiz

Braunwald (1256) – Kleiner Gumen (1901) – Bützi (2155) – Erigsmatt (2082) – Brunalpelihöchi (2207) – Dräckloch (1698) – Chäseren (1272) – Plätz/Vorauen (850).

Ausgangspunkt dieser eher anstrengenden, dafür aber tektonisch und landschaftlich hochinteressanten Tour ist das autofreie **Braunwald,** das von der eigenen SBB-Haltestelle kurz vor Linthal aus mittels einer Standseilbahn erreicht wird. Mehr Informationen zu Braunwald findet man in der Beschreibung der Tour 52. Wir empfehlen die Benützung der Sesselbahn auf den **Kleinen Gumen** (1901 m), um sich die Mühen des Aufstiegs zu erleichtern.

Bei der Bergstation angekommen, sollte man sich unbedingt etwas Zeit nehmen, um das Panorama zu studieren und zu geniessen. Dabei hilft uns die aufgestellte Panoramatafel unmittelbar beim Bergrestaurant. Hier wäre auch nochmals Gelegenheit, sich zu stärken, denn das nächste Restaurant werden wir erst nach mehrstündigem Fussmarsch erreichen.

Man verlässt die Bergstation dann zunächst in westlicher Richtung auf fast horizontalem Pfad. Während der Sommermonate (vor allem im Juli) ist die Blumenpracht hier besonders ausgeprägt (Pflanzenschutzgebiet).

Nach einer Weile beginnt der Weg dann steil anzusteigen, bis man ein grosses Hochplateau erreicht: **Bützi.** Hier überschreiten wir die Kantonsgrenze Glarus-Schwyz und sollten nochmals kurz verweilen, um den grossartigen Rundblick zu geniessen. Auf fast ebenem Weg erreichen wir dann **Erigsmatt.** Dort werden jeweils Hunderte von Schafen gesömmert.

Bei der kleinen Hütte zweigt der Weg zur **Brunalpelihöchi** scharf nach rechts ab und steigt ein letztes Mal knapp 100 Meter an.

Wir befinden uns dann in den einmaligen, faszinierenden und grössten Karrenfeldern der Schweiz. Regen- und vor allem Schmelzwasser haben über Jahrtausende eigenartige Formen und Klüfte aus dem Kalkstein ausgelaugt. Dies war nur möglich, weil der Fels hier kaum durch Vegetation geschützt ist.

Das macht denn auch den ganz besonderen Charakter der Gegend aus: Sie ist reizvoll karg, wild und einsam. Wer geologisch interessiert ist, der findet hier einmaligen Anschauungsunterricht.

Da unser Weg meist über und durch Kalksteinfelsen verläuft und nur zeitweise wieder auf kleinen Vegetationsflecken, ist er häufig nicht sichtbar. Doch die rot-weisse

Wanderkarte 1:25 000 Braunwald und Landeskarte 1:25 000 Blatt 1153 (Klöntal) oder Wanderkarte 1:50 000 Glarnerland (erhältlich bei Glarnerland Tourismus)	
Braunwald Tourismus	055 643 11 08
Braunwaldbahnen Info Band	055 643 35 35
Braunwaldbahnen, Auskunft	055 643 14 25
Verkehrsverein Glarus-Riedern	055 640 15 06
Glarnerland Tourismus	055 610 21 25
Gumen – Erigsmatt	2h
Erigsmatt – Brunalpelihöchi	1h
Brunalpelihöchi – Chäseren	3h
Chäseren – Plätz/Vorauen	1h 15 min
Steigung: (ab Gumen) 370 m	
Gefälle: 1350 m	
Braunwald, Bergrestaurant Kleiner Gumen, Chäseren, Vorauen	
Unterkünfte Braunwald siehe Tour 52 Massenlager und kleine Hüttli für 2-4 Personen auf	
Alp Chäseren	055 640 11 77
Ferienheim Plätz, Klöntal	055 640 70 08
Hotel «Richisau», Klöntal	055 640 10 85
«Rhodannenberg», Klöntal	055 640 71 61
Zeltplatz Güntlenau, Klöntal	055 640 44 08
Zeltplatz Vorauen, Klöntal	055 640 48 59
Klöntal	
Klöntalersee	
Suworow-Museum Glarus	055 640 62 33
Landesarchiv Glarus	055 646 65 61
gesamtes Wandergebiet Braunwald	
kleine Kirche in Klöntal im nordischen Stil (erbaut 1965/6) mit schönen farbigen Fenstern (Schlüssel im Gasthaus Klöntal, Plätz)	

Die markierte Route darf niemals verlassen werden; keinesfalls sollte diese Tour bei schlechter Sicht unternommen werden; **Bergschuhe mit hohem Schaft sind unbedingt nötig**

☞ *Speziell beachten!:* Vorgängig Fahrplan der Postautokurse Klöntal – Glarus konsultieren. Ab Alp Chäseren besteht ein Taxidienst nach dem Klöntal.

Markierung ist sehr zuverlässig und alle paar Meter deutlich angebracht. Wir müssen dieser Markierung unbedingt und immer folgen, den «Weg» niemals verlassen. Sonst kann man nämlich sehr rasch in den Felsen die Orientierung verlieren.

Da die Felsformationen sehr stark zerklüftet und zum Teil scharfkantig sind, ist hohes und festes Schuhwerk unabdingbar. Es handelt sich hier keinesfalls um eine Turnschuhwanderung! Jeder Wanderer sollte auch recht trittsicher sein.

Ab Brunalpelihöchi beginnt der lange Abstieg bis ins **Klöntal**. Es liegen über 1300 Meter Gefälle vor uns, die recht in die «Knie gehen». Bei Dräckloch-Stafel bietet sich noch die Möglichkeit, abzuzweigen und über **Silberen** auf den **Pragelpass** zu gelangen. Dieses Gebiet ist aufgenommen im Inventar schützenswerter Landschaften und sehr empfehlenswert.

Doch unser Weg führt nun hinaus aus der «Arena» dieses Hochtales zwischen Pfannenstock und Bös Fulen mit ihren eigenartigen Felsschichtungen. Kein Wasser hat sich den Weg hier heraus gebahnt. Bäche tauchen zwar überall auf,

Brunalpelihöchi: Mitten in den grössten Karrenfeldern der Schweiz

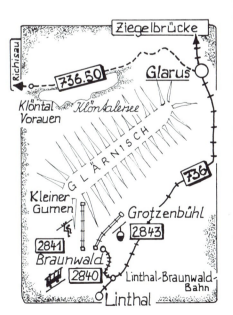

doch plötzlich versickern sie wieder in Karrenlöchern.

Vom Dräckloch über Zeinenstafel und Wärben gelangt man auf steilem, aber meist breitem Weg zum Alpdörfli **Chäseren** im **Rossmattertal**. Kleine umgebaute Hüttchen dienen heute Städtern zur Erholung am Wochenende und in den Ferien. Nun bietet sich beim Chäserenwirt nochmals die Gelegenheit, sich zu stärken für das letzte Wegstück. Auf einem ziemlich neuen, breiten Fahrsträsschen (Naturbelag) gelangen wir in einer guten Stunde hinunter zum **Klöntalersee**. Da das Strässchen nur mit spezieller Bewilligung befahren werden darf, ist der Verkehr sehr bescheiden und für den Wanderer keinesfalls eine Plage.

Wer hingegen zu müde geworden ist vom langen Abstieg oder beim gemütlichen Beizli zu lange die Ruhe, Abgeschiedenheit und die prächtige Umgebung genossen hat, der kann den Taxidienst des Chäserenwirts ins Klöntal hinunter in Anspruch nehmen.

Im Klöntal lädt schliesslich der See einen dazu ein, mindestens die Füsse zu baden und sich so vom langen Abstieg zu erholen.

Im Winter kann der Klöntalersee übrigens oft als riesige Natureisfläche freigegeben werden. Diese grosse Eisfläche wurde ab 1862 auch wirtschaftlich genutzt. Man sprengte und sägte nämlich mächtige Eisblöcke heraus, die man dann auf Schlitten nach Glarus transportierte, um sie in Nah und Fern an Bierbrauereien, Spitäler und Restaurants zu verkaufen. Die Erfindung der Eismaschine brachte den Niedergang des «Gletscherns». Zum letzten Mal wurde 1953 für die Brauerei Wädenswil Eis gebrochen.

An mehreren Orten im Klöntal kann dann das Postauto bestiegen werden, um wieder zurück nach **Glarus** zu gelangen.

51. An den Oberblegisee

Braunwald (1256) – Braunwaldalp (1469) – Bächialp (1383) – Oberblegisee (1449) – Nidfurn (540) – Schwanden (528).

Braunwald, dessen Name sich wohl von «Brunnwald» (also quellenreicher Wald) ableitet, war noch im 17. Jh. nur während des Sommers bewohnt. Erst später siedelten sich immer mehr Bauern ständig auf der Sonnenterrasse an. Der eigentliche Fremdenverkehr entwickelte sich aber erst nach der Eröffnung der Standseilbahn 1907.

Der angedeutete Wasserreichtum ist denn auch ein Grund für die ausserordentliche Vielfalt der Alpenflora. Im Winter bietet der Ort dem Skifahrer eine recht beachtliche Auswahl an Pisten und Anlagen. Doch bleibt der Betrieb auch dann eher gemütlich und familiär. Die einzige nennenswerte Steigung auf dieser Wanderung ist gleich am Anfang zurückzulegen. Wir verlassen nämlich die Bergstation der Braunwaldbahn in nordöstlicher Richtung und steigen gemütlich über die Fahrsträsschen des Ortes auf zur **Braunwaldalp**. Dabei zeigt sich eindrücklich der Typ der Streusiedlung, denn die Häuser Braunwalds liegen oft recht weit auseinander und der eigentliche Dorfkern ist klein. Das gibt dem Ort seinen ruhigen, beschaulichen, ja fast verträumten Charakter.

Die Braunwaldalp kann auch ganz ohne Steigung erreicht werden, indem man die Gruppenumlaufbahn auf den **Grotzenbühl** benützt und von dort hinuntersteigt zur Braunwaldalp.

Von hier aus verläuft der gute Wanderweg mal leicht ansteigend, mal leicht fallend und meist durch lichten Wald führend zur **Bächialp**. Sobald die Talstation des Bächialp-Sessellifts (nur Winterbetrieb)

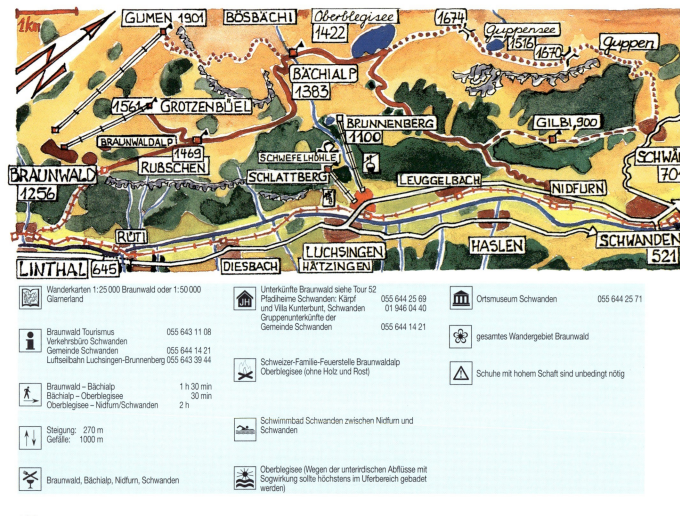

sichtbar wird, steigt der Weg nochmals kurz an. Hier müssen wir nämlich die südliche Seitenmoräne des prähistorischen Bächigletschers übersteigen. Dann überschreiten wir den Bächibach bei den Alpgebäuden. Ein Blick das Bächital hinauf zeigt uns eine eindrückliche Moränenlandschaft dieses ehemaligen Gletschers.

Gleich bei den Hütten steigt nun der Weg ein letztes Mal deutlich an. Beim Bächiwirt (Sommerwirtschaft) setzen wir uns hin und geniessen die Rundsicht.

Nun ist es nicht mehr weit bis zum **Oberblegisee**. Er befindet sich in einer Talmulde, die gebildet wird durch die erwähnte Gletschermoräne, die man freilich heute als Laie nicht mehr als solche erkennen würde, und die imposanten Felswände der Glärnischkette, die sich mehrere hundert Meter hoch auftürmen.

Bächialp: Einfache, aber gemütliche Wandererbeiz!

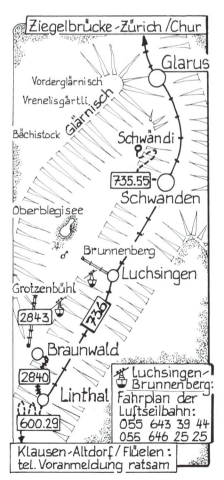

Dank des seichten Ufers lädt der tiefblaue See den Wanderer geradezu ein, mindestens die Füsse etwas baden zu lassen (siehe Piktogramm). Kinder werden sich daneben besonders an den vielen kleinen Fischen in unmittelbarer Ufernähe freuen.

Ein deutliches Zeichen dafür, dass hier das zufliessende Wasser regelrecht aufgestaut wird, sind die saftig grünen, zum Teil sogar sumpfigen Wiesen rund um den See. Deshalb ist auch eine besonders reichhaltige Alpenflora zu bewundern. Rund um den See gibt es unzählige Plätzchen, die zum Verweilen einladen. Wer es nicht allzu eilig hat, der wird hier eine ausgedehnte Mittagsrast einschalten.

Der Abstieg hinunter ins Tal beginnt beim weit herum gut sichtbaren Wegweiser. Der Weg überwindet in etwa 2 Stunden eine Höhendifferenz von über 900 Metern und ist oft sehr steil.

Eine harmlose Alternative bildet der Abstieg per Bahn. Kurz nach dem Oberblegisee kann man, anstatt den Weg nach Schwanden/Nidfurn zu wählen, dem Wegweiser zur Bergstation der Luftseilbahn **Luchsingen – Brunnenberg** folgen. Allerdings ist es ratsam, sich vorgängig über die genauen Betriebszeiten der kleinen Kabinenbahn zu informieren. Sie verkehrt nämlich nur etwa drei- bis sechsmal täglich (je nach Saison).

Wer sich dennoch für den Abstieg zu Fuss entscheidet und keinen gewaltigen «Knieschlotter» riskieren will, lässt sich genug Zeit. Der Weg verläuft meist durch herrlichen Bergwald und ist gut beschildert. Wir empfehlen hier, den Wegweisern Richtung **Nidfurn** zu folgen und nicht direkt nach **Schwanden** zu wandern. Über unzählige Kehren erreichen wir schliesslich in Nidfurn die Hauptstrasse. Hier kann man direkt den Zug besteigen. Besonders bei schönem und warmem Wetter ist es aber ratsam, auf dem Trottoir wenige hundert Meter in Richtung Schwanden weiterzugehen. So gelangt man mühelos zum Schwimmbad Schwanden. Dieses öffentliche Schwimmbad bietet dem Wanderer nach dem langen Abstieg eine hervorragende Erfrischungsmöglichkeit. Kinder werden am Besuch dieses schön gelegenen und angelegten Bades erst recht ihre helle Freude haben. Von hier aus ist es kein langer Marsch mehr nach Schwanden.

52. Wer den Hahn allzu gut füttert

Braunwald (1256) – Brächalp Unter Stafel (1252) – Rietalp (1495) – Ober Friteren (1439) – Kantonsgrenze Uri / Glarus (1310).

Braunwald, der Ausgangspunkt dieser Wanderung, liegt weit über **Linthal** auf einer richtigen Sonnenterrasse und ist nur mit der Standseilbahn erreichbar. Sein Fremdenverkehrsmotto lautet «Hoch über dem Alltag». Nicht nur seine geographisch bevorzugte Lage, sondern insbesondere die Tatsache, dass Braunwald autofrei ist, rechtfertigen diesen Spruch vollauf. Braunwald ist Mitglied der GAST: der Gemeinschaft autofreier Schweizer Tourismusorte. Braunwald verzichtet nicht stur auf jeglichen Autoverkehr. So verkehren dennoch einzelne konzessionierte Transport- und Taxiunternehmen. Die Bevölkerung **Braunwalds** verzichtet zugunsten des Tourismus auf die uns so selbstverständliche Mobilität. Dass dies die touristische Entwicklung des Ortes quantitativ nicht sehr förderte, sieht man hier oben nicht als Verlust an, sondern als Chance. Bewusst spricht der Ort denn auch Familien mit Kindern, Naturliebhaber und Leute, die eher Ruhe als Ferienhektik und grosses Nachtleben suchen, an.

Der Naturliebhaber kommt auch tatsächlich auf seine Rechnung. So lässt sich im Pflanzenschutzgebiet Braunwald auf vielen Wanderungen eine einzigartige Blumenpracht bewundern. Aber auch die Rosenzüchter haben das milde Klima und die guten Voraussetzungen Braunwalds entdeckt und pflegen hier auf 1300 bis 1560 Metern über Meer die höchstgelegenen alpinen Rosengärten. Bei der Bergstation der Braunwaldbahn folgen wir den Wegweisern in Richtung **Rietalp**. Auf breitem und horizontalem Weg, vorbei an der Brächalp Unter-Stafel wandern wir in Richtung **Klausenpass**. Dabei können wir die eigenartigen geologischen Schichtungen und Verwerfungen am **Ortstock** studieren. Nach einer Weile gelangt man zum Abzweiger **Rietalp**. Hier verlassen wir den breiten Weg, der uns weiter nach Nussbühl führen würde, und steigen über Weiden und durch Blumenwiesen hoch zur Rietalp. Bei den dortigen Hütten verweilen wir und geniessen die herrliche Aussicht, bevor wir den steilsten Teil unserer Wanderung in Angriff nehmen. Bis zu den oberen Hütten der Rietalp müssen etwa 130 Höhenmeter überwunden werden.

Ab diesem Punkt folgen wir nun einem breiten Alpsträsschen, das in Richtung Klausenpass verläuft und uns im Sinne eines Höhenweges zur Kantonsgrenze Glarus/Uri an der Passstrasse bringen wird.

Wer den Umweg über **Ortstafel** und **Rietstöckli** machen will, um die Aussicht von noch etwas weiter oben zu geniessen, der muss den Weg dort hinauf bzw. die Abzweigung bewusst suchen, denn so ohne weiteres ist diese aus Richtung Braunwald nicht zu finden.

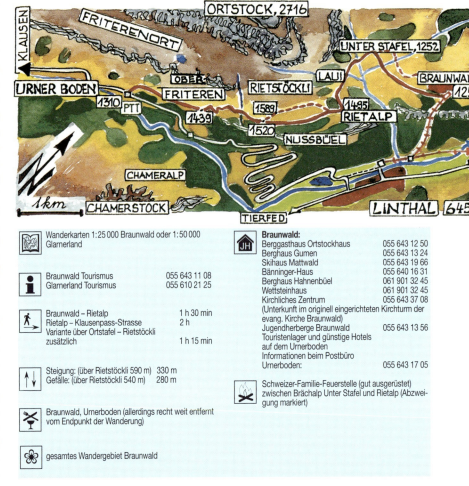

Wanderkarten 1:25 000 Braunwald oder 1:50 000 Glarnerland

Braunwald Tourismus 055 643 11 08
Glarnerland Tourismus 055 610 21 25

Braunwald – Rietalp 1 h 30 min
Rietalp – Klausenpass-Strasse 2 h
Variante über Ortstafel – Rietstöckli zusätzlich 1 h 15 min

Steigung: (über Rietstöckli 590 m) 330 m
Gefälle: (über Rietstöckli 540 m) 280 m

Braunwald, Urnerboden (allerdings recht weit entfernt vom Endpunkt der Wanderung)

gesamtes Wandergebiet Braunwald

Braunwald:
Berggasthaus Ortstockhaus 055 643 12 50
Berghaus Gumen 055 643 13 24
Skihaus Mattwald 055 643 19 66
Bänninger-Haus 055 640 16 31
Berghaus Hahnenbüel 061 901 32 45
Wettsteinhaus 061 901 32 45
Kirchliches Zentrum 055 643 37 08
(Unterkunft im originell eingerichteten Kirchturm der evang. Kirche Braunwald)
Jugendherberge Braunwald 055 643 13 56
Touristenlager und günstige Hotels auf dem Urnerboden
Informationen beim Postbüro
Urnerboden: 055 643 17 05

Schweizer-Familie-Feuerstelle (gut ausgerüstet) zwischen Brächalp Unter Stafel und Rietalp (Abzweigung markiert)

Nach einer Weile öffnet sich auf dem Höhenweg plötzlich der Blick zum **Urnerboden**. Ab jetzt haben wir unser Wanderziel stets vor Augen. Diese saftig grüne Ebene des Urnerbodens wird dominiert durch einen kleinen Hügel, um den sich die Gebäude locker gruppieren. Während der Wintermonate ist der Urnerboden nur von der Glarnerseite her, oft wochenlang auch gar nicht, erreichbar.

Nach der mächtigen Friterenalp und einigen weiteren Hütten müssen wir aufmerksam die Wegmarkierung im Auge behalten, die uns plötzlich den Abstieg über einen kleinen Wiesenpfad zur Passstrasse anzeigt. Ein Wegweiser fehlt hier leider. Nach kurzem Abstieg erreicht man die Autostrasse über den Klausenpass exakt an der Kantonsgrenze Glarus/Uri, wo sich auch eine Postautohaltestelle befindet. Wer nicht den «saftigen» Weg hinunter nach **Linthal** unter die Füsse nehmen will, der be-

Blick zurück zur Friterenalp

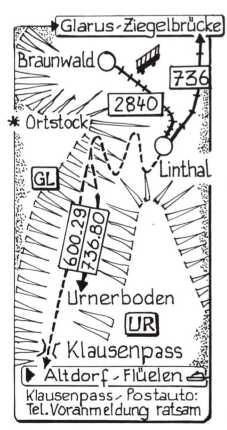

steigt hier einen gelben PTT-Bus, der einen sicher nach Linthal oder falls gewünscht auch über den Klausenpass bringt.

Wieso die Ebene hier oben **«Urner»boden** heisst, obwohl sie sich ja eigentlich auf der Glarner Seite des Passes befindet, wieso also die Kantonsgrenze nicht auf der Passhöhe, sondern hier unten liegt, versucht eine Sage zu erklären.

Um den Streit über den Verlauf der Grenze zwischen Uri und Glarus beizulegen, habe man sich darauf geeinigt, dass von jedem Kantonshauptort aus ein schneller Läufer in Richtung Klausenpass starten solle, sobald der Hahn krähe.

Die Urner gaben ihrem Hahn nichts zu fressen und zu trinken, die Glarner dagegen verwöhnten ihn in der Hoffnung, er krähe dann etwas früher.

Nun sei es geschehen, dass der Hahn in Altdorf gekräht habe, kaum habe es gedämmert. Der fet-

te Glarner «Güggel» hingegen habe sich kräftig verschlafen.

Da habe der Urner Läufer seinen Zeitvorsprung genützt und den Klausenpass überschritten. Nach dem Zusammentreffen habe der Urner Läufer eingewilligt, dass ihn der Glarner so weit er möge zurück gegen die Passhöhe tragen dürfe. Exakt an der Stelle, wo heute die Grenze verläuft, sei der Glarner dabei zusammengebrochen.

53. Hoch über dem Alltag: Der Ortstock

Braunwald (1256) – Brächalp Ober Stafel (1602) – Bärentritt – Lauchboden (2009) – Furggele (2395) – Ortstock (2716) – Furggele (2395) – Glattalpsee (1852).

«Hoch über dem Alltag» ist das Motto des Fremdenverkehrsortes **Braunwald**. Es trifft ganz besonders zu für den hier vorgestellten Übergang ins **Bisistal** mit Besteigung des **Ortstocks**. Was hier und auf der Karte vielleicht harmlos aussieht, stellte sich allerdings bei der Begehung als «saftige» Tour heraus, die wirklich nur für konditionsstarke, trittsichere und schwindelfreie Berggänger zu empfehlen ist. Für die Mühen, insbesondere den langen Aufstieg, wird man allerdings sehr reichlich entschädigt. Nicht zufällig wird der Ortstock als Hausberg von Braunwald bezeichnet. Er dominiert und fasziniert den in Braunwald ankommenden Reisenden sofort.

Da der Aufstieg lang ist und sich im Laufe des Vormittages oft Wolken am Ortstock bilden, die einem die Aussicht rauben, ist es ratsam, früh am Morgen aufzubrechen. An der Bergstation der Braunwaldbahn findet man sofort den entsprechenden Wegweiser, der einen in Richtung Brächalp – Lauchboden – Ortstock weist. Über breite Wege gelangt man zuerst fast horizontal in Richtung Brächalp – Unter Stafel. Hier beginnt dann der steile Aufstieg über einen guten Weg und durch herrlichen Wald zum Hochplateau der **Brächalp – Ober Stafel (1602 m)**. Direkt beim Älpler können Alpkäse und Alpbutter gekauft werden. Dass wir uns oberhalb Braunwalds in einem Pflanzenschutzgebiet befinden, wird sehr schnell offensichtlich, ist doch die Blumenpracht in den Sommermonaten eine ausserordentliche.

Nachdem der Weg eine Weile wieder horizontal verläuft, gelangt man zum sogenannten **Bärentritt**. Zunächst schlängelt sich der Weg serpentinenartig ein Geröllfeld hinauf. Dieses steile Stück ist recht kräfteraubend. Am Ende dieses ersten Geröllfeldes gelangt man zur heikelsten Passage der ganzen Tour. Hier ist der Weg recht expo-

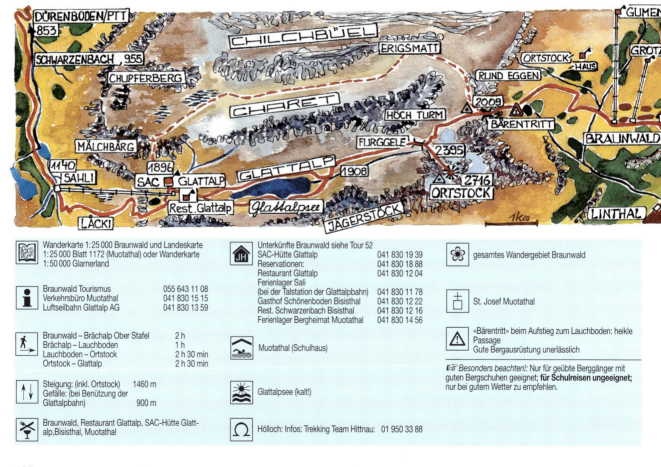

niert, teilweise mit Seilen gesichert und sehr steil. Er darf keinesfalls verlassen werden, denn ein Ausgleiten hätte hier böse Folgen. Trockenes Wetter, gute Sicht und Trittsicherheit vorausgesetzt, ist die Stelle aber gut zu meistern.

Bald erreicht man dann die zweite Hochebene, den **Lauchboden**. Hier weiden dann wieder grosse Schafherden, und der Platz drängt den Wanderer zum kurzen Verschnaufen und Verweilen.

Wer sich gerne einen Teil der Höhendifferenz ersparen und vor allem den Bärentritt meiden möchte, dem kann eine Alternative empfohlen werden. Ab Braunwald kann der Sessellift zum **Kleinen Gumen** benützt werden. Von dort führt der Weg in westlicher Richtung wie bei Tour 50 zum **Bützi**. Ab dem Bützi gibt es einen fast flachen und problemlosen Weg direkt zum Lauchboden. Diese Variante hat allerdings den Nachteil, dass man wesentlich später starten kann, da man warten muss, bis die Sesselbahn ihren Betrieb aufnimmt.

Aber auch wer diesen Weg wählt, braucht gutes Schuhwerk. Beim Lauchboden beginnt dann nämlich der Aufstieg zur **Furggele** auf 2395 Metern. Der Blick zum Ortstock verändert sich nun ständig, gleichzeitig kann die Sicht zurück nach Braunwald genossen werden. Unser Ziel, der **Ortstock,** zeigt uns hier noch sehr lange «die kalte Schulter»: schroffe Felsen mit bizarren Formationen und Verwerfungen. Wie soll da die Besteigung überhaupt möglich sein?

Der Weg windet sich nun steil bergauf über Geröll und einzelne Schneefelder. Deshalb ist an eine Besteigung des Ortstocks erst im Sommer zu denken.

Sobald der mühsame Aufstieg zur Furggele geschafft ist, öffnet sich der Blick hinunter zum **Glattalpsee** und hinauf auf den Ortstock.

Ab diesem passähnlichen Übergang präsentiert sich der Weg an unser Ziel dann als gut ausgetretener und markierter Pfad. An einer einzigen Stelle braucht es nochmals etwas Geschick. Bei der zu überquerenden Felsplatte sind zwei Seile angebracht. Mit deren Hilfe kann man sich nach oben und über diese Platte hangeln. Und plötzlich steht man dann auf dem Gipfel. Wer nun etwas Glück hat und einen wolkenlosen Tag erwischt, dem öffnet sich eine absolut grandiose Rundsicht. Der Blick schweift frei in alle Richtungen: Österreich, Bündner Alpen, der markante Tödi als Blickfang, Innerschweiz.

Beim Gipfelkreuz befindet sich ein Gipfelbuch, in das man sich eintragen kann.

Für den Abstieg benützen wir zunächst bis zur Furggele den selben Weg, um dort dann aber in Richtung **Glattalp** abzusteigen. Über Geröllfelder und Restschnee

Beim Bärentritt ist Vorsicht geboten

Herrliche Aussicht vom Ortstockgipfel

gelangt man so hinunter zum Glattalpsee. Dieser See hat zwar diverse Zuflüsse, jedoch keinen sichtbaren Abfluss. Bei schönem Wetter glänzt er herrlich tiefblau bis grünlich zwischen den ihn umgebenden Weiden und Felswänden. Auf der Glattalp weiden jeden Sommer Schafe, Kühe und Pferde. Hier bietet sich dann auch die Gelegenheit einzukehren: das Restaurant Glattalp und die SAC-Hütte der Sektion Mythen locken zum Verweilen. Dies kann man sich nun auch gönnen, denn für den letzten Teil der Wanderung, den Abstieg ins **Bisistal**, steht eine kleine Luftseilbahn zur Verfügung. Sie verkehrt immer, sobald mindestens 4 Personen warten, fasst maximal aber nur 8 Personen. Die Bergstation ist unbedient, denn die Bahn hat nur eine Kabine. Man muss über das speziell installierte Telefon den Maschinisten im Tal verlangen und erfährt von ihm alles Weitere.

Wer übrigens keine solch grosse Wanderung unternehmen will, dem sei der Glattalpsee dank der Luftseilbahn trotzdem als Ausflugsziel von **Muotathal** aus empfohlen. Wer das Postauto ins Bisistal benützen will, sollte vorher unbedingt den Postautofahrplan konsultieren.

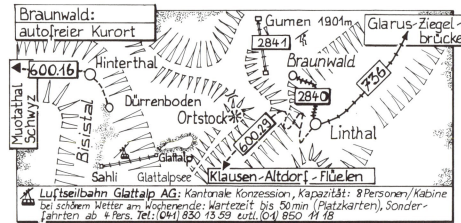

54. Bergstürze und Gletscher am Fusse des Tödi

1. Tag: Urnerboden-Chlus (1697) – Fisetenpass (2036) – Fisetenalp (1985) – Fritternfurggel (2188) – Claridenhütte SAC (2453)
2. Tag: Claridenhütte (2453) – Beggenlücke (2537) – Ober-Sand (1937) – Bifertengrätli (2259) – Fridolinshütte (2111)
3. Tag: Fridolinshütte (2111) – Grünhornhütte (2448) – Fridolinshütte – Tentiwang (1715) – Hinter Sand (1300) – Tierfed (805) – Linthal (663).

«Die **Glarner Alpen** zählen geologisch zu den berühmtesten Gegenden der Erde, denn hier werden Deckenüberschiebungen, welche die Alpen in ihrem Aufbau bestimmen, in beispielloser Klarheit offengelegt. Ihre höchste Erhebung, die wuchtige **Tödigruppe,** bildet mit ihren Firnfeldern und Eisströmen das am weitesten nach Norden vorgeschobene grosse Gletschergebiet der Zentralalpen. Im 18. Jh. war das Gebiet noch so unbekannt, als ob es inmitten Grönlands gelegen wäre.» (Rob. C. Bachmann). Es ist wirklich ein Jammer, sich diese Dreitagetour «entgehen» zu lassen. **Sie eignet sich allerdings nicht als Schulreise, nur für Berggewohnte als Vereinsausflug.**

Es lohnt sich, den Kursbuchhinweis, dass die Platzreservation für das Postauto über den **Klausenpass** obligatorisch sei, ernst zu nehmen. Denn an schönen Ferientagen und Wochenenden ist der Bus von Linthal herkommend überfüllt.

Angenehme Höhenwanderung
Ein gekiester Alpweg führt von der Klus in angenehmer Steigung, beim Chlustrittli mit einem Tunnel durch den Felsen, stetig steigend zum **Gemsfairenhüttli**.

Wanderkarte Glarnerland 1:50 000
Verlag Baeschlin, Glarus

Glarnerland Tourismus, Niederurnen 055 610 21 25
Kraftwerke Linth-Limmern, KLL 055 643 31 67
Verkehrsverein Linthal 055 643 39 17
Postautodienst Linthal 055 643 12 03
Taxi Heussi, Linthal 055 643 14 39
Taxi Urs Hauenstein 077 93 49 49/ 0800 878 478

Klus (Klausenpassstrasse) – Fisetenpass 2 h
Fisetenpass – Claridenhütte SAC 2 h 30 min
Claridenhütte – Ober Sand 1 h 45 min
Ober Sand – Röti – Bifertengrätli 1 h 15 min
Bifertengrätli – Fridolinshütte SAC 30 min
Fridolinshütte – Grünhornhütte SAC 1 h
Fridolinshütte – Hinter Sand 1 h 40 min
Hinter Sand – Tierfed 1 h 15 min
Tierfed – Linthal 1 h 30 min

Steigung: bis Fridolinshütte 1100 m
bis Grünhornhütte 1440 m
Gefälle: bis Linthal 2250 m
bis Tierfed (ohne Grünhornhütte) 2100 m

Urnerboden, Clariden- und Fridolinshütte, Tierfed

Gemeindehaus Linthal (90 Pl.) 055 643 32 87
Pfadiheim Linthal (siehe Tour 55) 055 643 32 30
Claridenhütte SAC (72 Pl.) 055 643 31 21
Planurahütte SAC (60 Pl.) 041 885 16 65
Fridolinshütte SAC (60 Pl.) 055 643 34 34
Grünhornhütte SAC (10 Pl.)
Hotel Tödi, Tierfed (30 Pl.) 055 643 16 27

Fisetenpass, Ober Sand bis Tentiwang

Keine Schulreise- oder Vereinsausflugtour!
Nur für erfahrene Wanderer mit guter Kondition, die trittfest und schwindelfrei sind und rutschfestes Schuhwerk haben. Die ganze Tour kann nur bei sicherer Schönwetterlage nach der Schneeschmelze empfohlen werden. Grünhornhütte nur für **erfahrene Bergtouristen!**

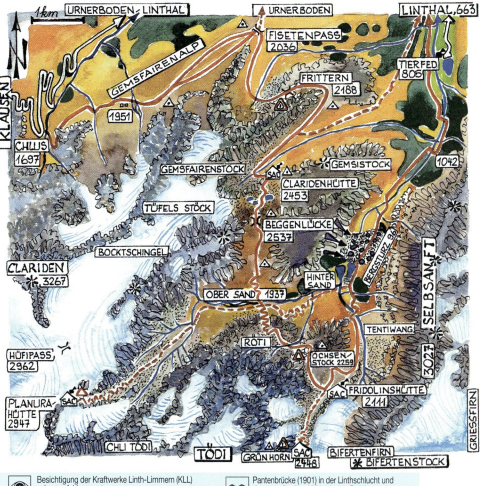

 Besichtigung der Kraftwerke Linth-Limmern (KLL) sehr empfehlenswert. siehe Tour 55

 Pantenbrücke (1901) in der Linthschlucht und darunter die alte, 1854 erbaute Brücke.

Unterhalb der Orthalden bestehen zwei Wege, ein unterer, auf dem man etwas zu viel Höhe verliert und ein oberer, auf dem man etwas zu hoch hinauskommt und am Schluss leicht absteigt auf den **Fisetenpass. (Aussichtspunkt).**
Nach einem kleinen Abstieg durchquert man den oberen Talkessel der Fisetenalp. Unter den vielen schönen Alpenblumen findet man hier auch das Männertreu mit seinem starken Schokoladenduft. Anschliessend folgt ein steiler Aufstieg durch Geröllhalden zum **Fritternsattel** (heikle Passage).
Der Weg ist hier sehr steil, aber gut gezeichnet und gut gepflegt! In der Folge traversiert man zwei Alpweiden und den markanten Geissstein. Man hält direkt auf den mächtigen Claridenfirn zu und freut sich an den Felsköpfen links und rechts dieses Gletschers, bevor einem ein Aufstieg von 300 Höhenmetern zu schaffen macht. Zuallerobest traversiert man das Felsband des Altenorenstockes, gesichert durch ein Seil. Die schöne **Claridenhütte**, welche behäbig auf dem Hochplateau thront, erlaubt eine bemerkenswerte Rundumsicht.

Eine Hochgebirgstour

Diesen Eindruck vermittelt die prächtige Passage bis zur **Beggenlücke,** die man zum Teil auf flachen Schneefeldern, zum Teil an Schmelztümpeln und Kleinseen vorbei erreicht, das erhabene Panorama des Clariden, der Spitzalpelistöcke und des Tödi (3586 m) vor Augen. Nur ungern sticht man über die Beggenen in die Tiefe. Ist das notwendig, dass man einen Abstieg von 600 Höhenmetern in Kauf nehmen muss?
Die Flora, auch Edelweiss, mag im obern Teil noch trösten, die Sicht auf den Fuss des majestätischen **Tödi** mit seiner blinkenden Eiskappe, auf die rotgelbe Flanke der Röti und des Ochsenstockes lässt die Frage aufkommen, wo denn ums

Alp Gemsfairen mit Blick zu den «Tüfels Stöck» und der Claridenkette

Himmels Willen ein Weg durch dieses **Bergsturzgebiet** zur Fridolinshütte führe. Das ausgedehnte, bis auf die Alp Ober-Sand hinunterreichende Trümmerfeld des im Jahre 1964 an der Nordostwand des Tödi abgebrochenen Bergsturzes umfasst rund 900 000 m³ Malmkalk.
Auf **Alp Ober-Sand** zeigt der Wegweiser Richtung Planurahütte. Wir aber überqueren den mäandrierenden Oberstafelbach, der am Ende des Talbodens in die Klauen der Linth-Limmern-Kraftwerke gerät. Bei der Wasserfassung beginnt der schwach markierte Aufstieg, exakt durch jene Flanken führend, die man für unpassierbar gehalten hätte. Landschaftlich ist es der interessanteste Weg, der am Rande des Bergsturzgebietes zuerst durch Erlengestrüpp, dann über **gelben und roten Kalk** nochmals rund 300 m in die Höhe führt.
Bei der Überquerung des **Bifertengrätli** ist wieder Trittsicherheit gefragt, denn rund 1000 Meter hohe Felswände fallen ab zur Sandalp.
Erst jetzt, wo der Gwunder gestillt ist, unten im Talkessel die Glarnerfahne neben der **Fridolinshütte** im Abendwind flattert, der **Bifertenfirn** bläulich schimmert und gleichzeitig der Hinterrötifirn am Fuss des Tödi zu sehen ist, spürt man die erbrachte Leistung. Ein Halt auf dem Bifertengrätli ist angebracht. Die Fridolinshütte SAC ist aufs beste renoviert und mit allem versehen, was Leib und Seele brauchen. Sogar ein kleiner Bergsee erfreut den Wanderer.

Kein Aufstieg für Greenhörner!

Wer einen sensationellen Blick auf den Bifertengletscher werfen und die älteste SAC-Hütte der Schweiz kennen lernen will, steigt anderntags nochmals eine Stunde auf. Die einfache Holzkonstruktion der **Grünhornhütte** wurde 1863 erbaut. Als Unterkunft hat sie seit dem Bau der grossen Fridolinshütte keine Bedeutung mehr, als Zeuge der Pionierzeit wird sie aber durch die Sektion Tödi des SAC immer noch unterhalten. Der Aufstieg durch Geröllhalden beträgt ungefähr 300 Höhenmeter und artet am Schluss zu einer leichten

Kletterei aus. Über den kleinen Felsgrat erreicht man das Hüttchen, welches an der Felswand klebt. Von hier aus schaut man geradewegs in den imposanten Eissturz des **Bifertengletschers,** aus dem das bedrohliche Krachen einstürzender Türme und sich öffnender Spalten herüberdringt. Noch kitzliger als der Auf- ist dann der Abstieg (keine Seilsicherung vorhanden) in den Rutschpartien der sehr steilen Geröllhalden.

Unerwartet viel spannende Stellen und Ausblicke bietet der Hüttenweg, der von der Fridolinshütte talwärts führt. Wildromantisch ist die sichere Traverse östlich des Bifertenalpeli. Ahnte man auf 2100 m, dass der Bifertengletscher vor Jahren bedeutend grösser gewesen sei, so wird die **Klimaveränderung** augenfällig, wenn auf einer Höhe von 1700 m noch die Kuppe einer ehemaligen Seitenmoräne traversiert werden muss. Zwei Blumen fallen besonders auf, der seltene Purpurenzian und das kleine Fleischers Weidenröschen, das im Geröll des Tentiwängbodens gleich haufenweise wächst.

Den Bifertenbach überquert man auf einer eisernen Brücke direkt über einem Wasserfall und einer tiefen Felsspalte. Dahinter verkündet eine Tafel, dass vor dem Betreten des Bergsturzgebietes Hinter- und Vordersand gewarnt werde und die Regierung jede Verantwortung ablehne.

Ein gewaltiger Bergsturz!

Wenig später zeigt sich die ganze Bescherung an der gegenüberliegenden Felsflanke des Zuetribistockes und im Talboden unten, wo neben dem Ausgleichsbecken der Kraftwerke ein zweiter See aufgestaut worden ist.

Am 24. Januar 1996 sollen 700 000, am 3. März 1996 sogar 1 200 000 m^3 Schiefergestein zu Tale gedonnert sein. Das Ausmass des **Bergsturzkegels** wird einem erst bewusst beim Durchschreiten der Steinwüste auf der behelfsmässigen Alpstrasse. Beinahe ein Kilometer breit ist das verschüttete Gebiet. Von den Alphütten **Vordersand** ist nichts mehr zu sehen. Alle Wanderer, die das Gebiet zum ersten Mal erleben, sind bass erstaunt, mit welcher Wucht selbst haushohe Felsblöcke am Gegenhang in die Höhe getragen worden sind. Die Luftdruckwelle fällte in Vordersand ein ganzes Wäldchen. Wegen der Klimaerwärmung und der labilen Schieferschichten sind weitere Felsabbrüche absolut möglich.

Im Schatten des Waldes geht's auf dem Fahrsträsschen abwärts, begleitet vom Rauschen des mächtigen Sandbaches (junge Linth). Die **Linthschlucht** wird je länger je imposanter. Dort, wo der mächtige Fluss sich am tiefsten eingeschnitten hat ins Gestein, überquert die sehr schöne **Steinbogen-Pantenbrücke** (erbaut 1901) die Schlucht. Diese spannt sich über die alte, noch begehbare Brücke. Der Linth entlang führt ein Fussweg von **Tierfed** bis zum Schiessstand Linthal. Dort, wo anfangs eine Steinschlagtafel den Wanderer warnt, kann man in der fetten Grasnarbe der westlich gelegenen Felswände oft Gemsen entdecken. In der **Reitimatt** kürzt der Wanderweg, leicht ansteigend, eine Flusschleife ab, steigt aber bei der Brücke Bogglaui unvermittelt wieder an. Man schenke der gemalten Tafel «Gesperrt» Glauben. Wer's trotzdem versucht, wird gar bald entdecken, dass der alte Fussweg abgestürzt ist. Der ganze Weg ist kein «Halbschuhweg», denn immer wieder müssen auch Schuttstellen und Geröllhaufen, welche die Wildbäche zu Tal gebracht haben, überschritten werden.

Bis zum Kraftwerk **Linthal** bietet der Wald angenehmen Schatten. Das 2 km lange Schlussstück aber muss auf Asphalt absolviert werden. Mit einem wehmütigen Blick zurück und nach einer wohltuenden Fusswaschung am Bahnhofbrunnen besteigt man den Zug.

Blick von der Grünhornhütte zum Bifertengletscher

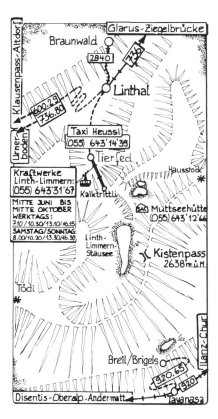

55. Über den Kistenpass ins Bündnerland

Tierfed (805) – Chalchtrittli (1860) – Nüschen (2236) – Muttseehütte (2501) – Kistenpass (2729) – Rubi Sura (2172) – Rubi Sut (1672) – Brigels (1287).

Im Hüttenführer des SAC schlägt der Verfasser 2 bis 3 Tage für diese Tour vor. Und die Direktion der Kraftwerke Linth-Limmern schreibt in einem ehrlichen Vorwort zum Wandervorschlag Muttseehütte: Bevor Sie das Billett für die Luftseilbahn kaufen, sollten Sie alle nachstehenden Fragen mit einem überzeugten «Ja» beantworten können:

1. Liegt unterhalb von 2400 m ü.M. zur Zeit **kein Neuschnee** und ist **auch keiner angesagt?**
2. Habe ich **hohes, gleitsicheres Schuhwerk?**
3. Sind im Rucksack **lange Hosen, eine warme Jacke und Regenschutz** verstaut?
4. Getraue ich mich, auf einem guten Bergweg auch **nahe am Abgrund** zu gehen?

Es ist tatsächlich so: Nur wer mit Überzeugung ja sagen kann, nur wer wirklich trittsicher ist, kann mit höchsten Erwartungen an eine prächtige Hochgebirgstour zu diesem freudigen Erlebnis starten. Der Verkehrsverein Linthal müsste unter Berücksichtigung dieser Punkte seine Publikationen dringend überarbeiten und zusätzlich dafür sorgen, dass die Wege wieder einmal markiert werden.

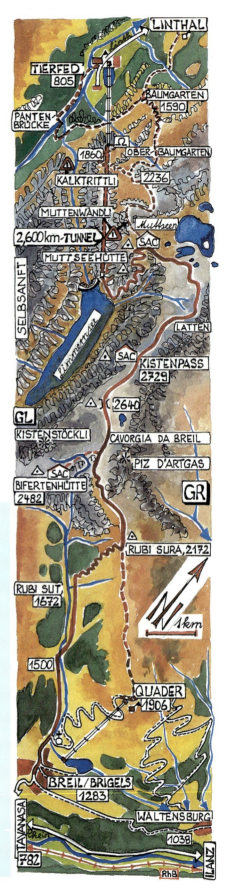

 Wanderkarte Glarnerland 1:50 000
Verlag Baeschlin, Glarus oder:
Landeskarte 1:50 000, Blätter 246 Klausenpass, 247 Sardona und 256 Disentis.

 Glarnerland Tourismus,
Niederurnen 055 610 21 25
Kraftwerke Linth-Limmern AG, KLL 055 643 31 67
Verkehrsbüro Breil/Brigels GR 081 941 13 31
Verkehrsverein Linthal 055 643 39 17
Taxi Heussi, Linthal 055 643 14 39
Taxi Urs Hauenstein 077 93 49 49 / 0800 878 478

 Bergstation Luftseilbahn bis:
Muttseehütte SAC, Chalchtrittliweg 2 h
Muttseehütte durchs 2,6 km Tunnel 2 h
Muttseehütte – Kistenpasshütte SAC 1 h 30 min
Kistenpasshütte SAC – Rubi Sura 1 h 30 min
Rubi Sura – Rubi Sut (Talweg) 1 h
Rubi Sut – Brigels Postautostation 1 h

 Steigung: 1000 m
Gefälle: 1600 m

 Hotel Tödi, Tierfed (30 Pl.) 055 643 16 27
Muttseehütte SAC (75 Pl.) 055 643 32 12
oder: 055 643 12 66
Kistenpasshütte SAC (20 Pl.)
(nur Juli/August bedient) 077 82 46 59
Bifertenhütte SAC 081 941 23 36
Casa Mirella, Brigels (70 Pl.) 081 941 14 38
Ferienheim Palius, Brigels (92 Pl.) 081 941 13 43
Skihütte Alp Quader (22 Pl.) 081 941 14 53
und andere laut Unterkunftsverzeichnis Brigels

 Badesee Brigels mit warmem Wasser (aufgewärmt durch Sonnenkollektoren) Hallenbad im Hotel Residenza La Val, Brigels

 Linthal, Tierfed, Muttseehütte SAC, Kistenpasshütte SAC, (Bifertenhütte SAC), Breil/Brigels

 im Brigelser See mit Patent möglich

 vom Chalchtrittliweg bis zur Muttseehütte und vom Kistenpass bis Rubi Sut

 Hotel Tödi, Tierfed (1860 eröffnet)
Ref. Kirche Linthal (1728)

 Besichtigung der Kraftwerke Linth-Limmern und der Staumauer. Herrliches Panorama vom Kistenpass aus.

 Von der Talstation der Luftseilbahn führt ein Weg in die Linthschlucht.

 Chalchtrittliweg nur für schwindelfreie, trittfeste Wanderer mit rutschfestem Schuhwerk.
Die ganze Tour kann nur bei sicherer Schönwetterlage im Juli und August empfohlen werden (kein Neuschnee, kein Neuschnee angesagt, trockene Wege, Altschnee zur Hauptsache geschmolzen!)
Kistenpass: Kein Schulreise- oder Vereinsausflug

Bergstation Luftseilbahn Tierfed Kalktrittli, Blick zum Tödi

Auch wir mussten 14 Tage warten, bis diese Bedingungen erfüllt waren, lag doch Anfang Juli auf 2500 m ü.M. noch ein Meter Neuschnee. Zehn Tage lang sah damals der Hüttenwart in der sensationellen Schutzhütte, die an der Felswand des Kistenpasses klebt, keinen Menschen. Er verwaltet diese fast unbekannte Hütte mit 20 Liegeplätzen im Juli und August, dann ist bereits wieder Saisonende: Auch das ist ein Hinweis für den richtigen Zeitpunkt dieser Tour.

Der Wegweiser in Brigels nennt 4,5 h bis zum Kistenpass, 6 h bis zur Muttseehütte und 10,5 h bis Linthal. Wir schlagen einen Start in **Linthal,** der Endstation der SBB vor. Ein Taxi-Bus wartet an schönen Tagen jene Züge ab, die Anschluss haben auf die Abfahrt der **Luftseilbahn in Tierfed.**

Diese Kraftwerkbahn fasst 30 Personen und überwindet in 10 min rund 1000 Höhenmeter. Sie fährt unglaublich steil nach oben. Bei der Bergstation, die früher dem Bau der Staumauer des Linth-Limmern-Stausees diente, kann noch ein alter Stollen besichtigt werden. Es bestehen zwei Möglichkeiten des Aufstiegs zur Muttseehütte. Für **trittsichere Leute** empfiehlt sich der **Chalchtrittliweg.** Sowohl die Aussicht ins Tödimassiv als auch die Flora (die Hänge sind zu steil für das Abweiden durch Tiere) wissen zu begeistern. Der Weg ist gut unterhalten, führt aber oberhalb senkrechter Felswände durch. Nicht auszudenken, was passieren würde, wenn morgens jemand ausrutschen würde auf dem taufeuchten Gras ausserhalb des Weges! Vielleicht sichern die reichen Kraftwerke der Stadt Zürich wenigstens einmal die exponiertesten Stellen?

Auf **Alp Nüschen** mündet der Weg in den direkten Aufstieg aus dem Tal über die Alp Baumgarten. Sanft führt dieser in den Talkessel unterhalb des Nüschenstockes. Über ein bequemes, breites Felsband, das offenbar auch die Schafe benützen, steigt man in das kritischste Stück, den Pfad, der oberhalb des «Muttenwändli» zur **Muttseehütte SAC** führt. Da kann man es sich wahrlich gut gehen lassen, die Preise sind fast unanständig tief, die Seen, die allerdings auch durch die Kraftwerke genutzt werden, bedeutend schöner als der tief unten liegende Linth-Limmern-Stausee.

Durchs Tunnel!
Der etwas leichtere Aufstieg führt von der Bergstation der Luftseilbahn durch den **Kraftwerkstollen** (2,6 km, während des Tages beleuchtet). Von 1958 bis 1965 diente dieser als Zugangsstollen für den Bau der Staumauer Linth-Limmern. Das Material wurde mit ausgedienten Tramwagen der Verkehrsbetriebe Zürich doppelspurig transportiert. (Abstieg zur **Bogenstaumauer** ca. 250 m vor Stollenende möglich, Mauerkrone auf 1858 m ü.M., ca. 9 m breit.)

Beim Ochsenstäfeli verlässt man den Stollen, hält sich an die linke Bergflanke und trifft auf den steilen Bergweg zur **Muttseehütte.** Auf dem Punkt 2453 an der Schulter zum Muttenkopf präsentiert sich die einmalige Aussicht über Stausee, Selbsanft, den Firngletscher der «Platas-Alvas» und zum Kistenstöckli erstmals in voller Pracht. Bald erreicht man die SAC-Hütte Muttsee. Wer nur die Rundwanderung ab Bergstation zur Muttseehütte unter die Füsse nimmt, soll den Aufstieg übers Chalchtrittli und den Abstieg durchs Tunnel wählen und nicht umgekehrt. (Rundweg 5 bis 6 h).

Zum Kistenpass hinauf!
Der Aufstieg zu diesem Pass sieht von der Terrasse der Muttseehütte viel gefährlicher aus als er ist. Tatsächlich folgt jetzt die angenehme Seite dieser langen Tour. Nach einem kurzen Abstieg geht's am Fusse der Muttenberge durch Geröllhalden sanft bergauf. Der Weg ist gut markiert, obwohl die Eisenstangen durch Lawinen und Geröll meist verbogen sind. Liebevoll aufgeschichtete «Steinmannli» begleiten den Wanderer, bald sind die ersten, allerdings flachen Schneefelder zu durchqueren. Die kleine Traverse vor der eigentlichen Passhöhe, deren Höhe immer wieder falsch notiert wird, muss vorsichtig genommen werden. Nachher findet man auf 2729,5 m eine einsame Coca-Cola-Wandtafel, die darauf hinweist, dass unterhalb der Treppe, deren Anfang kaum sichtbar ist, die **Kistenpasshütte SAC** steht, beziehungsweise am Felsen klebt. Vom Militär erbaut, seit 1992 von der SAC-Sektion Winterthur verwaltet, bietet diese im Juli und August Schutz, der Hüttenwart Speis und Trank und ein Panorama, das seinesgleichen sucht. 900 Meter tiefer leuchtet der grüne Linth-Limmern-Stausee, es glänzen der Griess- und Limmerngletscher, der Firn des Selbsanft, aber auch

die Schneefelder des Bifertenstockes. Erhaben, fantastisch, gewaltig? Diese Adjektive vermögen nur anzudeuten, welch Panorama sich öffnet auf der langen Passwanderung von der Muttseehütte bis zur Alp Rubi Sura. Das Warten auf wirklich sicheres und gutes Wetter lohnt sich auf alle Fälle!

Linth-Limmern-Stausee
Der 2,7 km lange Stausee sammelt das Wasser des 2,390 km² grossen Limmerenfirns, aber auch die Abflüsse des Claridenfirns und des kleineren Sandfirns westlich des Tödi. Die Bogenstaumauer ist 145 m hoch. Gebaut wurden die Anlagen mit den vielen Zuleitungsstollen (siehe Karten 1:25 000) von 1959 bis 1963. Der See fasst 90 Millionen Kubikmeter Gletscherwasser, was dem Energiegehalt von 258 Gigawattstunden entspricht.

Ob man im «Adlerhorst» der Schweizer Armee auf dem Kistenpass übernachtet oder in der **Bifertenhütte SAC**, das spielt keine Rolle. Der Weg zwischen beiden Hütten ist problemlos und führt durch eine eigentliche Mondlandschaft ohne Vegetation hinunter in die Cavorgia da Breil. Wer gut zu Fuss ist, kann das immer dominanter werdende **Kistenstöckli** (2745) von der Bifertenhütte aus besteigen, während der See bei Punkt 2583 mit bescheidener Schönheit glänzt.

Reizvoller Abstieg
Der Panoramaweg zur Alp Rubi Sura verspricht ebenfalls Grossartiges bezüglich Aussicht. Es sind die Bündner Berge, die am Horizont winken, während uns vor allem der Blick ins Val Frisal, zum Bifertenstock und zum Piz Frisal grossen Eindruck gemacht hat. Wer der Höhe und der Sonne treu bleiben will, wandert zur Alp Quader. Dort führt allerdings eine geteerte Alpstrasse ins Tal oder ab ca. 1670 m ein Sessellift direkt an den Brigelser See.

Kistenpass: Selbsanftgruppe und Linth-Limmern-Stausee in der Tiefe

Dem tosenden Bach entlang!
Der direkte Abstieg von Rubi Sura (frische Milch ist erhältlich) nach Rubi Sut (ca. 500 m) ist warm zu empfehlen wegen der Flora. Ein Meer von Glockenblumen, aber auch Arnika und karminrote Hauswurz nebst Schmetterlingen begleiten einen. In gut Dreiviertelstunden ist man auf der gekiesten Alpstrasse im Talgrund angelangt. Der mächtige Flem, ein schäumender, tosender Bergbach aus dem Val Frisal, begleitet einen jetzt bis **Brigels**. Abends liegt der Weg bereits in wohltuendem Schatten. Das plötzlich überschwenglich markierte Alpsträsschen ist mit drei gut eingerichteten Feuerstellen direkt am Bach (nicht ungefährlich für Kleinkinder) ausgerüstet. Das schöne Bergdorf Brigels, das noch einen ansehnlichen Teil der charmanten alten Bausubstanz pflegt, erfreut durch die schmucken Kirchen, den See (der Badesee wird durch Sonnenkollektoren aufgeheizt), die grandiose Sicht Surselva-aufwärts und durch eine Postautolinie, die praktisch stündlich Anschlüsse an die Rhätische Bahn in **Tavanasa** sicherstellt, letztmals um 18.30 Uhr.

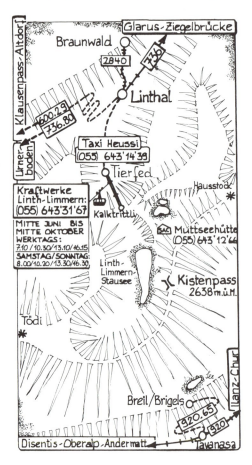

56. Auf Suworows Spuren über den Panixerpass!

Elm-Steinibach/Büel (1261) – Jetzloch (1472) – Ober Stafel (1901) – Häxenseeli (2221) – Panixerpass (2407) – Plaun da Cavals (2000) – Val da Ranasca (1580) – Pigniu/ Panix (1301).

Ein prächtiger Pass, der Panixer!
Ja, von Elm aus (Elm, siehe Tour 59) wird sogar ein wettkampfmässiger **Berglauf** auf diesen wohl schönsten Passübergang vom Glarner- ins Bündnerland organisiert. Der Weg ist einwandfrei, karg markiert, in imposanten Stufen ins Hochgebirge führend, auf den Spuren des legendären russischen **Generals Suworow**. Nicht ganz unproblematisch hingegen ist der Abstieg nach Panix in der Steilflanke von Punkt 2317 nach Plaun da Cavals (Punkt 2130). Da die Aussicht auf der Passhöhe dermassen erhaben ist, empfehlen wir eine zweitägige Tour mit Übernachten in der Schutzhütte auf dem Pass.

Was suchte Suworow in der Schweiz?
Suworow wollte 1799 zusammen mit den Österreichern die Franzosen aus der Schweiz vertreiben, hatte aber kein Glück gegen Napoleons Truppen. Sein Leidensmarsch mit 21 000 Mann, 1500 Kosakenpferden, 650 Maultieren und 25 Kanonen führte, unterbrochen von Gefechten, Scharmützeln und schweren Verlusten durch die Leventina, über den Gotthard und durch die Schöllenen nach Altdorf. In die französische Falle geraten, blieb ihm nur der Ausweg über den Kinzigpass ins **Muotatal** (28. Sept.) und über den **Pragelpass** nach Glarus. Unterdessen waren seine Soldaten zerlumpt, ohne Schuhe, ohne Patronen und fast ohne Artillerie. Als einziger Ausweg ins Rheintal blieb dem 70jährigen, zähen General nur der schneebedeckte **Panixerpass**.
Am 5. Oktober langte der Rest von Suworows Armee in Elm an. Am folgenden Tag brach dieser morgens um 2 Uhr auf, die Zeit drängte. Die Kanonen waren auf den aufgeweichten Pfaden nur mit grösster Mühe vorwärts zu bringen. Wiehernde Lasttiere glitten aus und stürzten in den Abgrund. Der Weg verwandelte sich in eine Schlamm-, Schweiss- und Leidensspur. In der Höhe waren die

 Wanderkarte Glarnerland 1:50 000
Verlag Baeschlin, Glarus

 Verkehrsbüro Elm 055 642 60 67
Verkehrsverein Ilanz GR 081 941 19 90

 Elm – Steinibach/ Büel 1 h
Steinibach/ Büel – Panixerpasshöhe 3 h 30 min
Panixerpass – Panix 3 h

 Steigung: ab Elm, 1400 m
ab Steinibach-Büel 1150 m
Gefälle: bis Panix/ Pigniu 1100 m

 Touristenlager Elm: Siehe sep. Unterkunftsverzeichnis Sernftal des Verkehrsbüros Elm (siehe Tour 59)
Gemeindehaus Elm (115 Pl.) 055 642 17 41
Schutzhütte Panixerpass (13 Pl.), nicht bedient
Rest. Alpina, Panix/Pigniu 081 941 19 90

 Elm, Panix/ Pigniu

 Interessante Versickerungsstelle am Häxeseeli, nicht begehbar, obwohl ein ganzer Bach verschwindet

 Baden am Panixer Stausee nicht möglich

 Flora: speziell sehenswert zwischen Wichlenberg und Jetzloch
Steinbockkolonie im Aufstieg

 Markante Geländestufen und Wasserfälle im Aufstieg, Schlussaufstieg mit historischem Wegstück und Panorama auf der Passhöhe (!)

 spätgotische, ref. Kirche, Grosshaus (1585) und Suworowhaus (1748) in Elm. Prächtige Bündner Häuser und schöne Kirche in Panix

 Steile Traverse im Abstieg von Punkt 2317 zur Plaun da Cavals, bei gefrorenem oder sehr nassem Boden gefährlich
Bergschuhe mit rutschfesten Sohlen erforderlich
Panixerpass (Bündnerseite): für Schulreisen oder Vereinsausflüge nicht empfohlen

Pfade vereist und Nebel behinderte die Sicht. Viele Offiziere und Soldaten waren barfuss und steckten bis zu den Knien im Schnee. Wer vom Wege abkam, glitt in die Tiefe, andere starben an Erschöpfung oder Kälte (mehr als 200 Leute). Mit den Lanzenschäften entfachten die Soldaten auf der Höhe ein Feuer. Sie fanden den Weg kaum mehr. Erst gegen Abend langten die erschöpften Mannschaften in **Panix** an.

Das Dörfchen zählte damals 100 Einwohner (heute noch 45). 9000 hungernde, frierende und total erschöpfte **Russen** plünderten, brandschatzten, schlachteten Gross- und Kleinvieh und verzehrten das Fleisch fast roh. Einzig eine im Wald weilende Kuh und eine im Keller untergebrachte Muttersau mit ihren Ferkeln blieben verschont.

Suworow versprach, Schadenersatz zu leisten. In der Folge wurde von den Panixern ein schier endloses Verzeichnis der Verluste aufgestellt. Vom russischen Zaren allerdings haben sie nie einen Rubel empfangen für ihren enormen Schaden. Und Suworow? Er starb am 18. Mai 1800 in Petersburg.

Heute ein prächtiger Pfad!

Bei schönem Wetter fahren heute die Sernftalbusse ab **Bahnhof Elm** entgegen der Kursbuchangabe in der Regel bis **Steinibach-Büel** und gegen Bezahlung eines bescheidenen Zuschlags sogar nach Obererbs hinauf.

Da die **Wichlenalp** im Herbst relativ oft von Militär belegt ist, ist das Studium der Schiessanzeigen an der Postauto-Endstation unerlässlich. Die geteerte Panzerpiste führt nur bis zur Wichlenalp, dort treffen wir auf den Wegweiser «Panix 6 ½ h». Nebst dem geteerten Riesenparkplatz ärgert man sich über die Restwassermenge Null des stolzen Bergbaches beim Beginn des Bergweges am Fusse der Felswand der Rütersegg. Bald prunkt der steile Bergweg aber mit prächtiger Flora: Türkenbund und Fingerhut gefällt's hier besonders gut. Ein Znünihalt bietet sich oberhalb des ersten Felsriegels an, beim Hüttli der Seilbahn zur **Alp Ober-Stafel**. Talauswärts zeigt sich der Kärpf.

Ein ausgesprochen harmonisch und gut angelegter Passweg traversiert in der Folge die imposanten Felsriegel von 200 bis 300 Metern Höhe, die eine Alp von der andern trennen. Immer findet man irgendeinen harmlosen Durchschlupf.

Steinbockkolonie und Versickerungsstellen am «Häxenseeli»

Als besonders positiv wirkt sich auf den Glarner Alpen das Düngeverbot aus, welches die Landsgemeinde lange vor der Bewegung «Natur vom Puur» beschlossen hat. Geologisch interessant wird's beim **Häxenseeli**. Diverse Versickerungsstellen können direkt erlebt werden, ein Bach fliesst z.B. geradewegs gegen einen Felsriegel, um rauschend im Bergesinnern zu verschwinden. In den Geröllhalden und Schneefeldern der südlichen Hänge kann man Steinböcke beobachten.

Gut unterhaltene Schutzhütte

Je höher man kommt, umso schöner wird der Weg. Die Sicht beim Seeli auf 2407 m ist traumhaft. Imposant sind die Felswände des Piz Fluaz, herrlich glänzt der Mergletscher in der Sonne, dominant und prächtig leuchtet der Hausstock (3158), der auch von hier aus be-

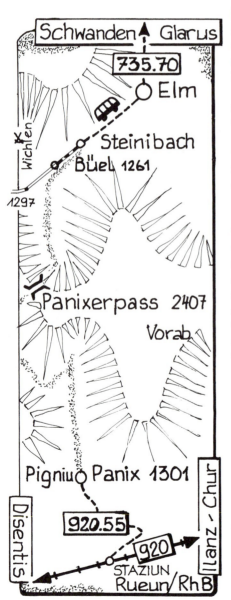

stiegen wird auf einer mittelschweren Route (laut Kletterführer). Die **SAC-Hütte Panixerpass** weist 13 saubere Matratzenlager auf, eine gut eingerichtete Küche, ein Holzlager und die Bezeichnung der Quelle.

Sofern man Lust bekommt, umliegende Gipfel zu besteigen (z.B. den Rotstock), lohnt sich eine Übernachtung.

Abstieg nach Panix

Nur ungern verlässt man die liebliche Hochebene mit der herrlichen Aussicht. Sich der schlechten Erfahrungen der Armee Suworows erinnernd, hält man sich exakt an die Wegzeichen, geht den ruppigen Abstieg zur **Plaun da Cavals** (200 Höhenmeter) vorsichtig an und freut sich auf Alp Mer am mächtigen Wasserfall. Unterhalb dieses steilen Hanges kann man sich daran erinnern, dass die Viehhändler aus dem Sernftal über Jahrhunderte hinweg ihr Vieh über den Panixer- und Lukmanierpass an die Viehmärkte von Bellinzona, Giubiasco und sogar Varese getrieben haben. Nach einem kleinen Wiederaufstieg folgt eine spannende Felstraverse. Mehr und mehr öffnet sich das Panorama in die **Bündner Alpen** vom Oberalp bis zum Piz Mundaun, dominiert von Piz Terri und Rheinwaldhorn. Der Weg hinunter ins **Ranascatal** (Pt 1580) sollte unter keinen Umständen verlassen oder abgekürzt werden, denn er führt, bald im Wald, zum Teil oberhalb senkrechter Felswände durch. Es riecht herrlich im Bergwald, kleine Seitenbäche plätschern zum relativ neuen Panixer Stausee (1989) hinunter. Vor dem Dorf folgt man kurz der Strasse, im Restaurant Alpina winkt eine freundliche Bedienung. Vom Wirt Gion Spescha erhielten wir dort auch die spannende Suworowgeschichte. **Panix** ist ein hübsches Dorf, der alten Bausubstanz wird Sorge getragen. Sehenswert sind vor allem Kirche und Friedhof. Das kleine Postauto fährt ausserhalb des Dorfes, erst 100 m ostwärts der Post, zur Bahnstation **Rueun RhB** hinunter auf einer eigentlichen Panorama-Alpenstrasse.

Auf der Heimfahrt mit der Rhätischen Bahn weiss die geologisch interessante Rheinschlucht unterhalb Flims besonders zu gefallen.

Wohltuende Rast am kleinen See auf der Panixer-Passhöhe (im Hintergrund Vorab)

57. Dem Martinsloch entgegen!

Elm (977) – Nideren (1427), Täli (2239) – Segnespass (2627) – Segneshütte (2102), Foppa (1417) – Flims (1081).

Der Segnespass, Teil der Schwarzwald-Veltlin-Route, ist ein ausgesprochener **Hochgebirgspass, also keine Route für Schulen oder Vereine!** Man muss den Übergang ersteigen, zuoberst fast erklimmen. Bei ungünstigen Schneeverhältnissen im Vorsommer oder Frühherbst sowie bei Vereisungen nach Regen oder Nassschneefall ist höchste Vorsicht geboten bei den Steilhängen beidseits der Passhöhe. Der Hochgebirgspass aber vermittelt wie kaum ein anderer sehr viel unberührte Natur und zum Teil wilde, unberührte Bergflanken.

Auf beiden Seiten des Passes verkürzen **Bergbahnen** den Auf- bzw. den Abstieg. Drüben ist es der staatlich konzessionierte Sessellift Naraus (1838) – Foppa (1417) – Flims, hüben die alte Transport-Seilbahn (Jahrgang 1964) der nordostschweiz. Kraftwerke (NOK) Elm/Zündli – Nideren (1427). Diese ist in keinem Kursbuch oder Prospekt aufgeführt, obwohl bei der Gemeinde **Elm** (siehe Tour 59) ein offizieller Fahrplan (gültig von Ende Mai bis Anfang Oktober) herausgegeben wird und die kantonale Konzession in Ordnung ist. Diese Kleinkabine mit Dach, aber ohne Fenster, haben wir benützt und die sensationelle Fahrt hinauf und durch die **Tschingelschlucht** genossen. Der vorzügliche Service des Bedienungspersonals sei lobend hervorgehoben. Trotzdem schlagen wir den schattigen Aufstieg durch diese Schlucht vor. Wildromantisch ist sie und mit einem neuen, ausgezeichneten Weg, der hoch über dem rauschenden Bach verläuft, versehen. Laut dem Wanderbuch Glarnerland muss im Lauiboden darauf

Wanderkarte Sernftal 1:25 000
Wanderkarte Glarnerland 1:50 000
Verlag Baeschlin, Glarus

Glarnerland Tourismus, Niederurnen 055 610 21 25
Verkehrsbüro Elm 055 642 60 67
Kur- und Verkehrsverein Flims 081 920 92 00
Seilbahn Zündli – Nideren (ab 19.00) 055 642 23 60

Elm – Nideren 1 h 30 min
Nideren – Segnespass 3 h 30 min
Segnespass – Segneshütte 1 h 40 min
Segneshütte – Foppa 1 h 15 min
Foppa – Flims GR 30 min
(Variante Segneshütte – Naraus Sessellift auf dem Panorama-Höhenweg: 1 h)

Steigung: 1600 m
Gefälle: 1500 m

Elm, Niderenalp, Segneshütte, Naraus, Foppa, Flims

Touristenlager Elm: siehe Unterkunftsverzeichnis Sernftal (sep. Prospekt mit Plan, siehe Tour 59)
Gemeindehaus Elm (115 Pl.) 055 642 17 41
SAC-Hütte Martinsmad (60 Pl.) 055 642 12 12
Rest. Niderenalp (25 Pl.)
Segneshütte (25 Pl.) 081 921 24 42

Pedalo- und Ruderboote auf dem Cauma- und Crestasee in Flims

Martinsloch nur für geübte Kletterer (Zusatztour ab Segnespass)

am Cauma- und Crestasee

Flora: sehr schön im Aufstieg zum Segnespass auf der Glarner Seite

Imposant ist der Aufstieg direkt gegen das Martinsloch, vor allem aber der Segnesboden.

Tschingelschlucht hinter Elm.

spätgotische, ref. Kirche, Grosshaus (1585) und Suworowhaus (1748) in Elm. Ref. Kirche (1512) und Schlössli (1682) in Flims

Nur trittsichere Bergwanderer können hüben und drüben des Segnespass die oberste, sehr steile Partie bewältigen. Diese ist vor allem auf der Glarner Seite sehr gefährlich bei Temperaturen unter null Grad (im Herbst ist das nachts schon sehr früh der Fall!)
Gute Bergausrüstung erforderlich

geachtet werden, dass am Anfang des Erlenwaldes in einer Kehre unbedingt links gehalten wird, da der alte Weg nicht mehr unterhalten wird, aber als Spur noch ersichtlich ist. Der neue Weg ist gut markiert und teilweise in die Felsen eingehauen. Auf der **Niderenalp** lädt eine Touristenhütte zur Einkehr oder zum Übernachten ein. Der steile Weg durch unberührte Alpweiden führt durch ein eigentliches Blumen- und Schmetterlingsreservat. Der Aufstieg geht relativ rasch vonstatten. Da er so steil ist, schafft man 400 bis 500 Höhenmeter pro Stunde. Reizvolle Seitenbäche, ein sich öffnendes Panorama (Vorab, Kärpf, später Glärnisch und Hausstock sowie die Tschingelhörner), vor allem aber das imposanter werdende **Martinsloch,** verkürzen den sagenhaft steilen Aufstieg. Im Kessel der Wasserberge, im Täli, weiden noch Schafe, kurz darauf geht die Vegetation über in die Moosregion, bald in Geröllhalden. Hat man das sehr steile Schlussstück hinter sich gebracht, freut man sich am kleinen Plateau auf der **Segnespasshöhe,** an der Sicht in die Bündner Alpen und an der enormen Höhendifferenz, die man überwunden hat.

Abstieg zum Segnesboden, Pass und Martinsloch im Hintergrund

Schöner Segnesboden

Es ist wiederum der oberste Teil des Abstiegs, der vorsichtig angegangen werden muss, obwohl ein Teil davon mit einer Kette gesichert ist. An heissen Tagen kann die oberste Schneeflanke problemlos passiert werden, an kühlen Herbsttagen ist der Firn gefroren und sehr gefährlich. Nach dem Traversieren weiterer flacher Schneefelder durchschreitet man einen weiten Talkessel, entdeckt rauschende Bäche und Quellen, das Martinsloch auf der Bündnerseite und später eine hübsche Ruderalflora. Das Glanzstück dieser Tour ist aber doch der karg bewachsene **Segnesboden** mit den mäandrierenden Bächen, schönen Tümpeln und dem grossen Wasserfall, der von Plaun Segnas Sura zur Plaun Segnas Sut hinunter donnert. Wer die wildromantische Landschaft auf 2200 bis 2400 m Höhe noch länger geniessen möchte, kann unterwegs abzweigen in den oberen Segnesboden oder sogar zum **Cassonsgrat,** welcher von der Luftseilbahn auch sommers bedient wird.

Nach einem Halt in der **Segneshütte** empfiehlt sich eine Fortsetzung der Wanderung entweder auf dem Panoramaweg über die Cassonsalp zur Bergstation Naraus oder hinunter nach **Foppa**.

Wer gut zu Fuss ist, schafft den Abstieg nach Flims-Dorf bequem in 1½ bis höchstens 2 h. Der Fahrweg enttäuscht anfänglich dort, wo Bulldozer für die Skifahrer grosse Hänge planiert haben und die Wunden bis heute nicht vernarbt sind. Später trösten einen die schöne Flora, schattige Waldstücke und vor allem die wilde Schlucht westlich der Foppa. Den Duft des Bergheus meinen wir heute noch in der Nase zu spüren. Ab **Flims** verkehren stündlich Schnellpostautos direkt nach **Chur**.

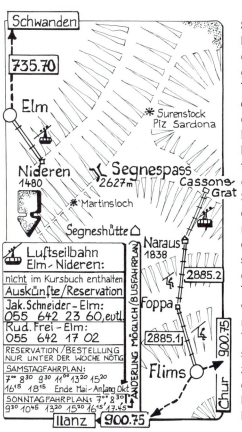

58. Das Glarnerland zu Füssen

2273 m hoch liegt die Hütte:
Was sich aber auf der Höhe, kurz vor der schönen **Legler-SAC-Hütte** an Panorama anbietet, ist fast unübertrefflich. Praktisch alle Dreitausender rund um den Tödi, die Jägerstöcke, die Glärnischgruppe, das Tal bis weit über Glarus hinaus, die östlichen Berge und Hügel der Glarner Alpen, sie alle lassen sich hier von ihrer schönen Seite betrachten. Die Hütte **am Fusse des Kärpfs** weiss auch zu gefallen durch ihre originelle Waschanlage, die perfekt aufgeschichteten Holzbeigen, den kleinen See vor der «Gartenwirtschaft» und als Ausgangspunkt für viele empfeh-

> Kies (1029) – Mettmen (1610) – Oberstafel (1788) – Kärpfbrugg – Hübschboden (2000) – Leglerhütte SAC (2273) – Ängiseen (2017) – Ratzmatt (1730) – Kies (1029) oder Matzlenfurggel (1913) – Mettmen (1610).

Es ist natürlich bequem, sich von den Sernftal-Bussen zum Parkplatz **Kies** und mittels der **Luftseilbahn** (Kapazität 15 Personen) direkt zum **Garichti-Stausee** transportieren zu lassen (Bergrestaurant).
Bereits von der Staumauer herab geniesst man eine unerwartete Rundsicht, vor allem talauswärts zur Glärnischkette. Einer der schönsten Glarner Bergwege führt sanft an vielen rieselnden Bächen vorbei zur **Alp Oberstafel** hinauf. Der mäandrierende Bergbach im Talkessel Matt zieht eher diejenigen Wanderer an, die es bei einer reizvollen, kurzen Seeumquerung bewenden lassen.

Imposante Kärpfbrücke
Direkt hinter den behäbigen Alphütten zeigt ein Wegweiser den Pfad zur Naturbrücke des Niderenbaches. Der Wanderweg selber führt drüber, denn sie ist mindestens 50 m lang. Bei Hochwasser ist die Durchquerung nicht so einfach, sonst aber ein gefreutes Erlebnis. Bücken muss man sich nicht, hingegen ist das zweimalige Überqueren des mächtigen Baches notwendig.

Auch wenn der nächste Wegweiser nur zum **Kärpfhüttli** zeigt, sei dieser Aufstieg zur Leglerhütte empfohlen. Denn der **Hübschboden** mit seinen Tümpeln, Hochmooren und Aussichtspunkten verdient seinen Namen zu Recht. Zudem ist er «abseits der Landstrasse». Im imposanten Schlussaufstieg zur Hütte lässt sich der Piz Sardona hinter dem Wildmadfurggeli (siehe Tour 59) blicken, während die gewaltigen Felsblöcke bereits Hochgebirgstourencharakter suggerieren.

📖	Wanderkarte Sernftal 1:25 000 Wanderkarte Glarnerland 1:50 000 Verlag Baeschlin, Glarus
ℹ️	Glarnerland Tourismus, Niederurnen 055 610 21 25 Verkehrsbüro Schwanden 055 644 14 21 Luftseilbahn Kies–Mettmen 055 644 20 10
🚶	Garichti Stausee–Alp Oberstafel 1 h Alp Oberstafel – Leglerhütte SAC 1 h 30 min Leglerhütte – Aengiseen – Matzlenfurggel 2 h Matzlenfurggel – Garichti-Stausee 30 min (Leglerhütte – Ratzmatt – Kies 2 h 30 min)
↑↓	Steigung: 1020 m Gefälle: bis Garichti-Stausee 1020 m (1400 m bis Kies)
🍴	Berggasthaus Mettmenalp, Leglerhütte SAC
🏠	Berggasthaus Mettmenalp 055 644 14 15 Leglerhütte SAC 055 640 81 77 Naturfreundehaus Mettmen 055 644 14 12
Ω	Kärpfbrücke hinter Alp Oberstafel
🔥	Garichti-Stausee, Kärpfbrücke (Holz mitnehmen)
🏊	Schönes Schwimmbad Schwanden (Richtung Nidfurn)
🏛	Kleines Ortsmuseum Schwanden
🌼	Flora: Hübschboden und im Abstieg von der Leglerhütte zu den Ängiseen. Fauna: Wildschutzgebiet Kärpf: Hirsche, Gemsen, Steinböcke, Murmeltiere und Adler vor allem in der Dämmerung **Moorlehrpfad «Garichti»** (10 min von Bergstadtion)
⛪	Ref. Kirche (1753) in Schwanden, erbaut von Jakob und Johann Ulrich Grubenmann
🎣	Fischerpatent für Garichti-Stausee im Restaurant Mettmenalp erhältlich
👁	Kärpfbrücke und Hochmoorgebiete. Gewaltiges Panorama in der Leglerhütte. Klettergarten am Unter Kärpf, 10 min von der Leglerhütte SAC entfernt (siehe Kletterführer Glarnerland, Felix Ortlieb)
⚠️	Aufpassen beim Durchschreiten der Kärpfbrücke bei Hochwasser (Flussüberquerung) **Bergschuhe unbedingt nötig**

Freiberg Kärpf, im Hintergrund Alp Oberstafel mit Kärpf-Naturbrücke

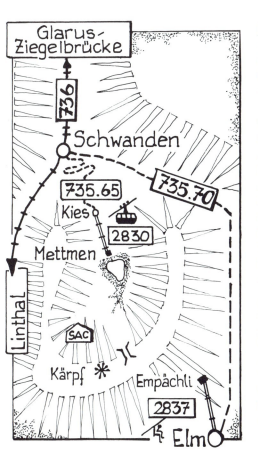

lenswerte Wanderungen. Sie ist auch Standquartier für Bergsportler, die sich im Klettergarten Unter-Kärpf tummeln (siehe Piktogramm).

Leichter Abstieg
Ein sehr gut unterhaltener Weg (das gilt auch für den Aufstieg) führt hinunter zu den tiefblauen **Ängiseen**. Deren Farbe ist fast unwirklich, die nachfolgenden Hochmoore bestechen vor allem im Herbst durch ihre herrlichen Ocker-, Orange- und Rottöne. Beim Erkunden wurde die Spur, welche von Chamm bis zum **Matzlenfurggel** die Höhe hält, getestet: Sie kann unter keinen Umständen empfohlen werden. Von den Kühen ist sie zudem dermassen zertreten, dass man länger unterwegs ist, als wenn man den kleinen Abstieg zur **Ratzmatt** in Kauf nimmt. Im übrigen aber lohnt sich der Wiederaufstieg zur Matzlenfurggel, denn der Abstieg zum Garichti-Stausee bietet weitere Ausblicke, die man nicht gerne missen möchte. Zeitlich gesehen dürfte ein direkter Abstieg von der Ratzmatt zum **Parkplatz Kies** eher weniger Zeit beanspruchen als der Wiederaufstieg von 200 Höhenmetern, der Abstieg zum See und das Warten auf die Seilbahn. Diese allerdings hat bei gutem Andrang Dauerbetrieb und fährt im Sommer bis nachts 10 Uhr.

Neue Wanderkarte Sernftal
Seit 1996 sind bei den Informationsstellen neue, prächtige **Wanderkarten 1:25 000 «Sernftal»** zu einem günstigen Preis zu beziehen. Weitere Wandervorschläge sind auf der Rückseite dieser Karte gedruckt; das **ehemalige Schieferbergwerk** Landesplattenberg in Engi, das besichtigt werden kann, ist mit Bild vorgestellt.

59. Im ältesten Wildreservat Europas

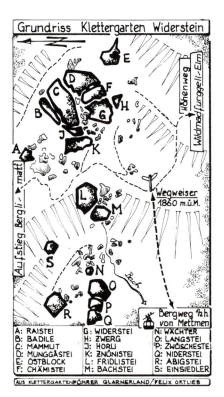

Stausee Garichti (1610), Alp Widerstein (1792) – Vorder Matt (2024 – 2156) – Wildmadfurggeli (2294) – Chüeboden (1535) – Elm (977).

Wer mit dem Auto anreist, parkiert sein Vehikel am besten in **Schwanden** (siehe Tour 48), wo die öffentlichen Verkehrsmittel ein ausserordentlich günstiges Rundreisebillett für diese Tour anbieten.
Bereits die Busfahrt auf der sehr schmalen Waldstrasse von Schwanden nach **Kies** ist ein eindrückliches Erlebnis. Die Talstation der kleinen **Luftseilbahn Kies–Mettmen** liegt auf 1029 m, die Bergstation auf 1610 m. Auf den Staumauern des schönen **Garichti-Stausees** fallen einem die vielen Fischer auf (Fischerpatente können im Bergrestaurant gelöst werden).

Die Aussicht auf Vorderglärnisch, Vrenelisgärtli, Rad, Bächistock, Bös Fulen und Ortstock vermag zu begeistern. Im Aufstieg zum **Klettergarten** und zur Alp Widerstein ist vor allem die Flora beachtlich. Vom Klettergarten vermittelt die Skizze einen interessanten Einblick, ein spezieller Kletterführer mit noch bedeutend originelleren Kletterroutennamen ist erhältlich bei der Talstation der Luftseilbahn Kies–Mettmen. Der obere Weg westlich der Höchegg, des Charenstockes und des Beglihorns erlaubt es, nach steilem Anstieg das Panorama in Ruhe geniessen zu können. Ab einer Höhe von 2000 m sollte man, vor allem bei schlechtem Wetter (Nebel!), sehr gut auf die Wegzeichen achten: Wie bei vielen Glarner Wegen ist die Spur über die Alp nur karg markiert. Vor der eigentlichen Passhöhe auf fast 2300 m ü.M. vereinigt sich unser

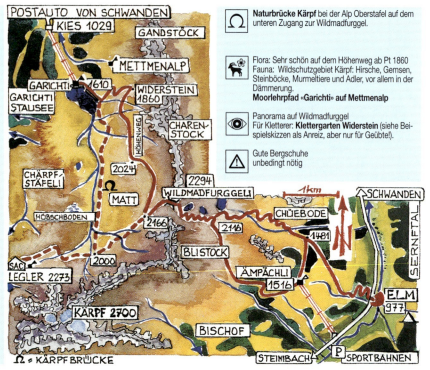

«Höhenweg» mit demjenigen, der vom Garichtisee durchs Tal geführt hat oder von der prächtigen **Legler-SAC-Hütte** (siehe Tour 58) herkommt.

Geologisch interessant

Der untere Weg vom Stausee zum Wildmadfurggeli erlaubt geologisch interessante Einblicke in das Gebiet des Freibergs Kärpf. So findet sich kurz hinter der Staumauer am Wegrand die Steinbruchstelle von Quarzporphyrblöcken, die zur Verkleidung der Staumauern verwendet wurde.

Später erblickt man vom Alpboden aus das Felsentor der «Chärpfbrugg» (Tour 58).

Zuhinterst im Talkessel, direkt unterhalb des Schwarz Tschingel, biegt der Weg ab nach Nordosten und erreicht über die Hinter Matt auch das **Wildmadfurggeli**.

Die Rundhöckerlandschaft unterhalb des Sattels mit den kleinen Seelein, einst durch einen Gletscher modelliert worden, zeigt ausgeprägte Karstufen.

Dazu beeindruckt das Panorama im Osten. Die Gebirgskette, welche zugleich die Grenze zwischen Glarner- und Bündnerland bildet, präsentiert sich von der schönsten Seite: Piz Sardona, Piz Segnas, die Tschingelhörner mit dem bekannten Martinsloch, Vorab und Hausstock! Kein Wunder, wird diese Route relativ stark begangen.

Ruppiger Abstieg nach Elm!

Der Abstieg nach Elm ist ruppig. Wenn Schnee liegt, ist er auch nicht ganz ungefährlich. Romantischer scheint uns die Nebenroute via **Chüebodensee** mit imposantem Wasserfall von der Wildmad herunter. Das Rauschen des Chüebodenbaches begleitet einen bis fast ins Tal hinunter.

Im Chilchenwald besteht die Möglichkeit eines kleinen Wiederaufstieges zur Bergstation der erneuerten **Gondelbahn Elm-Empächli**. Allerdings kann der zusätzliche Abstieg, meist durch den Wald führend, direkt hinunter nach Elm fast ebensoschnell bewältigt werden.

Im Gegensatz zu andern Glarner Dörfern lohnt sich ein Rundgang durchs Dorf, dessen Kirchturm am 12. und 13. März bzw. am 30. Sept. und 1. Okt. von der Sonne zwischen 8 und 9 Uhr durchs Martinsloch beschienen wird. Es sind folgende historische Gebäude zu beachten: Das unter Denkmalschutz stehende **Suworowhaus,** von General Suworow auf seiner denkwürdigen Flucht vor den Franzosen 1799 als Quartier benutzt (siehe Tour 56), das **Elmerhaus** aus dem 16. Jh., das Zentnerhaus, das hölzerne Pfarrhaus und die **Kirche** mit der spätgotischen Kanzel. Man beachte auch die Erinnerungstafel an den **Bergsturz** von Elm an der Kirche (1881, verursacht durch den Abbau von Schiefer, 114 Verschüttete). Das Dorf, auch bekannt wegen seiner berühmten Skifahrerin Vreni Schneider und dem feinen **Mineralwasser,** erhielt dank seines guterhaltenen Dorfkerns 1981 den **Wakkerpreis** zugesprochen.

Winterwandern wird modern

Bei der Talstation der Luftseilbahn Kies–Mettmen können Schneeschuhe für wenig Geld gemietet werden. Denn die verantwortlichen Tourismusfachleute stellen fest, dass Winterwandern je länger je beliebter wird.

Passhöhe Wildmadfurggeli im Julischnee, im Hintergrund Tschingelhörner und Sardonagruppe

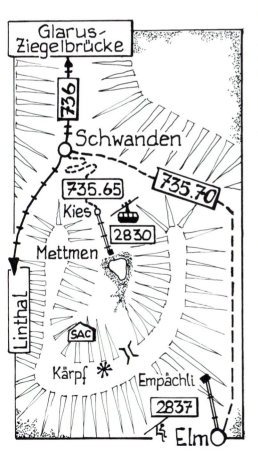

60. Fünf-Seen-Wanderung der feinsten Art

Engi-Weberei (825) – Üblital (1190) – Widersteiner Furggel (2013) – Murgseen (1820) – Murgseefurggel (1985) – Ober Mürtschen Alp (1732) – Mürtschenfurggel (1840) – Hummelalp (1560) – Talsee (1086) – Rest. Talalp (1116) – Filzbach (706).

Nein, nicht die bekannte 5-Seen-Wanderung am Pizol, sondern diejenige vom **Sernftal** zu den Kerenzerbergen soll hier vorgestellt werden. Es ist keine Hochgebirgstour, doch stellt diese prächtige Alpenüberquerung einige Anforderungen an die Marschtüchtigkeit. Verteilt auf zwei Tage mit einer Übernachtung bei den Murgseen ist sie leicht zu bewältigen.

Im Sernftal steigen wir bei der Busstation **Engi-Weberei** aus. Das schmucke Dörfchen, das früher ausschliesslich von der Textilindustrie lebte, bietet gute Einkaufsmöglichkeiten. Die Steinbogenbrücke über den Sernf im Vorderdorf Engi (Suworow-Talweg nach Elm) steht unter Denkmalschutz. Und im Landesplattenberg ob Engi-Hinterdorf wurden bis vor wenigen Jahrzehnten Schieferplatten für Bedachungen, Tische und Wandverkleidungen gewonnen (Besichtigung stillgelegtes Schieferbergwerk siehe Piktogramm). Dank optimaler Linienführung des sehr steilen Alpweges wird die angegebene Zeit von 3 Stunden gut einzuhalten sein. Am Tobelweg parallel des Mülibaches gibt's zum Glück viel Schatten. Für Leute, die nicht gerne steil aufsteigen, besteht ein Taxidienst bis zur **Üblitalalp** (Jakob Dönni, Engi). Wer allerdings das wildromantische Tobel kennt, möchte diesen Aufstieg entlang des tosenden, mächtigen Bergbaches nicht missen. Besonders oberhalb des

 Wanderkarte Glarnerland 1:50 000
Verlag Baeschlin, Glarus

 Verkehrsverein Elm 055 642 60 67
Kurverein Kerenzerberg 055 614 16 12
Jakob Dönni, Taxi, Engi 055 642 18 63

Engi – Murgseen: 3 h-4 h 15 min
Engi – Üblital: ca. 50 min
Üblital – Widersteinerhüttli ca. 1 h 30 min
Widersteinerhüttli – Murgseen ca. 1 h 15 min
(Murgseen – Mornen, Parkplatz 1 h 50 min)
(Murgseen – Murg Bahnhof 3 h 25 min)
(Murgseen – Maschgenkamm ca. 5 h)
Murgseen – Kerenzerberg 4-5 h
Murgseen – Murgseefurggel 30 min
Murgseefurggel – Mürtschenfurggel ca. 1 h
Mürtschenfurggel – Hintertal ca. 1 h 30 min
Hintertal – Talsee ca. 30 min
Talsee – Filzbach (Kerenzerberg) ca. 1 h
(Talsee – Habergschwänd ca. 40 min)

 Steigung: 1540 m
Gefälle: 1580 m

 Engi, Murgseen, Talalp, (Habergschwänd), Filzbach

 Hotel Hefti, Engi-Vorderdorf 055 642 11 55
Berggasthaus Gmür, Murgsee (65 Pl.) 081 738 19 38
Notschlafstelle auf Alp Hummel in Weidezeit
Rest. Talalp (12 Pl.) 055 614 12 38
Berggasthaus Habergschwänd (30 Pl.) 055 614 12 17
Clubh. TV Dübendorf, Filzbach (30 Pl.) 01 940 28 94
SJH (Jugendherberge) Filzbach 055 614 13 42

 ab Strandbad Mühlehorn
Kursschiffe Walensee AG 081 738 12 08

 Führung im stillgelegten Schieferbergwerk mit einem Labyrinth von Gängen, Engi 055 642 13 41
Kleine Höhlen am südwestlichen Ende des Talsees

 Hallenbad Filzbach beim Sportzentrum Kerenzerberg

 Talsee und Strandbäder in Gäsi und Mühlehorn

 Widersteiner Furggel bis Murgseen
Ober Mürtschen – Alp und Mürtschenfurggel bis zur Alp Hummel

 Sehr schöne Tour vor allem für jene, die Ruhe suchen!

⚠ Im Nebel oder bei frühem Schnee auf karg verteilte Wegzeichen «abseits der Heeresstrassen» achten!
Gute Bergschuhe mit hohem Schaft erforderlich

Widersteiner Hüttli, Blick ins Sernftal

Üblitales weiss er zu gefallen, weil er dort in Kaskaden, ein breites, weisses Band bildend, über die Felsen stürzt.

Erstaunlich rasch erreicht man den Wegweiser, der zum Widersteinerfurggel zeigt, aber etwas verschämt draussen auf der Alpweide, abseits des Weges steht. Ob man ihn entdeckt bei dichtem Nebel?

Der Alpweg zum **Widersteinerhüttli** muss früher einmal wichtigeren Zwecken gedient haben, denn er ist gut ausgebaut, mit Trockensteinmauern abgestützt und zum Teil recht breit, aber der Sonne ausgesetzt. Ausgesprochen viele, besonders schöne Exemplare des gelben Fingerhutes begleiten den Wanderer.

Ein Halt bei der renovierten Widersteinerhütte unterhalb des schützenden Felsblockes tut gut.

Widersteiner Furggel

Auf der Passhöhe liegt der erste kleine See, öffnet sich das Panorama (Piz Sardona, Tschingelhörner und Hausstock), während auf der andern Seite bereits der grosse **Murgsee** heraufblinkt. Die Aussicht könnte im Aufstieg noch besser zu Gemüte geführt werden, wenn die Route vom Üblital via Skihütte Gams gewählt würde.

Zu den Murgseen!

Durch ausgedehnte Alpenrosenfelder, vorbei an Soldanellen und Enzian, steigt man harmonisch hinunter zu den beiden Murgseen und zum gastlichen Haus der «Fischerhütte», dem **Berggasthaus Murgsee,** das in einem der schönsten Täler der Schweiz kulinarische Köstlichkeiten und gute Unterkunftsmöglichkeiten bietet. Zudem können Patente gelöst werden für den Forellenfang in den Murgseen.

Wer hier übernachtet, sollte es unter keinen Umständen verpassen, am Abend einen Spaziergang an den dritten, untern Murgsee zu unternehmen und dabei auch den mächtigen **Wasserfall** zu bestaunen!

Reizvoll wäre am zweiten Tag sicher ein erneuter Aufstieg zum Chamm (ca. 500 m Höhendifferenz) und eine Gratwanderung über Erdisgulmen, Gulmen, Leist und Ziger zum Maschgenkamm (Gondelbahn zur Tannenbodenalp, nicht rekognosziert).

Blumenpracht in Raten

Wir schlagen eine Fortsetzung in nördliche Richtung, zurück in den Kanton Glarus vor: Die Angaben von 3 h 25 zum Kerenzerberg auf den offiziellen Wegweisern sind «tiefgestapelt». Man hat, auch mit wenig Pausen, länger bis ans Ziel. Der Weg wird wenig begangen. Zu unrecht, denn die Flora ist nirgends schöner als hier. Auf dem **Murgseefurggel** ist die Aussicht auf die beiden oberen Murgseen, den Widersteinfurggel und die dahinterliegenden Berge ein Genuss. Soldanellen, Enzian, Arnika und Eisenhut blühen in reichem Masse. Im Abstieg zum Hochmoor der Ober-Mürtschen-Alp und zur Sennhütte «zum Wilden Mann» liegt im Juli sogar noch etwas Schnee. Völlig der Blumenpracht hingeben kann man sich dann im

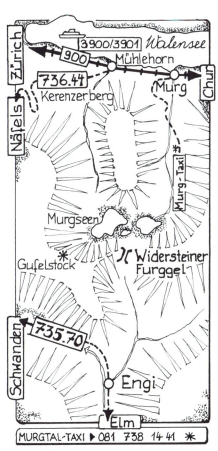

kleinen Aufstieg zum **Mürtschenfurggel** (Hangmoorflora, Knabenkräuter und viele tiefviolette Schnittlauchblumen nebst Wollgras und seltenen Orchideen).

Blühender Alpenblumengarten!
Nach der Überquerung des flachen Mürtschenfurggels empfängt uns ein blühender Alpengarten im Karrenfeld. In fast allen Sorten präsentiert sich die Farbenpracht, lässt das Herz jedes Botanikers höher schlagen, während man eigentlich wegen der scharfkantigen Felsen und Karstlöcher am Fusse des stolzen **Mürtschenstockes,** dessen Westflanke man in der Folge traversiert, besonders auf den Weg achten sollte.

Die **Hummelalp** oberhalb des Spanneggsees ist karg, durchsetzt mit Kieshalden. In der Alphütte gibt's Milch zu kaufen, notfalls kann man übernachten. In der Nähe der Bergstation der Alpseilbahn führt ein gut gesicherter Alpweg entlang einer eiffelturmhohen Felswand in die Tiefe. Nochmals erfreut uns eine herrliche, völlig unberührte Pflanzenwelt. Beim Fussbad im zauberhaften **Talsee** entdeckt man an der westlichen Wand markante Felslöcher. Auf der kleinen Anhöhe ennet des Sees wartet ein romantisches Gasthaus auf durstige Kehlen (Der See fliesst unterirdisch ab).

Abstieg nach Filzbach
Eine Stunde dauert der Abstieg vom Talsee nach **Filzbach**. Wer früh dran ist, kann unter Umständen einen wackeren Wiederaufstieg zur Bergstation des **Sesselliftes Habergschwänd** ins Auge fassen und bequem zu Tale fahren. Vermutlich ist die eine wie die andere Variante zeitlich etwa gleich lang.

Ein völlig neues Panorama öffnet sich beim Austritt aus dem Wald: Der Walensee leuchtet als Postkartengruss aus der Tiefe, die Churfirsten zeigen sich sehr nah, und in

Im Aufstieg zum Murgseefurggel (mit Blick auf die oberen Murgseen)

der Tiefe entdeckt man nach vielen Stunden der Einsamkeit wieder Zeichen der Zivilisation: Der Alltag hat uns wieder!

Eine Fortsetzung der Tour
Mögliche Fortsetzungstouren sind diejenigen auf die einzigartigen Aussichtsberge Nüenchamm (ob Filzbach, Tour 47) oder Hirzli (ob Niederurnen, Tour 45). Weitere Höhepunkte der Kerenzerberge böten die Velotour am ... und oberhalb des Walensees (Tour 46) oder diejenige durchs Glarnerland (Tour 48).

Bibliographie

a) Land- und Wanderkarten (LK: Landeskarten)
Folgende Karten wurden verwendet zum Rekognoszieren der beschriebenen Touren. Für den Hausgebrauch genügen die drei Wanderkarten Schwyz, Zürich und Glarnerland und bei Velotouren die entsprechende Velokarte VCS.
LK 1:25 000, Blatt 1151: Rigi
LK 1:25 000, Blatt 1153: Klöntal
LK 1:25 000, Blatt 1172, Muotathal
Wanderkarte 1:25 000, Braunwald*)
Wanderkarte 1:25 000, Sernftal*)
Wanderkarte 1:25 000, Zugerland*)
Wanderkarte 1:25 000, Uetliberg (gratis bei SBG)*
ZAW-Wanderkarte 1:25 000, Nr. 1: Bülach*)
ZAW-Wanderkarte 1:25 000, Nr. 2: Andelfingen*)
ZAW-Wanderkarte 1:25 000, Nr. 3: Winterthur*)
ZAW-Wanderkarte 1:25 000, Nr. 4: Zürich*)
ZAW-Wanderkarte 1:25 000, Nr. 5: Zürichsee*)
ZAW-Wanderkarte 1:25 000, Nr. 6: Zürcher Oberland*)
SAW-Wanderkarte LK 1:50 000, Blatt 226 T: Rapperswil*)
SAW-Wanderkarte LK 1:50 000, Blatt 235 T: Rotkreuz*)
SAW-Wanderkarte LK 1:50 000, Blatt 236 T: Lachen*)
SAW-Wanderkarte LK 1:50 000, Blatt 246 T: Klausenpass*)
SAW-Wanderkarte LK 1:50 000, Blatt 247 T: Sardona*)
Neue Wanderkarte Kt. Schwyz 1:40 000, Kümmerly+Frey*)
Wanderkarte 1:50 000 des Kantons Schwyz (Orell Füssli*)
Wanderkarte 1:50 000 Glarnerland (Verlag Baeschlin*)
LK 1:50 000, Blatt 256: Disentis
Wanderkarte 1:60 000, Zürich (Kümmerly+Frey*)
Velokarte VCS, 1:60 000, Nr. 1: Schaffhausen–Winterthur–Wutachtal*)
Velokarte VCS, 1:60 000, Nr. 2: Zürich*)
Velokarte VCS, 1:60 000, Nr. 5: Zug–Schwyz–Uri–Glarus*)
Stadtplan Zürich (Zürich Tourismus)
Stadtplan Winterthur (Tourist Service Winterthur)
Schweizer Jugendherbergen 1:600 000*), gratis erhältlich bei SJH, Schaffhauserstrasse 14, Postfach, 8042 Zürich
Die mit*) versehenen Karten und Bücher leisten sehr gute Dienste

b) Bücher
- Blumer Ernst, Zuberbühler Alfred und Kamm Fritz: Glarnerland, Wanderbuch von der Linthebene zum Tödi*)
- «Carpe Diem» 10 pfiffige Wandervorschläge im Glarnerland, Glarus
- Clubhütten des Schweizer Alpen-Clubs SAC, Brugg, 1996*)
- Direktion der öffentlichen Bauten des Kantons Zürich: Siedlungs- und Baudenkmäler im Kanton Zürich*)
- Dübendorfer Alfred, Auf Wanderwegen im Zürcher Oberland und Tösstal, Zürich 1987*)
- Grosser Wanderatlas der Schweiz, Kümmerly+Frey, 1986
- Hauswirth Fritz: Burgen und Schlösser in der Schweiz, Schweiz. Verkehrszentrale
- Hürlimann Fritz: Gänge in die Landschaft, 1989*)
- Kaune Rose Marie/Bleyer Gerhard: Die schönsten Höhenwege zwischen Appenzell und Vierwaldstättersee, München 1992
- Kulturführer der Schweiz, 1982
- Labhart Toni P., Geologie, Einführung in die Erdwissenschaften, Hallwag Bern, 1986*)
- Langenmaier Arnica Verena: Kunsterlebnis Schweiz, Herder
- Mathis Hans Peter: Pilgerwege der Schweiz: Schwabenweg Konstanz–Einsiedeln, Frauenfeld 1993*)
- Metzker, Philippe: Wandern alpin, Hüttenwege und Passübergänge, Schweiz. Alpenclub, SAC, 1996*)
- Mosaik Schweiz: 400 Sehenswürdigkeiten aus Kunst, Museen und Natur, reka
- Meyer Franz, Schweizergeschichte, Lehrmittelverlag des Kantons Thurgau, Frauenfeld 1990*)
- Müller Felix, Schnieper Robert: Zürich, Destination Zürich
- Offizielles Kursbuch Autobusse 1996/97
- Offizielles Kursbuch Bahnen, Seilbahnen und Schiffe 1996/97
- Schnieper Claudia: Natur im Kanton Zürich: Die schönsten Natur- und Landschaftsschutzgebiete, SBN, Gut-Verlag 1996,*)
- Schweiz. Burgenverein: Burgenkarte der Schweiz, Blatt 2, eidgen. Landestopografie*)
- Schweiz. Kunstführer, Serie 26, Nr. 251, Kyburg*) und Serie 49, Nr. 486, Greifensee*)
- Stricker Hannes, Von der Höll' ins Paradies, die 60 schönsten Wanderungen und Velotouren in den Kantonen Appenzell, St. Gallen, Thurgau und Schaffhausen, Verlag Huber, Frauenfeld
- Wandern, Beobachten, Nachdenken aus der Schriftenreihe zum 125jährigen Jubiläum der Zürcher Kantonalbank, Zürich 1995
- Vogel A., die Natur als biologischer Wegweiser
- Verzeichnis von Gruppenunterkünften, Klassen- und Skilager 1995/96, Verlag Zürcher Mittelstufenkonferenz*)

Ortsregister und Stichwortsverzeichnis
(in Klammern: Touren-Nummer)

Aberenalp (44)
Adetswil (11)
Adlisberg (18)
Adliswil (24)
Aeugstertal (27)
Affoltern am Albis (27)
Ägerisee (30, 31)
Albishorn (25)
Albispass (24)
Allenwinden (9)
Allmen (15)
Alp Underbäch (40)
Alpfärtli (43)
Alpthal (37, 38)
Altberg (28)
Altendorf SZ (28)
Amslen (38)
Andelfingen (4, 5)
Ängiseen (58)
Arth (36)
Attikon (5)
Au am Wägitalersee (44)
Aueren Alp (49)
Auslikon (12)
Axenstein (41)
Baar (26)
Bächialp (51)
Bachtel (15)
Baden (21, 22)
Balis (32)
Barchetsee (4)
Bärentritt (53)
Bäretswil (10)
Bauma (10, 11)
Baumgarten (33)
Beggenlücke (54)
Bergmatt (30)
Bergwerk Horgen (25, 26)
Bergsturz am Rossberg (36)
Bergsturz Elm (59)
Bergsturz Vorder-Sand (54)
Biberbrugg (28, 30, 31)
Biberegg (37)
Bichelsee (9)
Bifertengletscher (54)
Bifertengrätli (54)
Bifertenhütte SAC (55)
Bilsten (28)
Birmensdorf (27)
Bisistal (53)

Bitterentäli (46)
Blattenbach (13)
Bodenberg (45)
Bonstetten-Heldswil (27)
Brächalp (52, 53)
Braunwald (50, 51, 52, 53)
Breitenlandenberg (9)
Breitfeld (33)
Brigels (55)
Bruderhaus Tierpark (7)
Brüglen (33)
Brunalpelihöchi (50)
Brunnen (35, 40, 41)
Brüschalp (44)
Bubikon (17)
Buonas (33)
Bülach (3)
Burggeist (35)
Burghorn (21)
Bürglen (25)
Buschenkappeli (32)
Butzialp (38)
Cassonsgrat (57)
Chalchtrittli (55)
Cham (27, 32, 33)
Chammhüttli (47)
Chämtnertobel (10)
Chängel (49)
Chäseren-Alp (50)
Chatzensee (20)
Chiemen Halbinsel (33)
Chlausenkappeli (31)
Chli Albis (25)
Chli Aubrig (43)
Chlön (42)
Chrüzlen (17)
Chüebodensee (59)
Chur (57)
Claridenhütte SAC (54)
Dampfbahn Bauma
    Bäretswil – Hinwil (10/11)
Dejenalp (49)
Dielsdorf (21)
Dietikon (22)
Dinhard (5)
Dinosauriermuseum (12)
Dornibach (41)
Drachenhöhle (18)
Dreiländerstein (31)
Ebenau (38)

Egelsee (17)
Eggstofel (43)
Eglisau (1, 2, 3)
Eigenried (30)
Einsiedeln (29, 38, 43)
Elgg (8)
Elm (56, 57, 59)
Empächli (59)
Engi (60)
Erigsmatt (50)
Eschenberg (7)
Etzel (28)
Euthal (43)
Fägswil (13)
Fahr (22)
Fällanden (16)
Farenbachtobel (8)
Felsenegg (24)
Filzbach (46, 47, 60)
Finsterseebrugg (26)
Fischenthal (13, 14)
Fisetenpass (54)
Flims (57)
Flüelen (41)
Flughafen Zürich (20)
Foppa (57)
Forch (17, 18)
Frauenbrünneli (15)
Fraumünster (19)
Fridolinshütte SAC (54)
Friherrenberg (38)
Fritternfurggel (54)
Fronalpstock (40)
Frontal (40)
Früebüel (30, 32)
Furggele (53)
Garichti-Stausee (58, 59)
Gäsi (46)
Gätterlipass (35)
Geissboden (30)
Geissweidli (43)
Gemsfairenhüttli (54)
Gesslerburg
    Küssnacht (33)
Gfell (45)
Ghöchwald (15)
Gibswil (13)
Girenbad (8)
Glarus (48, 50)
Glattalp (53)

Gnal (1)
Gnipen (32, 36)
Goldau, Tierpark (34, 36)
Grabenriet (11)
Grappliwald (49)
Greifensee (16)
Grossbrechenstock (37)
Grossmünster (19)
Grotzenbüel (51)
Gruebisbalm (34)
Grüenwald (23)
Grünhornhütte SAC (54)
Grüningen (17)
Gschwändstock (38)
Gubel (26)
Gubrist (23)
Guewilmüli (8)
Gumen (49)
Gurisee (5)
Habergschwänd (46, 47, 60)
Haggenegg (37, 38)
Halsegg (36)
Hammerschmiede
    Mühlehorn (46)
Haslen (48)
Hätzingen (48)
Hausen am Albis (27)
Häxenseeli (56)
Hebelstein (3)
Hedingen (27)
Hegi, Schloss (6, 7)
Hinterburg (10)
Hinter Sand (54)
Hirzel (26)
Hirzli (45)
Hochmoor Rothen-
    thurm (30/31)
Hochstuckli (37)
Hochwacht Pfannen-
    stiel (17)
Hochwacht Lägern (21)
Hohenegg (10)
Hohentengen (D) (2)
Hohle Gasse (33)
Höhronen (31)
Höllgrotten (26, 30, 31)
Hölloch (42)
Holzegg (37, 39)
Höngg (22)
Hönggerberg (23)

Horbach (30)
Horgen (26)
Hörnli (9)
Hübschboden (58)
Hueb (13)
Huebholz (1)
Hulftegg (9)
Hummel (38)
Hummelalp (60)
Hünenberg (33)
Hüntwangen (1)
Hürital (30)
Husemer Seen (4)
Huserstock (40)
Hüttchopf (14)
Hüttikon (22)
Hüttnerseeli (26)
Hutzikon-Turbenthal (8)
Ibergeregg (37, 38, 39)
Immensee (33)
Industrielehrpfad
  Lorze (26)
Industrielehrpfad Zürcher
  Oberland (11)
Ingenbohler Wald (41)
Innerthal (43, 44)
Insel Schwanau (36)
Insel Ufenau (29)
Ircheltrum (3)
Irgendhausen (12)
Jetzloch (56)
Jona (13, 29)
Josenberg (14)
Käferberg (23)
Kaiserstuhl (2)
Känzeli (11)
Kapelle St. Jost (31)
Kappel (27)
Kärpf (58)
Kärpfbrugg (58)
Kempten (11)
Kerenzerberg (46, 60)
Kies (58, 59)
Killwangen (22)
Kistenpasshütte SAC (55)
Klausenpass (52, 54)
Kleiner Gumen (50, 53)
Klettergarten Widerstein (59)
Klöntal (49, 50)
Klöntalersee (42, 44, 49, 50)

Knonauer-Amt (27)
Kraftwerk Eglisau (2)
Kraftwerk Linth-
  Limmern (48, 54, 55)
Küsnacht (18)
Küsnachter Tobel (18)
Küssnacht am Rigi (33)
Kyburg (7)
Lachen SZ (28)
Lachengrat (49)
Lägern (21)
Langmatt (36)
Langnau am Albis (24, 25)
Lauchboden (53)
Leglerhütte SAC (58)
Leiststock (47)
Lienisberg (32)
Limmat (22)
Linth-Limmern-
  Stausee (48, 55)
Linthal (48, 52, 54, 55)
Linthschlucht (54)
Lochbachtobel (10)
Löntschschlucht (42)
Lorzentobel (26)
Luchsingen (48, 51)
Luegeten (29)
Lützelsee (17)
Marthalen (4)
Martinsloch (57)
Martinsmad SAC (57)
Matzlenfurggel (58)
Maur (16)
Menzingen (26)
Mettlen (40)
Mettmen ob Nieder-
  urnen (45)
Mettmen ob
  Schwanden (58, 59)
Mollis (46, 47, 48)
Moosried (13)
Morgarten (30, 31)
Morgartenberg (30)
Morgenholz (45)
Mörsburg (5)
Morschach (40, 41)
Mostelberg (37)
Mostelegg (37)
Mühlehorn (46)
Müliberg ob Türlersee (27)

Müliberg bei Andel-
  fingen (5)
Mullerenberg (47)
Muotathal (42, 53, 56)
Murgseefurggel (60)
Murgseen (60)
Mürtschenalp (60)
Mürtschenfurggel (60)
Müsliegg (39)
Muttseehütte SAC (55)
Mythen (39)
Nas (30)
Näfels (45, 46, 47, 48, 49)
Neftenbach (3)
Netstal (42, 48, 49)
Neuägeri (26)
Neuthal (10)
Niderenalp ob Elm (57)
Nidfurn (48, 51)
Niederurnen (45, 48)
Nüenchamm (47)
Nüschen (55)
Nüssel (37)
Oberägeri (30, 31)
Oberengstringen (23)
Oberblegisee (51)
Oberglatt (20)
Oberiberg (38, 39)
Obersand (54)
Obersee (49)
Oberwil ZH (5)
Oberwil am Zugersee (32)
Obstalden (46)
Ochsenboden (36)
Ochsenkopf (54)
Oerlingen (4)
Oetwil a/Limmat (22)
Ortstock (53)
Ossingen (4)
Panixerpass (56)
Pfaffenboden (32)
Pfäffikersee (12)
Pfäffikon SZ (29)
Pfäffikon ZH (12)
Pfannenstiel (17)
Pfungen (3)
Pigniu/Panix (56)
Pilgersteg (13)
Pilgerweg (13, 28, 29, 31)
Planetenweg Uetliberg (24)

Planggenstock (45)
Planurahütte SAC (54)
Plaun da Cavals (56)
Pragelpass (42, 50, 55)
Rafz (1)
Rämismühle-Zell (8)
Ranascatal (56)
Rapperswil (13, 17, 29)
Raten (31)
Ratlis (49)
Ratzmatt (58)
Rautispitz (49)
Regensberg (21)
Regensdorf (20)
Richisau (42, 44, 49)
Riedikon (16)
Rietalp (52)
Rigi (34, 35)
Robenhausen (12)
Rohr (43)
Rosinli (11)
Rossberg (36)
Rotbüel (9)
Rothenthurm (31, 37)
Rotkreuz (33)
Rubi Sura (55)
Ruetschberg (12)
Rüti GL (48)
Rüti ZH (13, 17)
Sädelegg (9)
Sagenraintobel (14)
Sattel (36, 37)
Sattelegg (38, 43)
Schartenfels (21)
Schartenflue (3)
Schauenberg (8)
Scheidegg (14, 35)
Schieferbergwerk
  Engi (60)
Schiffahrt
  Ägerisee (26, 30, 31)
Schiffahrt
  Sihlsee (28, 29, 38, 43)
Schiffahrt Vierwald-
  stättersee (34, 35, 41)
Schiffahrt Wägitaler-
  see (43, 44)
Schiffahrt Walensee (46)
Schiffahrt Zuger-
  see (26, 27, 30, 32, 33)

153

Schiffahrt Zürich-
   see (17, 18, 19, 24, 29)
Schijengrat (49)
Schlieren (23)
Schloss Schwandegg (4)
Schlossbuck (1)
Schmidrüti (9)
Schnabelburg (25)
Schnebelhorn (14)
Schümberg (8)
Schwanden (48, 51, 59)
Schwändi (48)
Schwerzenbach (16)
Schwialp (44)
Schwinfärch (45)
Schwyz (39, 42)
Seegräben (12)
Segnesboden (57)
Segnespass (57)
Sennhof-Kyburg (7)
Siebnen (43, 44)
Sihlbrugg (25)
Sihlsee (29, 38, 43)
Sihlsprung (26)
Sihltalbahn (25)
Sihlwald (25)
Sihlwaldschule (25)
Silberen (50)
Sisikon (41)
Sitzberg (9)
Spitzibüel (36)
St. Dionys (29)
St. Johann (28)
St. Jost, Galgenen (28)
St. Jost bei Raten (31)
St. Meinrad (28, 29)
St. Verena (30)
St. Wolfgang (33)
St. Joseph im Loo (39)
Stechelbergbad (48)
Steg (14, 15)
Steigelfadbalm (34)
Stein ob Baden (22)
Steinhausen (27)
Steinibach-Büel (56)
Stockhütte (38)
Stoffel (11)
Stoos (40)
Storchenegg (9)
Stralegg (14)

Stromhaus Burenwisen (2)
Stuckiweg, historisch (17)
Süessblätz (18)
Sulzalp (49)
Suworow (56, 59)
Talsee (46, 60)
Tänler (13)
Täuferhöhle (15)
Tannen (14)
Tavanasa (55)
Tellskapelle bei Küss-
   nacht (33)
Tellskapelle am
   Urnersee (41)
Tentiwang (54)
Teufen ZH (3)
Teuffeli (37)
Thalwil (26)
Tierfed (48, 54, 55)
Tierhag (14)
Tobelmüli (18)
Tödi (54)
Tössegg (3)
Trachslau (37)
Tschingelschlucht (57)
Tschütschiwald (39)
Tüfelsbrugg (28, 29)
Turbenthal (8, 9)
Türlersee (27)
Tüüfels Känzeli (47)
Üblital (60)
Uerzlikon (27)
Uetliberg (24)
Ufenau, Insel (29)
Unter-Längenegg (49)
Urmiberg (35)
Urnerboden (52, 54)
Urnersee (35, 41)
Uster (16)
Val da Ranasca (56)
Vitznau (34)
Wägitalersee (43, 44)
Waidberg (23)
Walchwilerberg (32)
Wald (13, 14, 15)
Wasterkingen (1)
Weg der Schweiz (41)
Weiningen (23)
Welsikon (5)
Wettingen (21, 22)

Wetzikon (10, 11)
Wichlenalp (56)
Widerstein, Alp (59)
Widersteiner Furggel (60)
Wiggis (49)
Wil ZH (1)
Wildegg (43)
Wildmadfurggeli (59)
Wildpark Langenberg (24)
Wildschutzgebiet Kärpf (58)
Wildspitz/Höhronen (31)
Wildspitz/Rossberg (32, 36)
Wiler Seeli (26)
Willerzell (43)
Winterthur (5, 6, 7)
Wissenbach (30)
Wüerital (27)
Würenlos (22)
Wurmsbach, Kloster (13)
Zell (8)
Zoo Zürich (18, 19)
Zug (26, 27, 30, 32)
Zugerberg (30, 32, 36)
Zugersee (26, 27, 33)
Zürich (18, 19, 22, 23, 24)
Zwingli-Denkmal (27)
Zwüschet-Mythen (39)

Sponsorenliste

Der Verlag und die Verfasser danken den Sponsoren für die freundliche Unterstützung dieses Buches. Die bis zum Zeitpunkt der Drucklegung eingegangenen Zusagen sind hier aufgelistet.
Dank dieses Sponsorings war es möglich, alle Pläne und Fotos in Farbe zu drucken. Trotzdem kann das Buch zu einem fairen Preis verkauft werden. Das war uns wichtig angesichts des Umstandes, dass neben Vereinen auch Familien von den 60 schönsten Wander- und Tourenangeboten in den Kantonen Zürich, Glarus, Schwyz und Zug profitieren sollen.

Frigerio's Rheinschiffahrten, 8428 Teufen
Busbetrieb HWW AG, 8196 Wil
Leglerhütte SAC, 8775 Lüchingen
Stadt Winterthur, 8402 Winterthur
René Wirth, Motorbootbetrieb, 8193 Eglisau
Gemeindeverwaltung Küsnacht, 8700 Küsnacht
Gemeinde Jona, 8645 Jona
Trekking Team AG, 8334 Hittnau
Ortsgemeinde Linthal, 8783 Linthal
Gemeinderat Greifensee, 8606 Greifensee
Gemeinderatskanzlei Bauma, 8494 Bauma
Stadtkanzlei Zug, 6300 Zug
Garage/Taxi Heussi, 8783 Linthal